3D STICKEN

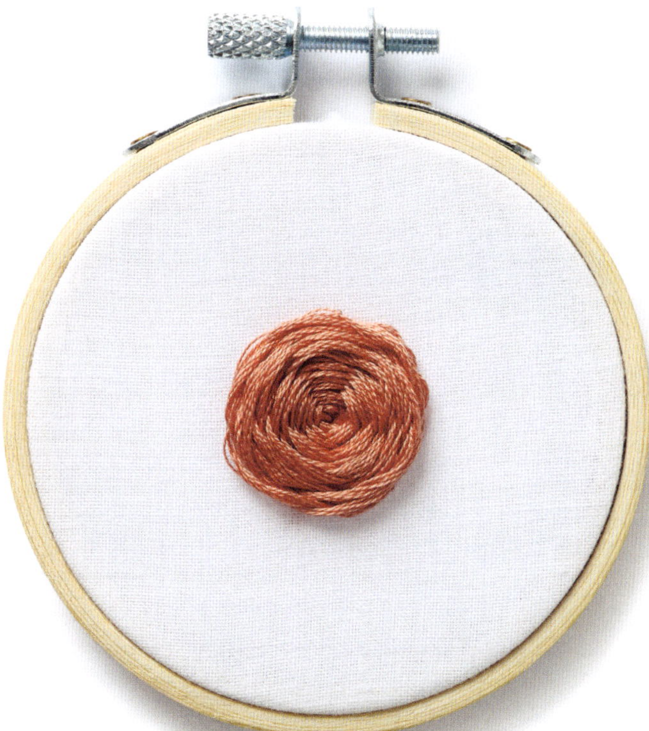

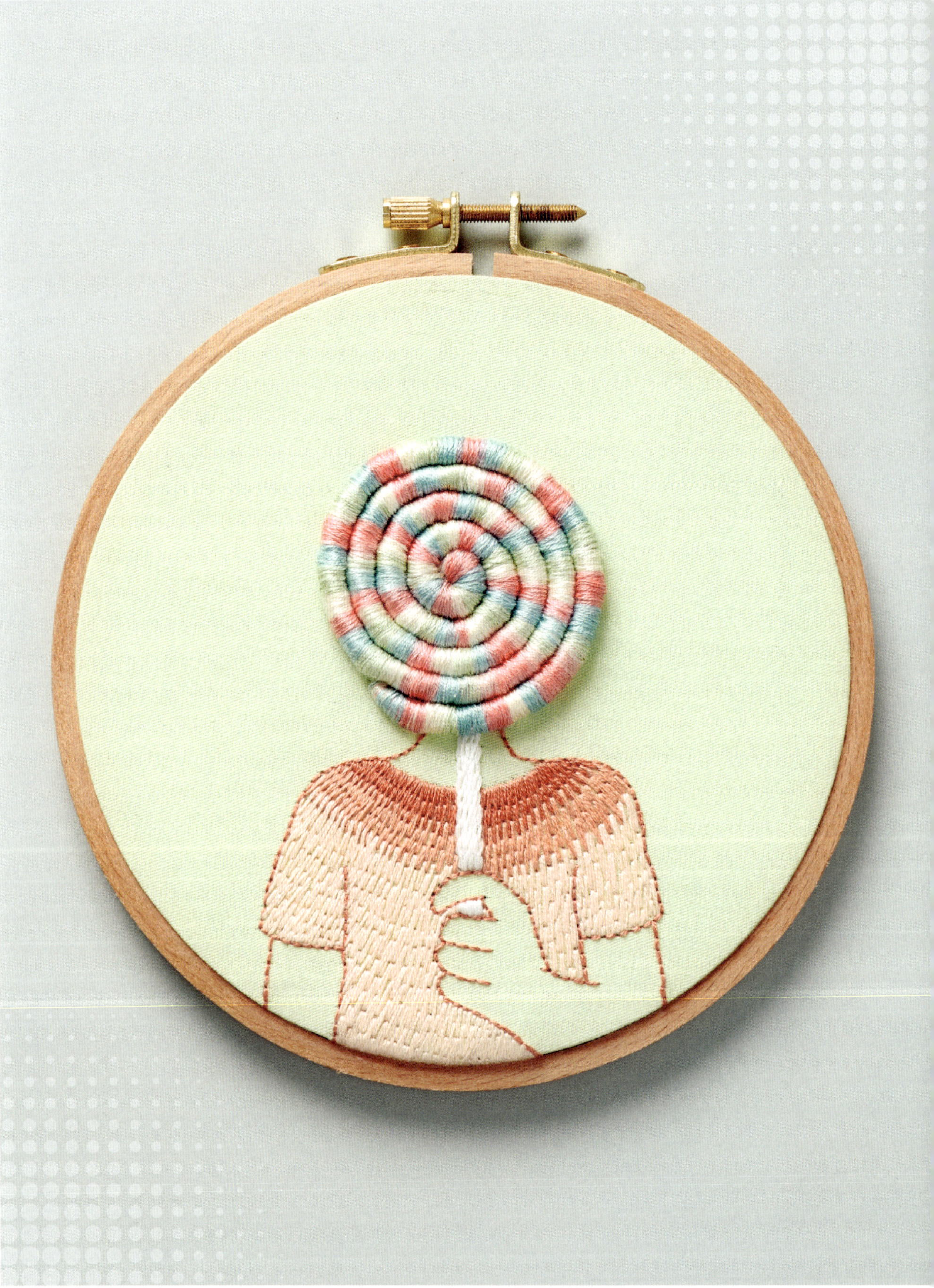

3D STICKEN

Stickerei mit dreidimensionalen Effekten

ASHLEY DENN

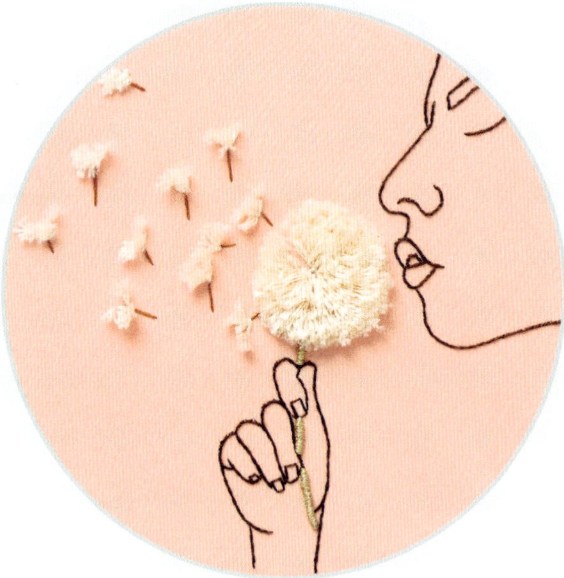

Erste Veröffentlichung 2023 von
Search Press Limited
Wellwood, North Farm Road,
Tunbridge Wells, Kent TN2 3DR

FOTOS: Nicki Dowey, Ashley Denn
PRODUKTMANAGEMENT: Iris Stegmanns
ÜBERSETZUNG: Katrin Lischke-Przygode
LEKTORAT: Gabriele Reuß
UMSCHLAGGESTALTUNG: Eva Hook
LAYOUT: Petra Theilfarth

Gedruckt und gebunden in China

1. Auflage 2023

ISBN 978-3-7358-7066-7
Best.-Nr. 27066

MIX
Papier | Fördert gute Waldnutzung
FSC www.fsc.org FSC® C008047

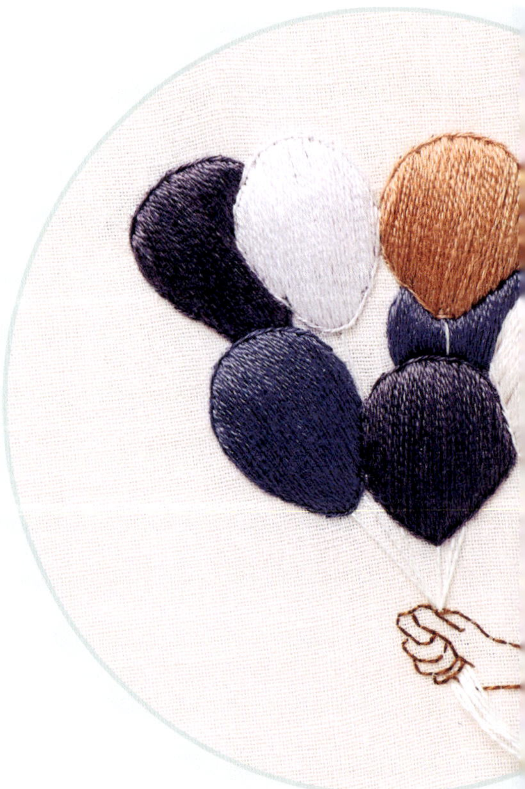

INHALT

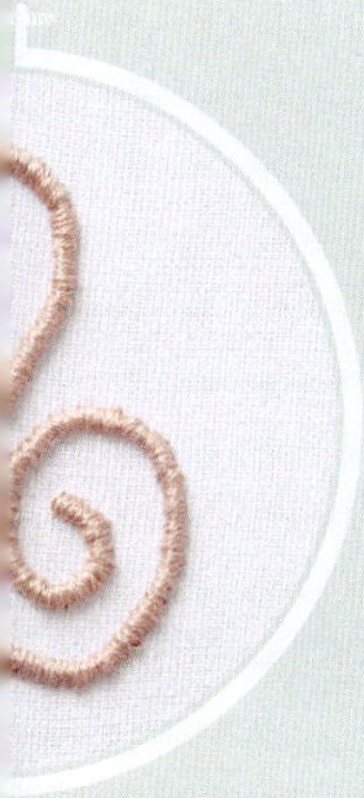

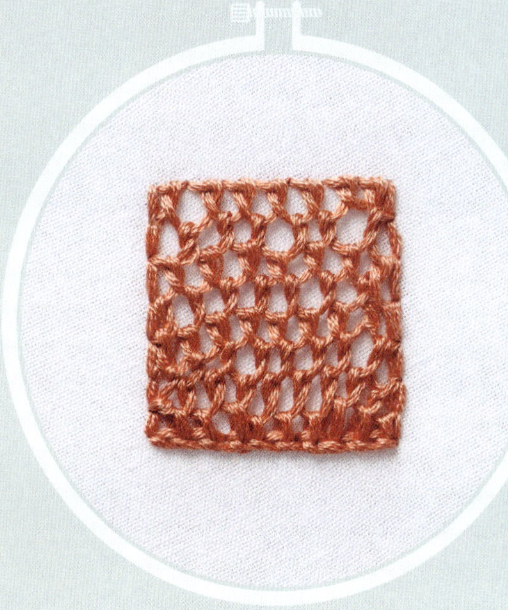

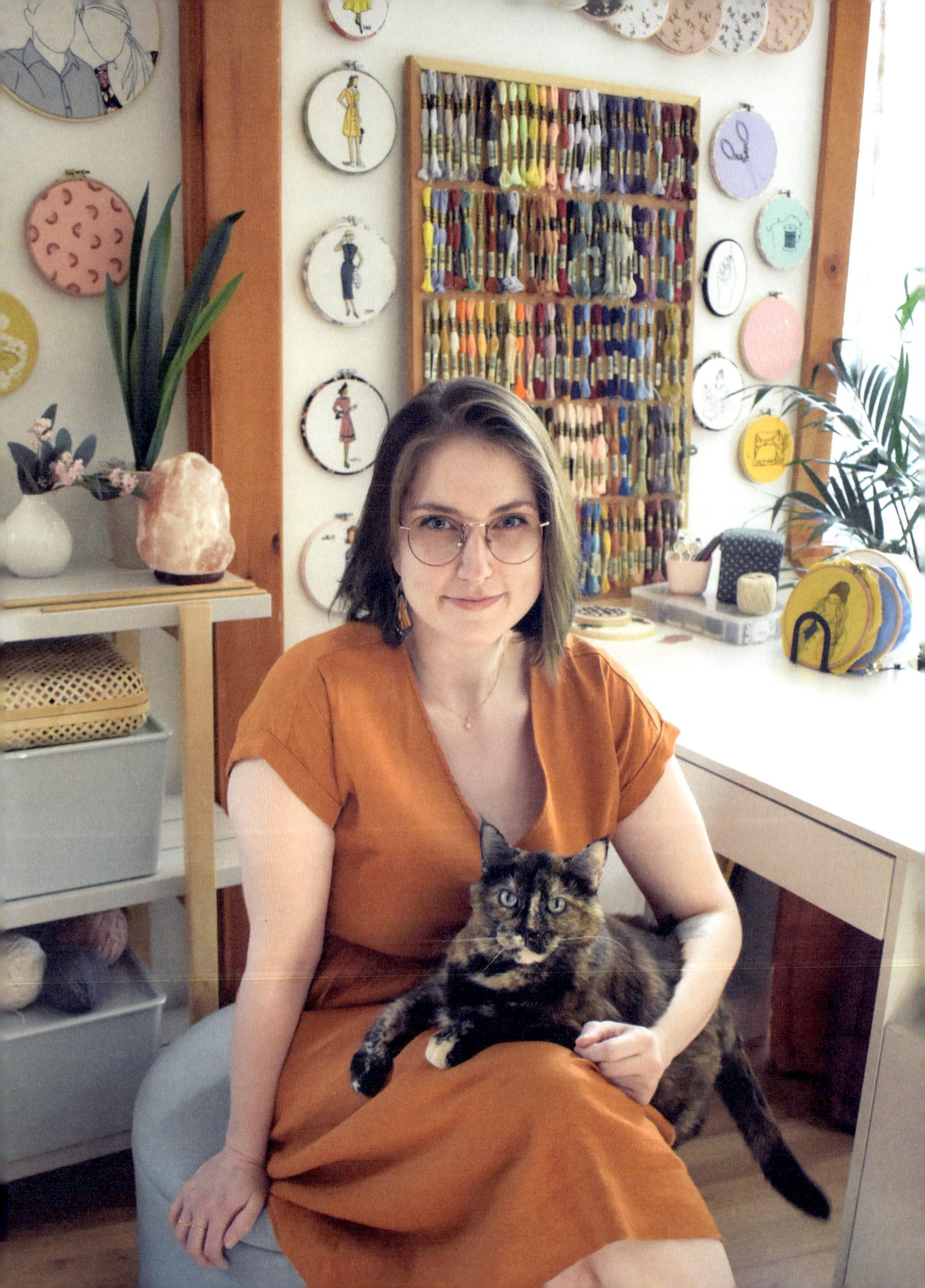

HALLO, ICH BIN ASHLEY

Aufgewachsen bin ich in einer Familie mit herrlich kreativen Eltern. In meiner Kindheit spielte mein Vater beispielsweise Gitarre und liebte seine Schreinerarbeiten; meine Mutter bastelte gerne und nähte alle meine Outfits für Feste und Schulfotos selbst. Als ich klein war, stanzte meine Mutter Löcher in unterschiedlich geformte Pappstücke und gab mir Garn, damit ich gemeinsam mit ihr „nähen" konnte. Später brachte sie mir einfache Kreuzstich- und Stickarbeiten bei. Erst 2018 nahm ich als Erwachsene zum ersten Mal wieder Nadel und Faden zur Hand. Da kamen alle diese Kindheitserinnerungen zurück und erfüllten mich mit so viel Begeisterung, dass ich seitdem nicht mehr aufgehört habe zu sticken. Und genau diese Freude, ein Handarbeitsprojekt fertigzustellen, möchte ich teilen.

Das Buch gliedert sich in zwei Teile: die Stiche und die Projekte. Der erste Teil besteht aus Schritt-für-Schritt-Anleitungen für dreißig Stiche und Techniken rund ums Sticken von Hand. Dabei erkläre ich fünf flache Stiche, mit denen du die Flächen zwischen den höheren Elementen ausfüllst und zwanzig erhöhte Stiche, die deinen Arbeiten Struktur verleihen. Zum Abschluss zeige ich dir fünf Techniken, mit denen deine Stickarbeiten dreidimensional werden. Dabei werden neben Garn auch noch andere Materialen verwendet.

Im zweiten Teil des Buchs stelle ich dir zwanzig moderne Stickprojekte vor, bei denen du die dreißig Stiche und Techniken aus dem ersten Teil in die Praxis umsetzen kannst. Die Projekte haben drei verschiedene Schwierigkeitsgrade. Für die Projekte in Stufe 1 brauchst du nur wenige erhöhte Stiche; diese recht einfachen Stickbilder sind perfekt für Einsteiger. In Stufe 2 kommen mehr Details hinzu: weitere erhöhte Stiche und verschiedene 3D-Techniken. Noch komplexer wird es in Stufe 3: Für alle Projekte brauchst du verschiedene flache Stiche, erhöhte Stiche und 3D-Techniken.

Im Laufe dieses Buchs erweiterst du also schrittweise deine Kenntnisse und Fertigkeiten. Nachdem du im ersten Teil viele neue Stiche erlernt hast, kannst du mit dem zweiten Teil deine Stickkünste üben und verbessern. Um deine Kenntnisse und Fähigkeiten schrittweise zu entwickeln, kannst du die Projekte gerne in der Reihenfolge des Buchs nacharbeiten; doch vielleicht möchtest du auch gleich mit einem bestimmten Projekt loslegen. Egal in welcher Reihenfolge du die Projekte in Angriff nimmst, denke bitte immer daran: Das Sticken von Hand erfordert viel Geduld! Genieße dabei einfach, etwas Schönes selbst zu gestalten.

BEVOR DU LOSLEGST

In diesem Kapitel geht es um Materialien und Zubehör, die du zum Sticken brauchst. Weiterhin lernst du die Grundlagen, wie du den Stickrahmen vorbereitest und schließt sowie ein paar Tipps und Tricks rund ums Sticken.

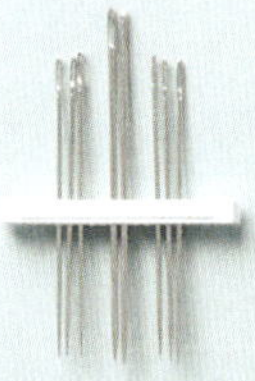

1 2

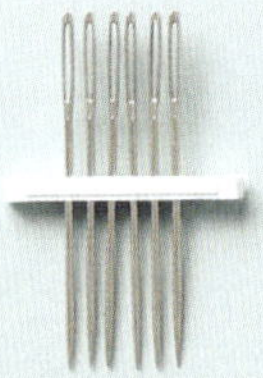

3

7

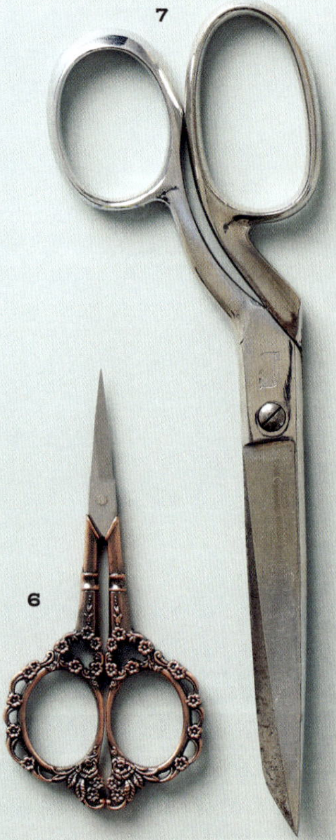

MATERIAL UND ZUBEHÖR

Zu jedem Projekt findest du eine Materialliste. Einige der dort aufgeführten Materialien und Hilfsmittel, die bei den Projekten benötigt werden, erläutere ich dir hier genauer.

6

Nadeln

Sticknadeln **(1)** gibt es in verschiedenen Größen. Wähle eine Nadel, deren Schaft etwa so dick ist wie der Faden. Du musst die Nadel und den Faden ohne zu großen Widerstand durch den Stoff ziehen können. Das dabei entstehende Loch darf nur so groß sein, dass der Faden problemlos hindurchgleitet.

Crewel-Sticknadeln – Größen 1 bis 5 **(2)**– sind ideal für die Projekte in diesem Buch. Größe 1 ist perfekt für sechsfädige Stickgarn. Die Größen 2 bis 5 nimmst du nach absteigender Anzahl der abgeteilten Fäden. Nadeln mit großem Öhr **(3)** werden verwendet, wenn du mit dickerem Garn wie Wolle oder Kordeln arbeiten möchtest. Sie sind auch praktisch, wenn du mit mehr als sechs Einzelfäden gleichzeitig sticken möchtest.

Stifte

Mit wasserlöslichen Stiften **(4)** kannst du auf den Stoff vorzeichnen. Wenn später noch Markierungen zu sehen sind, wäschst du sie einfach ab.

Hitzelöschbare Stifte **(5)** haben eine feinere Spitze und die Tinte verschwindet, sobald der Stoff warm wird, wenn du ihn beispielsweise bügelst oder föhnst.

Scheren

Stickscheren **(6)** sind besonders kurz und scharf: So kannst du ganz dicht am Stoff und besonders genau schneiden. Mit Stoffscheren **(7)** kannst du Stoffe zuschneiden und bekommst dabei saubere, gerade Kanten. Scheren mit Wellen- oder Zickzackschnitt vermindert das Ausfransen des Stoffs.

4 5

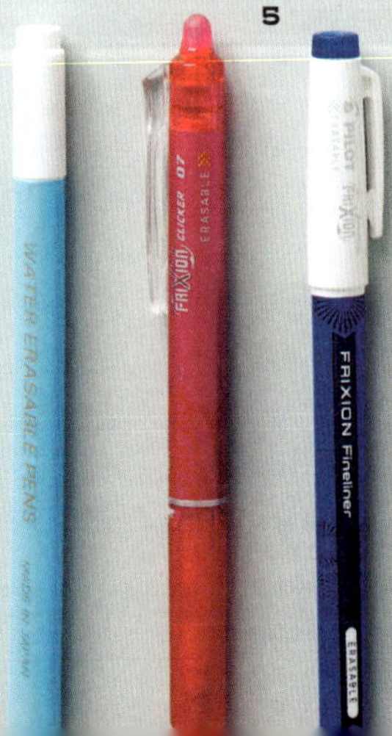

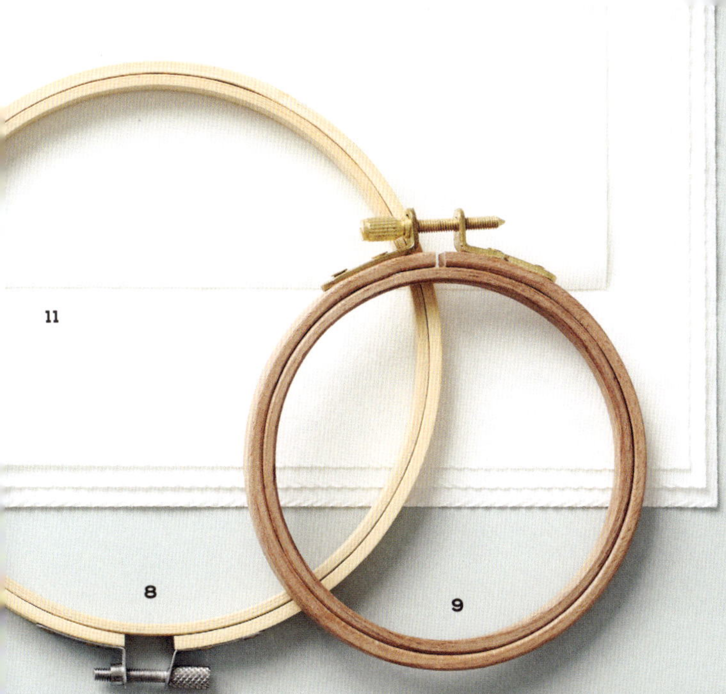

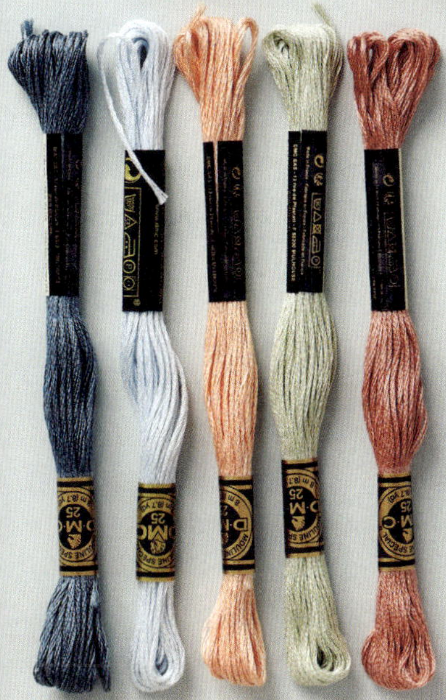

aber du kannst gerne auch andere Farben wählen.

Stickvliese

Ein selbstklebendes, auswaschbares Vlies **(11)** ist ausgesprochen praktisch. Es wird vorne auf den Stoff geklebt und macht ihn stabiler. Darauf kannst du deine Vorlage zeichnen. Es lässt sich nach dem Sticken einfach mit Wasser ablösen – so bleiben keine Spuren auf dem Stoff zurück.

Ich verwende auch gerne ausreißbares Stickvlies. Ich spanne es hinter dem Stoff mit in den Stickrahmen ein, damit die Fläche zum Sticken stabiler wird.

Stickrahmen aus Holz

Für die Handstickerei sind Holzringe besonders gut geeignet, da sie den Stoff gut fixieren. Ringe aus Bambus **(8)** sind eine beliebte und preisgünstigste Wahl. Ringe aus Buchenholz **(9)** sehen besonders schön aus und sind stabil.

Stickgarn

Bei allen Projekten verwende ich sechsfädigen Baumwollgarn, auch Sticktwist genannt **(10)**. Die einzelnen Fäden lassen sich leicht teilen (siehe Seite 11). So kannst du ganz nach Wunsch dickere oder flachere Stiche sticken. Bei jedem Projekt habe ich die Farben der verwendeten DMC-Garne aufgelistet,

Stoff

Zum 3D-Sticken brauchst du stabile, wenig dehnbare Stoffe wie Leinen **(12)**, reine Baumwolle (13) oder Canvas (14).

Aida-Stoff

Aida-Stoff **(15)** wird oft für Kreuzstichstickerei verwendet, eignet sich aber auch in allen Größen für die Projekte in diesem Buch.

Filz

Bastelfilz **(16)** ist in praktisch jedem Handarbeitsgeschäft erhältlich, kann zu mehreren Schichten gelegt werden und lässt sich problemlos mit den meisten Sticknadeln besticken.

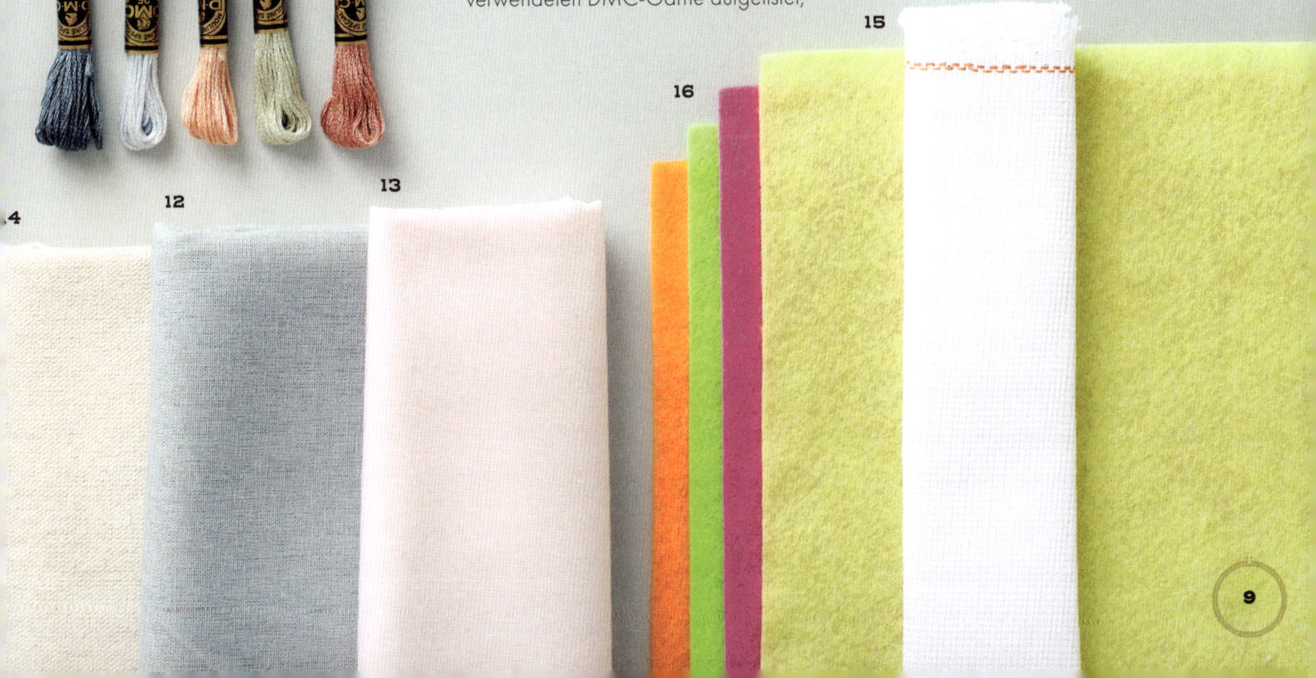

STOFF IN DEN STICKRAHMEN SPANNEN

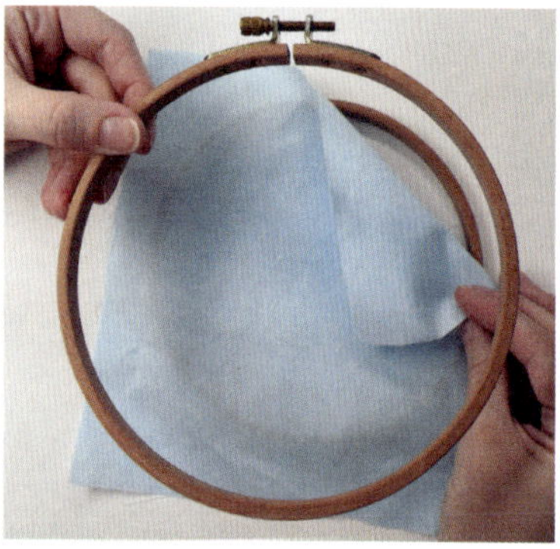

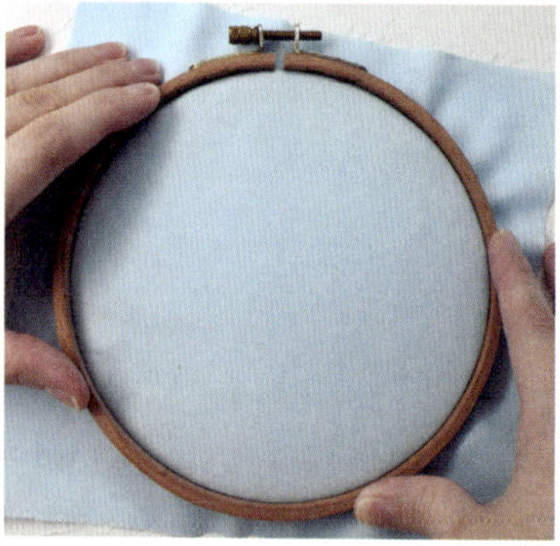

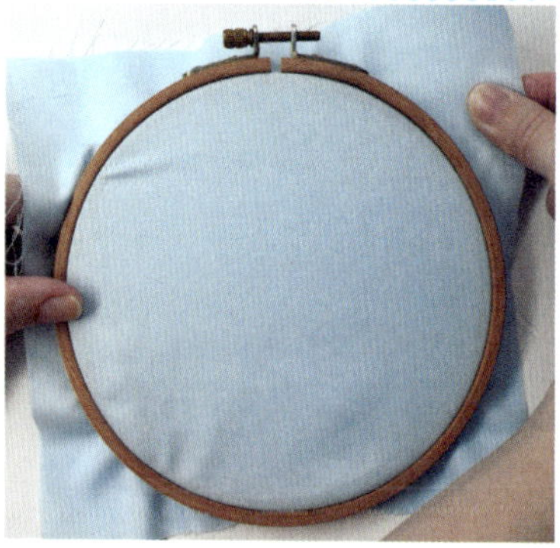

1 Den Stoff bügeln und mittig auf den inneren Ring legen. Dann den äußeren Ring auf den Stoff legen.

2 Den äußeren Ring sanft nach unten um den inneren Ring herumdrücken. Die Schraube zudrehen, um den Stoff zu sichern.

3 Rund um den Ring vorsichtig an den Stoffkanten ziehen, bis der Stoff festgespannt ist. Der Stoff sollte wie eine weiche Trommel klingen, wenn du darauf klopfst.

MIT GARN UMWICKELN

Für ein dekoratives Finish gefällt es mir besonders, nach Fertigstellung eines Projekts den äußeren Stickring mit Stickfaden oder anderem Garn zu umwickeln. Dafür verwende ich Bambusringe und verleihe ihnen durch den Wickelfaden zusätzliche Struktur und Farbe.

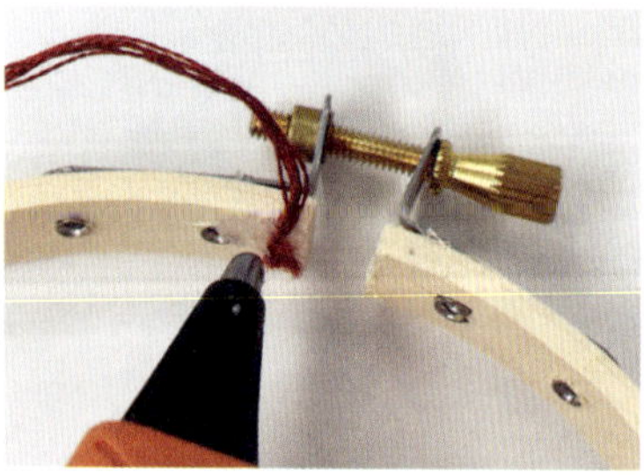

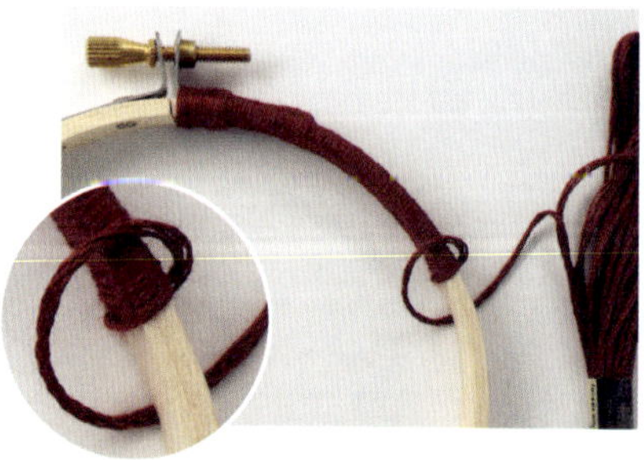

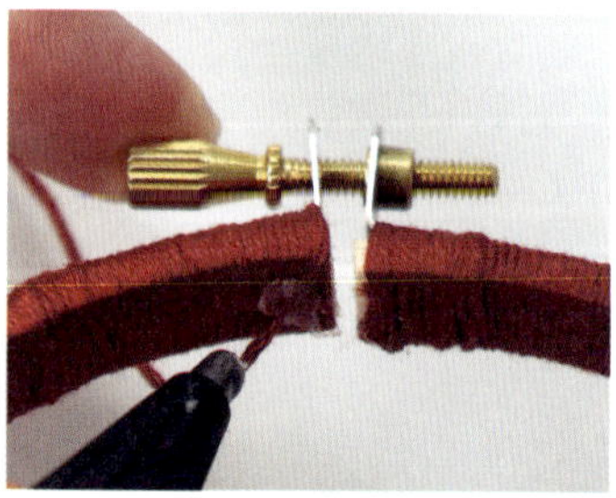

1 Den Faden nicht vom Knäuel abschneiden, sondern mit dem Knäuel oder der Rolle wickeln. Das Fadenende unten am Ring festkleben, am besten an die offene Kante unter dem Schraubenende.

2 Den Faden fest um den Ring wickeln, dabei jede neue Wicklung direkt neben die vorherige legen, ohne dass sich die Fäden überkreuzen. Auf diese Weise den gesamten Ring umwickeln, bis kein Holz mehr zu sehen ist.

3 Das Fadenende an der anderen offenen Kante unten am Ring festkleben. Den Klebstoff trocknen lassen und überstehende Fadenenden mit der Schere abschneiden.

STICKRAHMEN SCHLIESSEN

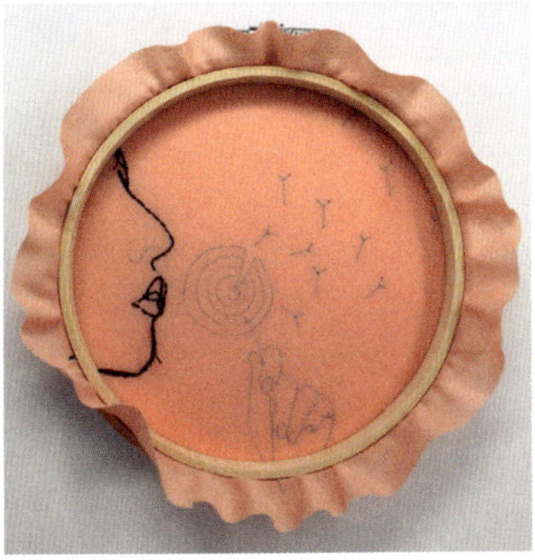

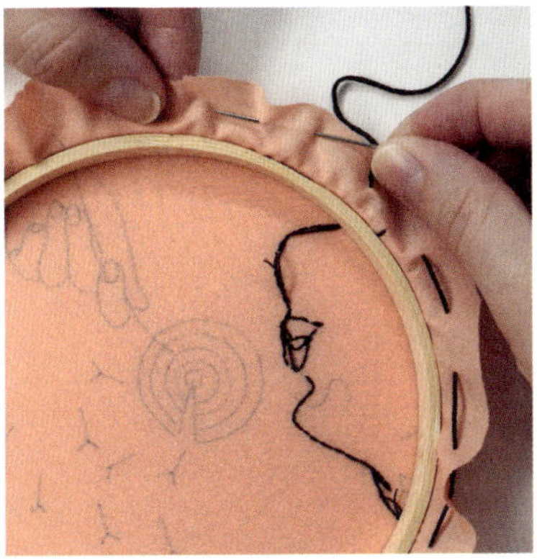

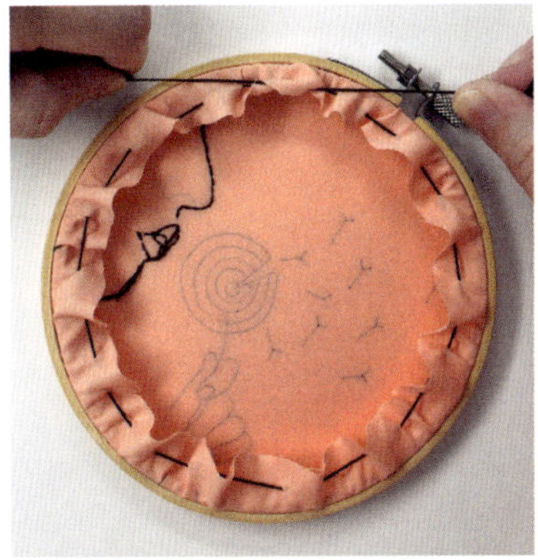

1 Sobald der Stoff so positioniert ist, wie er liegen soll, den Rahmen umdrehen. Den Stoff rundherum so abschneiden, dass ein Rand von rund 2,5 cm Breite übersteht.

2 Sechsfädigen Sticktwist in einer beliebigen Farbe auf eine Nadel fädeln und im Vorstich durch den überstehenden Stoff einmal rundherum sticken. Direkt neben der Stelle enden, an der du begonnen hast.

3 Die beiden Fadenenden fest zusammenziehen, um den Stoff fest um den inneren Ring zu spannen. Mit einem Knoten sichern und überstehende Fadenenden abschneiden.

HILFREICHE TIPPS

HILFSLINIEN ZEICHNEN

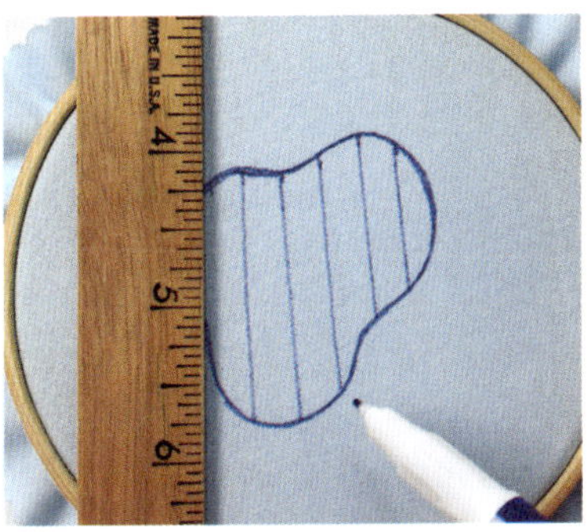

Hilfslinien sorgen dafür, dass deine Stiche schön gerade werden, etwa beim Plattstich oder beim versetzten Plattstich. Zeichne mit Lineal und einem wasserlöslichen oder wärmeempfindlichen Stift Hilfslinien über die gesamte Fläche, auf der du sticken möchtest.

GARN IN EINZELFÄDEN TRENNEN

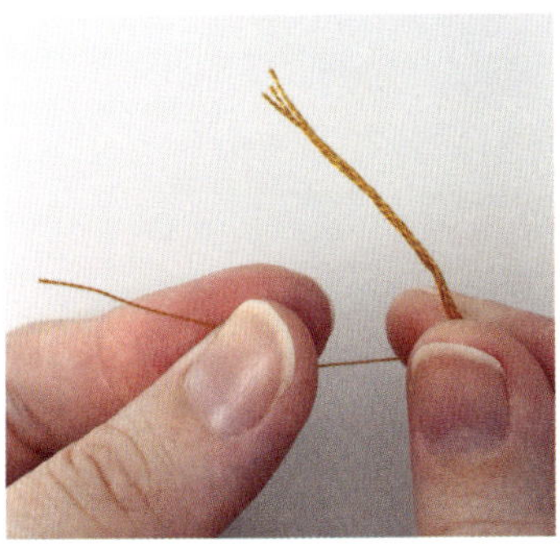

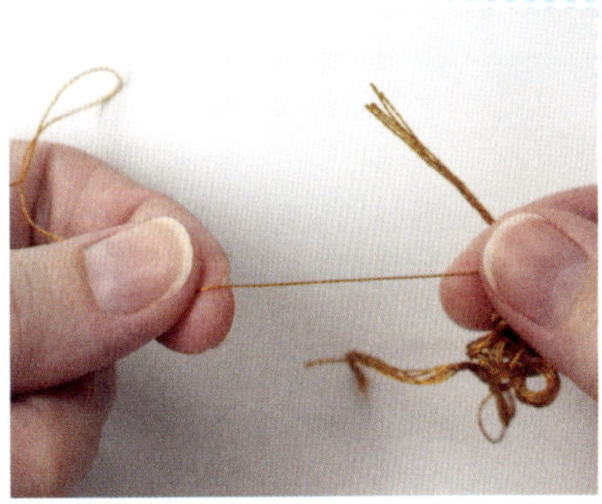

1 Das Garn auf eine Länge von etwa 45 cm abschneiden. Einen Einzelfaden herauslösen.

2 Das Garn mit einer Hand festhalten und den Einzelfaden vorsichtig mit der anderen Hand herausziehen.

ANFANGSKNOTEN

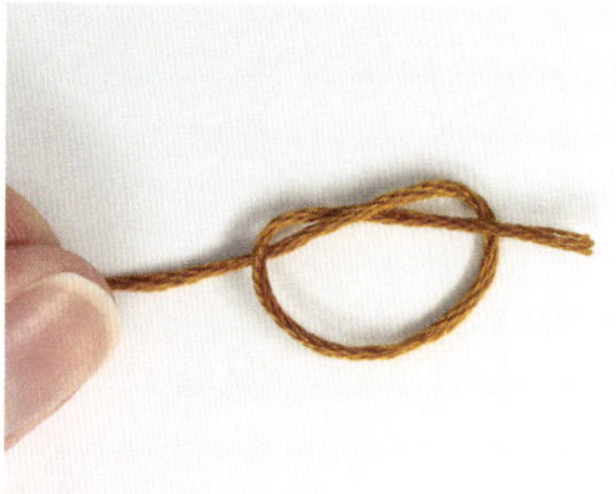

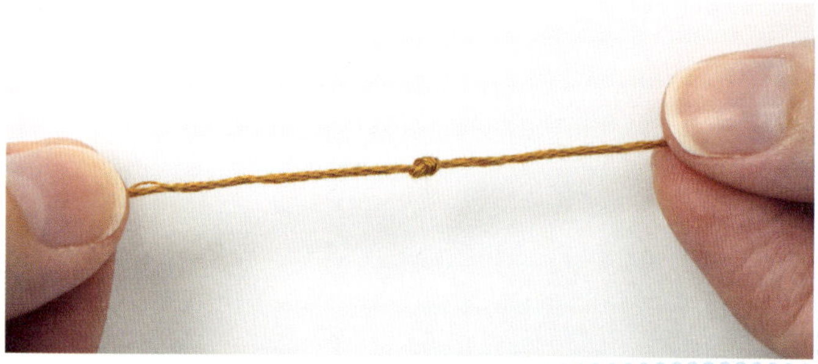

1 Ein Fadenende zu einer Schlinge legen und das Ende des Fadens durch die Schlinge führen.

2 Die Fadenenden straffen und so den Knoten schließen. Um ganz sicher zu gehen, dies noch einmal wiederholen.

ENDKNOTEN

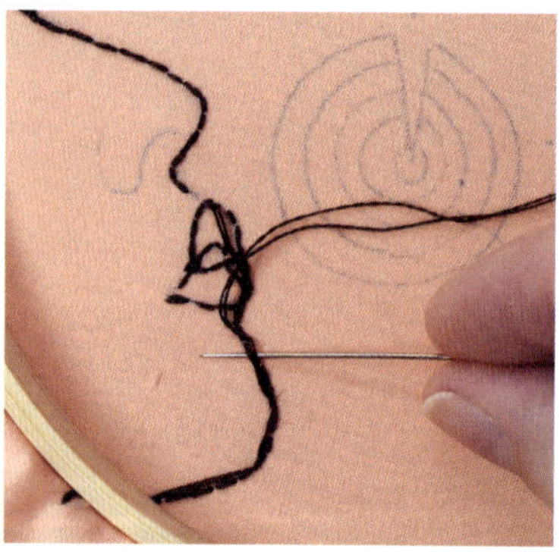

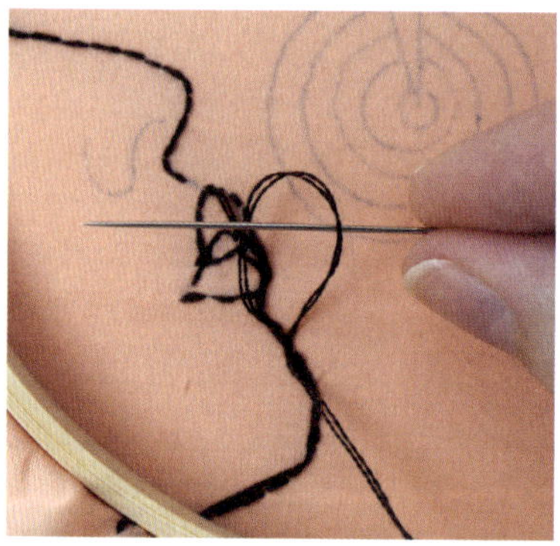

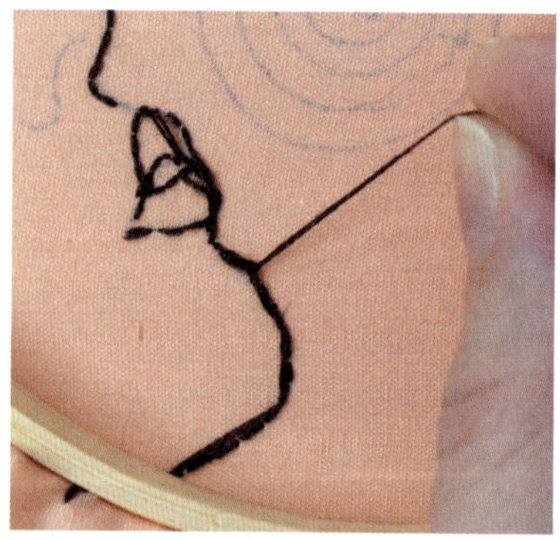

1 Den Stickrahmen umdrehen. Nadel und Faden unter einigen gestickten Stichen hindurchführen.

2 Den Faden so ziehen, dass eine kleine Schlinge entsteht. Nadel und Faden durch diese Schlinge führen.

3 Festziehen, um den Faden zu sichern. Schritte 1 bis 3 mindestens noch einmal wiederholen.

VORLAGE AUF DEN STOFF ÜBERTRAGEN

Bei allen Projekten überträgst du in einem ersten Schritt die Vorlage auf den Stoff. Du kannst das Motiv nach den Hinweisen auf Seite 132 vorbereiten und von der Vorlage auf den Stoff pausen oder die Vorlage direkt von den beiliegenden Transferbogen auf den Stoff bügeln.

VORLAGE ABZEICHNEN

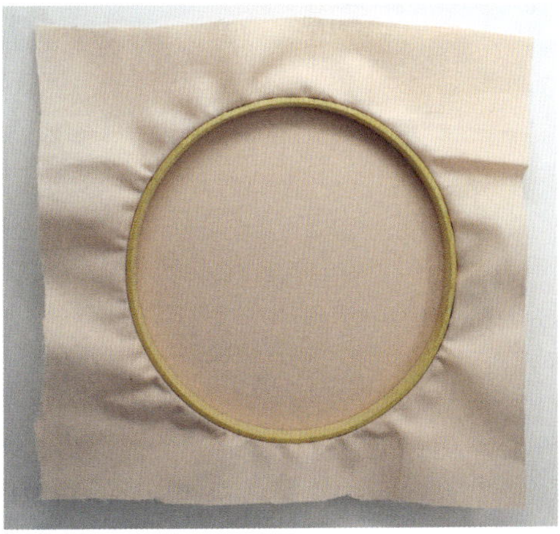

1 Den Stoff bügeln und in den Stickrahmen spannen. Den Stickrahmen umdrehen, sodass der innere Ring nach oben zeigt.

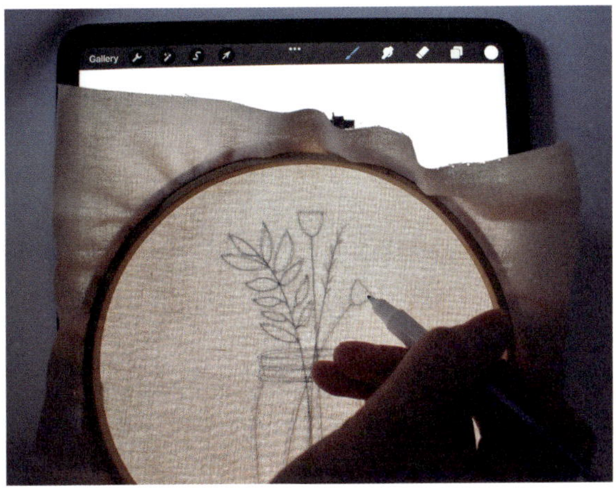

2 Den Stickrahmen gegen eine helle Lichtquelle halten, beispielsweise ein Fenster oder einen hellen Bildschirm. Die Vorlage zwischen den Stoff und die Lichtquelle legen. Mit einem wasserlöslichen oder wärmeempfindlichen Stift das Motiv auf den Stoff übertragen.

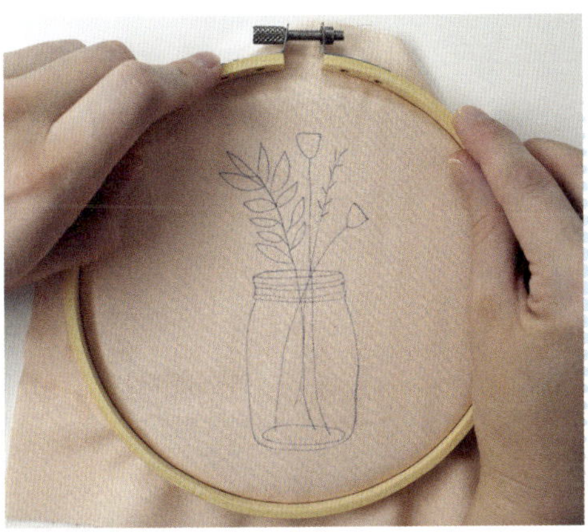

3 Den Stoff vom Ring abnehmen und umdrehen, sodass das aufgezeichnete Motiv und der äußere Ring oben liegen. Den Stoff um den ganzen Ring herum straffziehen, ohne dass sich dabei das Motiv verzieht.

VORLAGE ABBÜGELN

Den Stoff vorbügeln und auf die gewünschte Größe zuschneiden. Das gewünschte Motiv aus dem Transferbogen (aus dem Umschlag hinten im Buch) ausschneiden und an der gewünschten Stelle auf den Stoff legen. Die Vorlage bei höchster Temperaturstufe des Bügeleisens (ohne Dampf) auf den Stoff bügeln. Dabei muss das Bügeleisen fest und gleichmäßig aufgedrückt und in kleinen Kreisen bewegt werden. Die Vorlage darf sich dabei nicht bewegen! So lange drücken, bis sich das Bügelbild vollständig vom Papier gelöst hat. Das übertragene Motiv ein paar Minuten abkühlen lassen, dann das Papier vorsichtig vom Stoff abziehen.

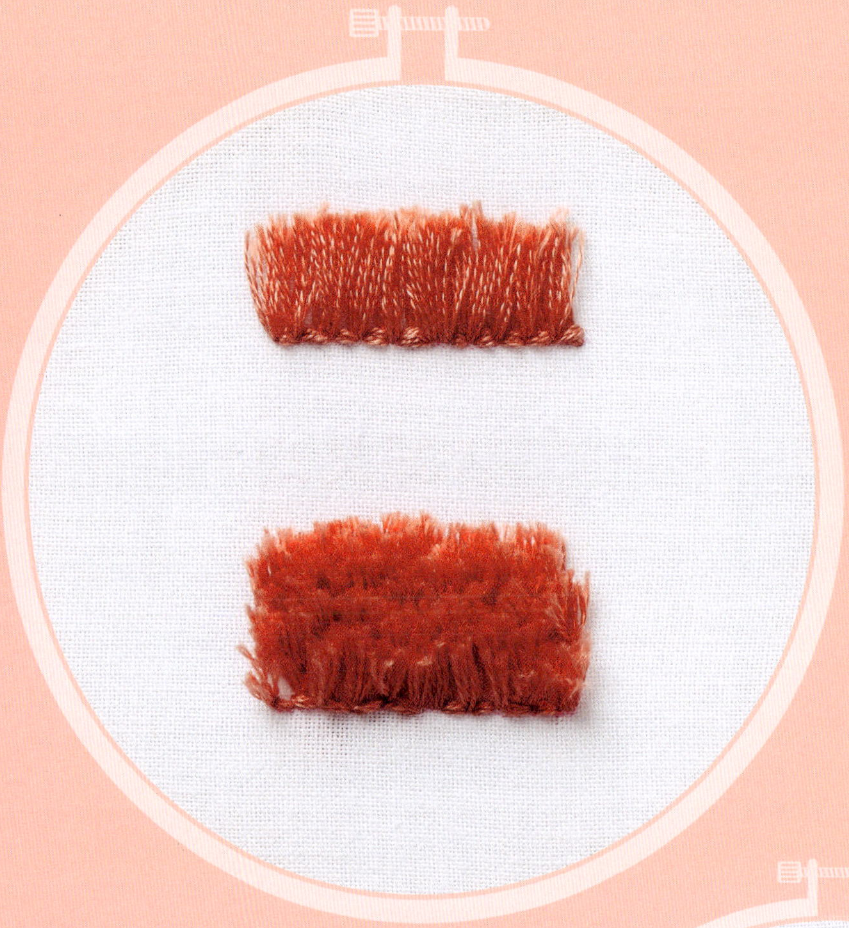

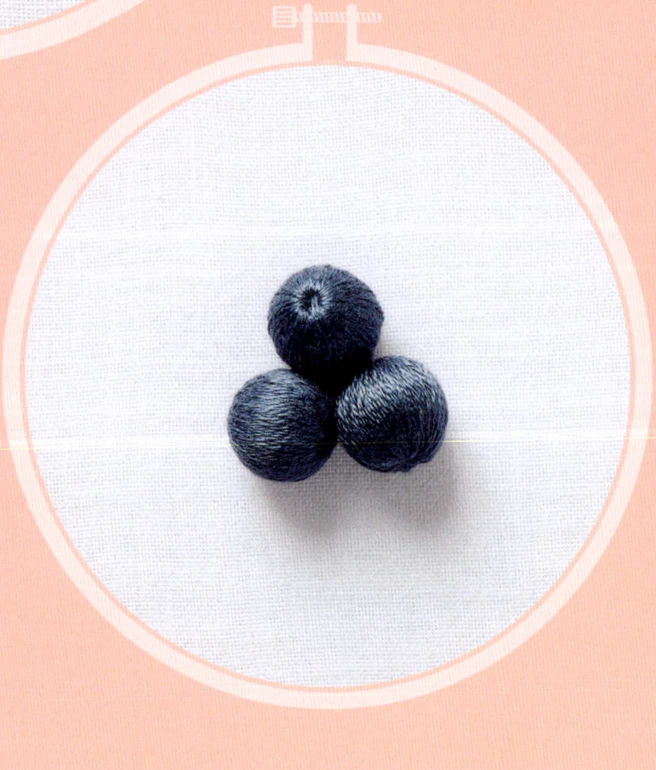

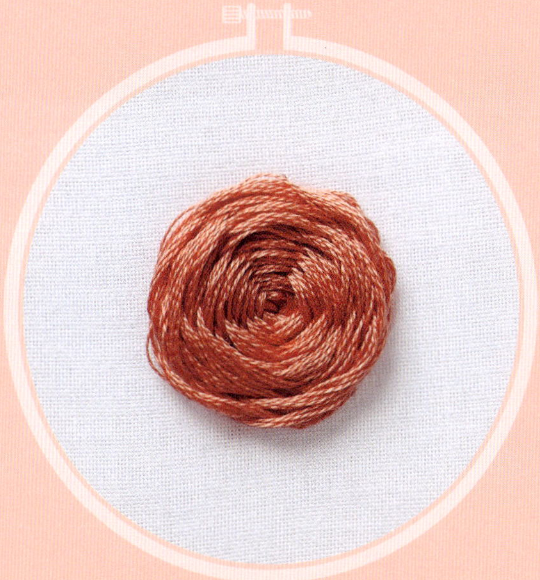

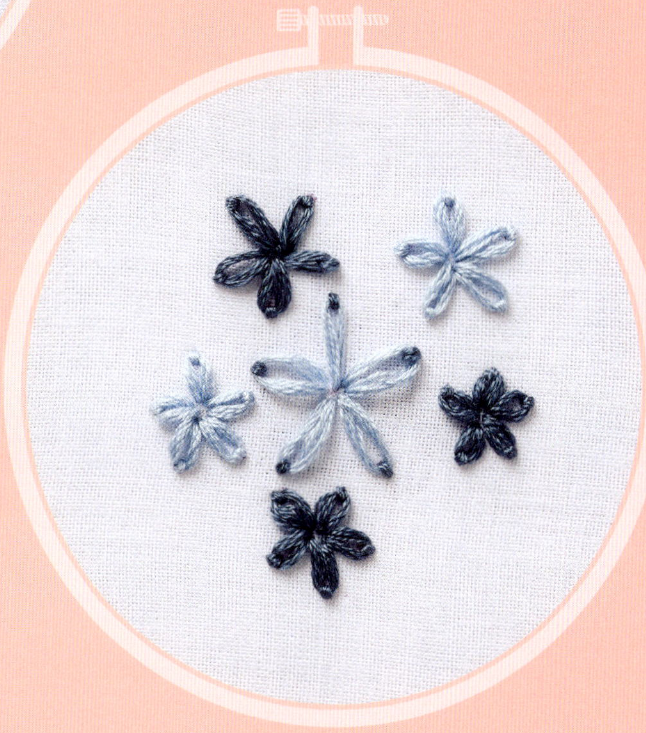

STICHE & TECHNIKEN

GERAD-STICH

Der Geradstich ist ein einzelner Stich. Er ist die Grundlage für viele andere Stickstiche und kann einzeln oder in Gruppen gestickt werden. So lassen sich die unterschiedlichsten Muster gestalten.

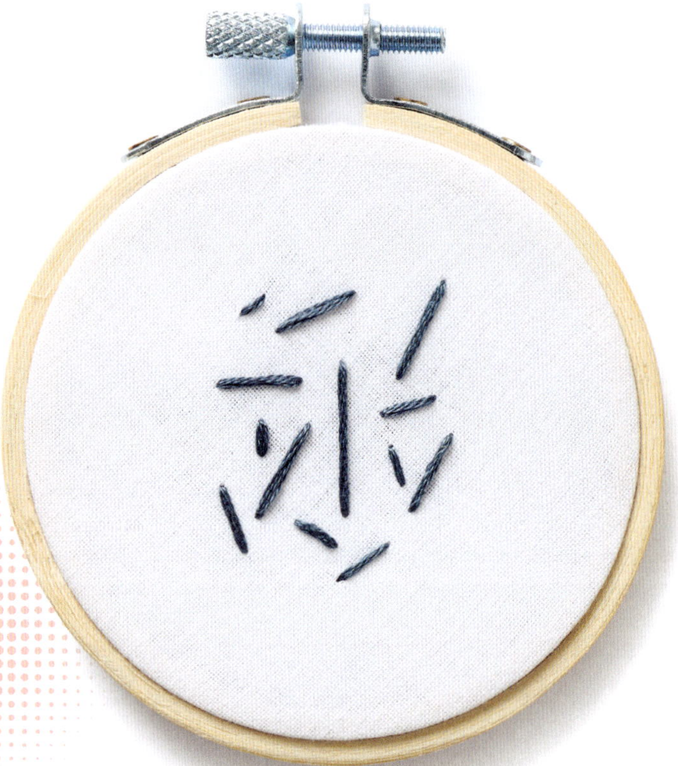

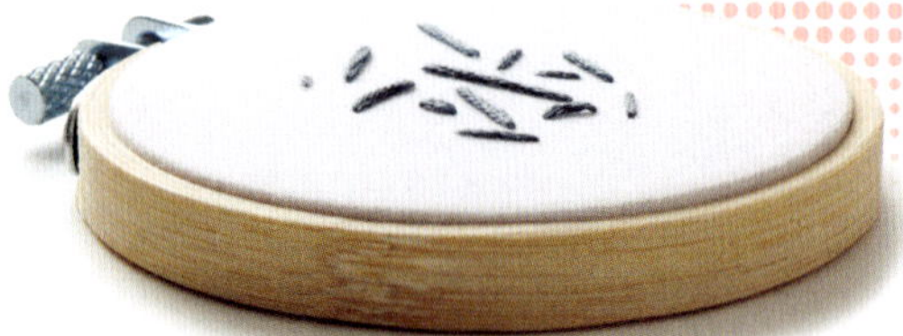

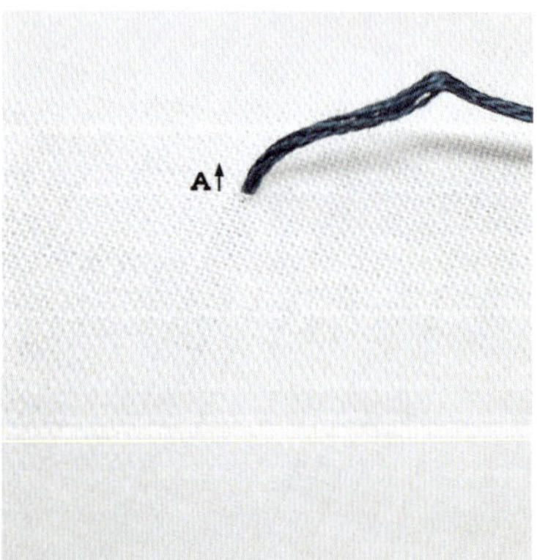

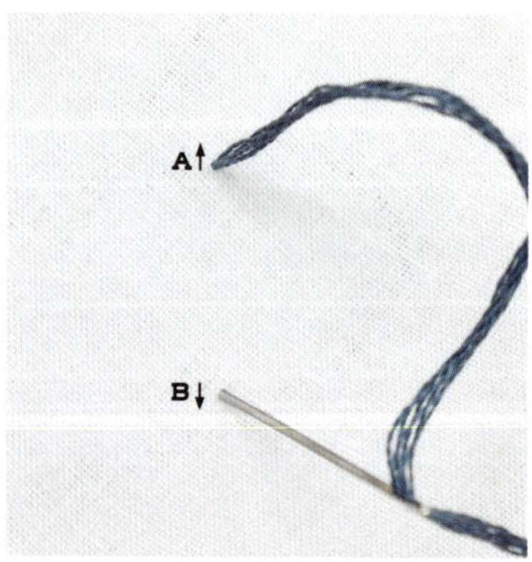

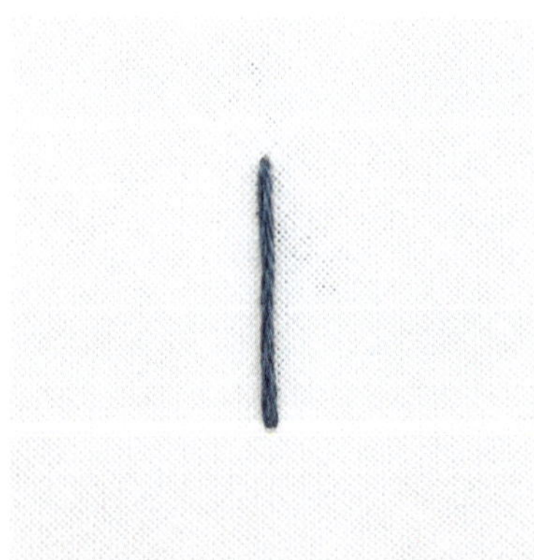

1 Nadel und Faden bei A durch den Stoff nach vorne führen.

2 Nadel und Faden bei B durch den Stoff wieder nach hinten führen.

3 Den Faden ganz durch den Stoff hindurchziehen und auf der Rückseite mit einem Knoten sichern. So ist ein einzelner Geradstich entstanden.

RÜCKSTICH

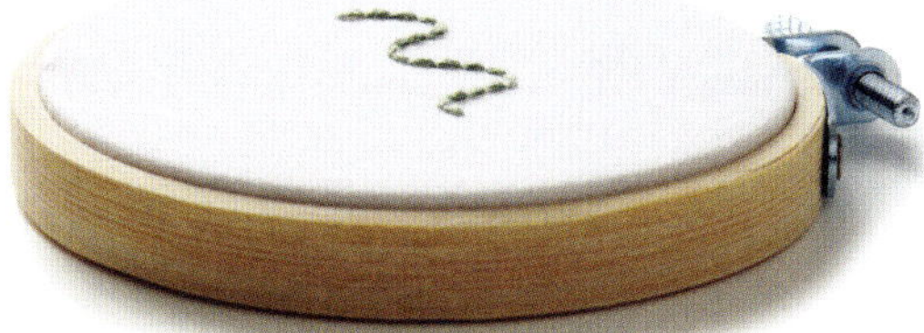

Der Rückstich wird für Umrisse mit geraden und gebogenen Linien verwendet. Bei gebogenen Linien verwendest du kürzere Stiche, bei geraden Linien können die Stiche ruhig etwas länger sein.

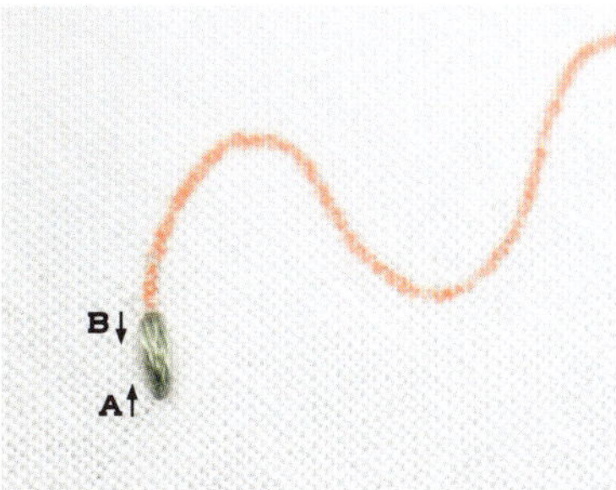

1 Mit einem Geradstich beginnen (siehe Seite 16). Die Nadel bei A nach vorne und bei B wieder nach hinten führen.

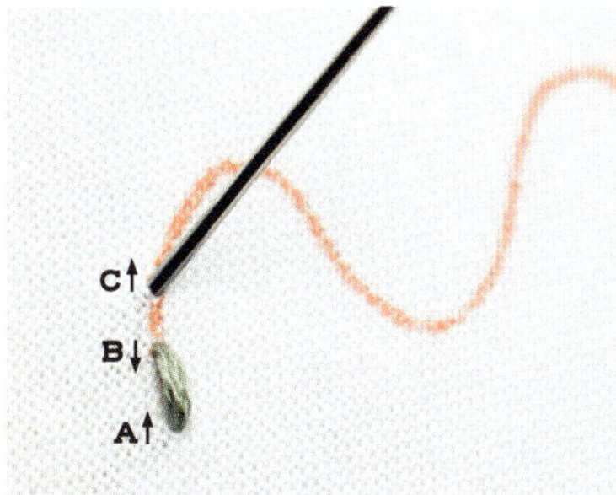

2 Die Nadel bei C wieder nach vorne ausstechen. Der Abstand zwischen C und B sollte genauso groß sein wie zwischen A und B.

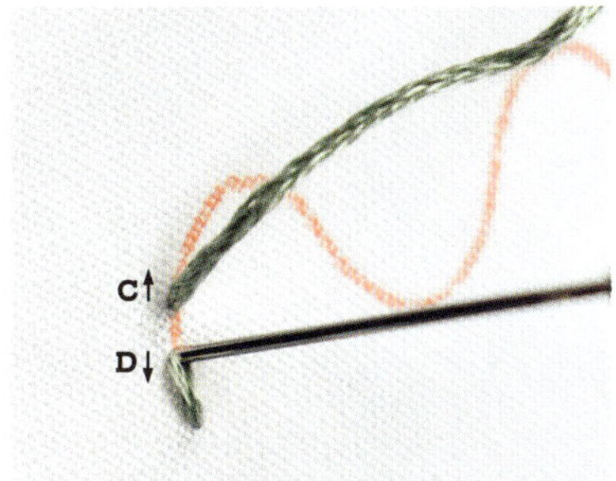

3 Die Nadel bei D wieder einstechen, dabei dasselbe Loch wie bei B verwenden.

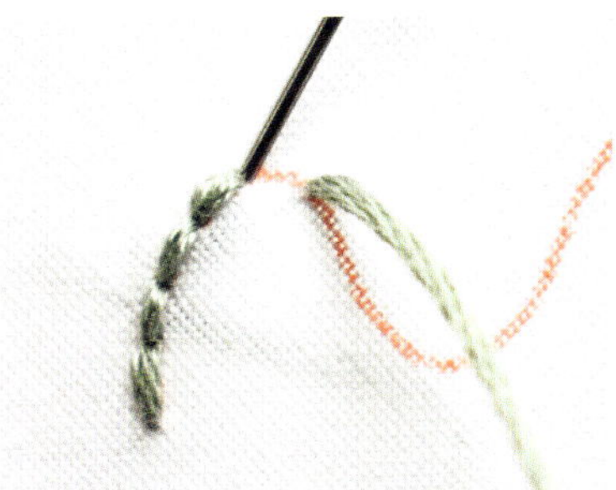

4 Die Schritte 2 und 3 für alle weiteren Stiche wiederholen. Dabei arbeitest du rückwärts gerichtete Stiche. Zum Abschluss den Faden auf der Rückseite mit einem Knoten sichern.

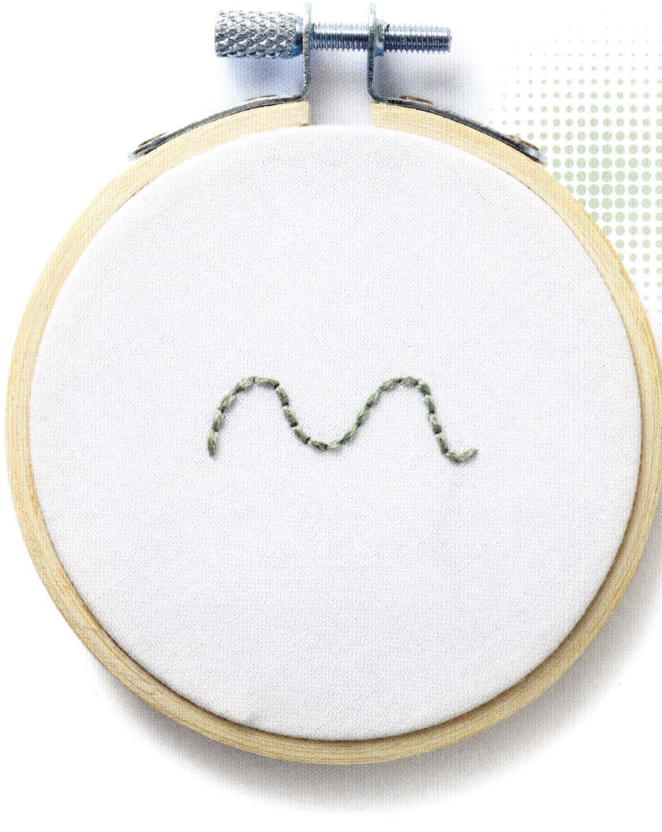

VERSETZTER PLATTSTICH

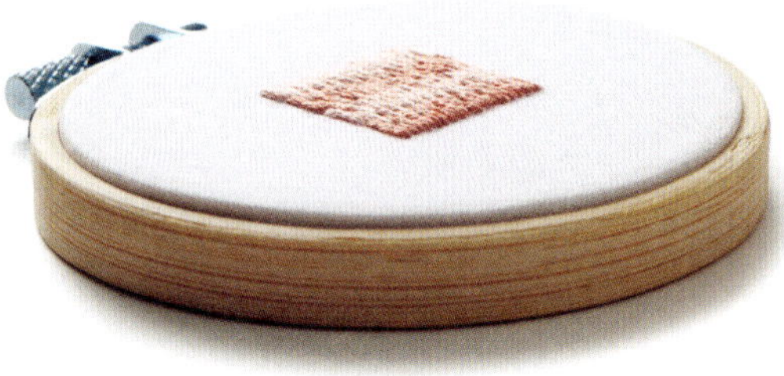

Mit dem versetzten Plattstich lassen sich größere Flächen der unterschiedlichsten Formen füllen. Gleichzeitig verleiht er dem gestickten Segment eine schöne Struktur. Mit mehreren Farben kannst du abgestufte Schattierungen erzeugen.

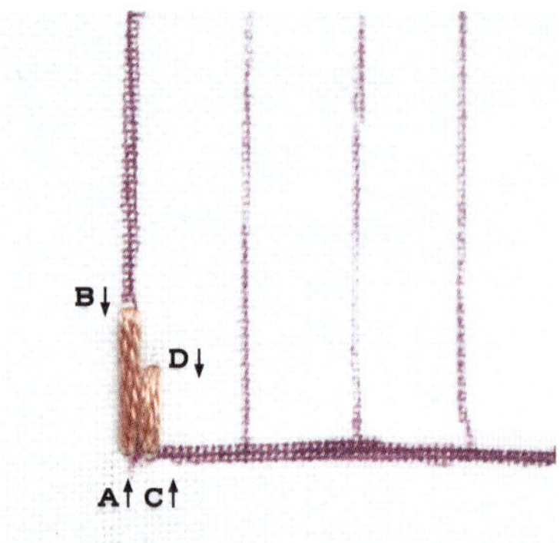

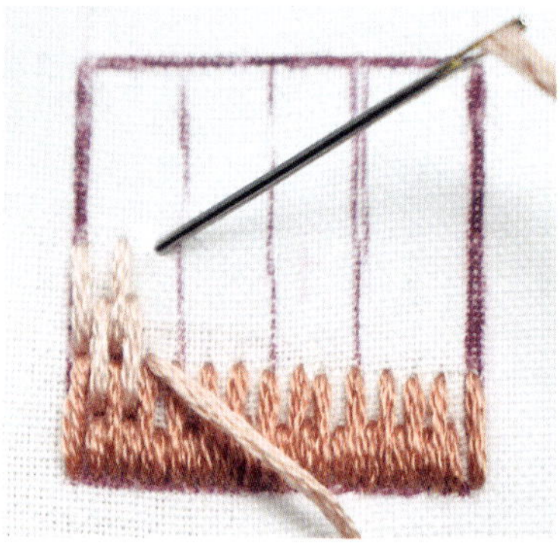

2 In der zweiten Reihe und allen weiteren Reihen – bis auf die letzte Reihe – nur lange Stiche sticken. Die Nadel dabei immer durch die Löcher der Vorreihe führen. Diese Reihen aus langen Stichen sticken, bis die Fläche fast ausgefüllt ist.

1 In der ersten Reihe mehrere Geradstiche nebeneinander sticken, die abwechselnd lang und kurz sind. Die kurzen Stiche sollten halb so lang wie die langen Stiche sein. Die Nadel bei A ausstechen, bei B wieder einstechen, bei C ausstechen und bei D einstechen. Bis zum Ende der Reihe wiederholen.

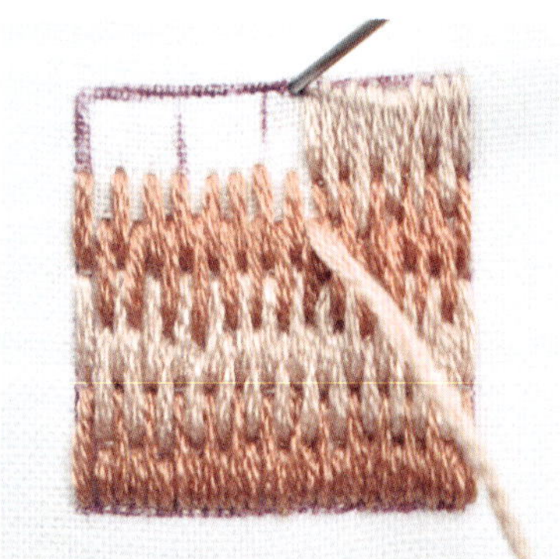

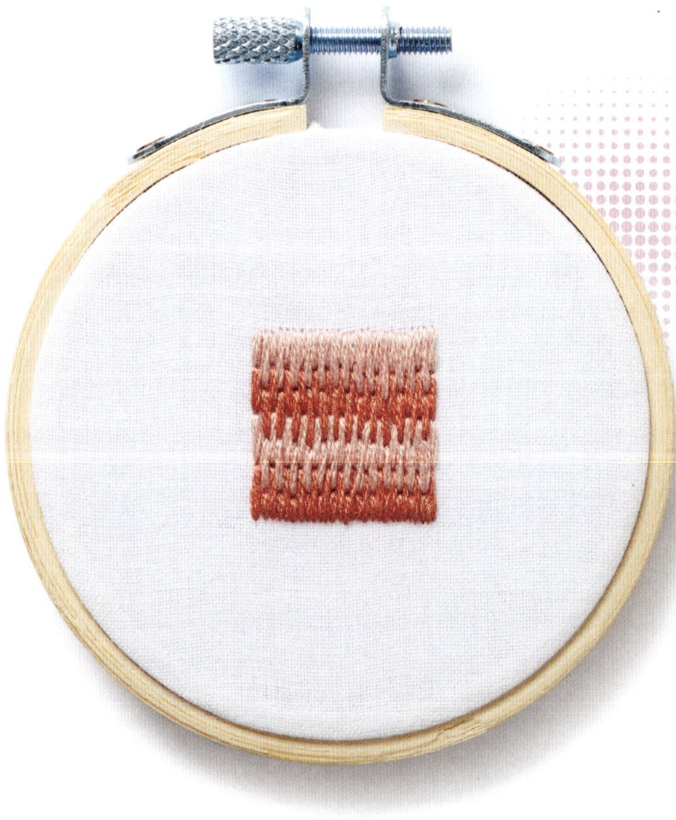

3 Die letzte Reihe wieder abwechselnd mit langen und kurzen Stichen sticken. Zum Abschluss den Faden auf der Rückseite mit einem Knoten sichern.

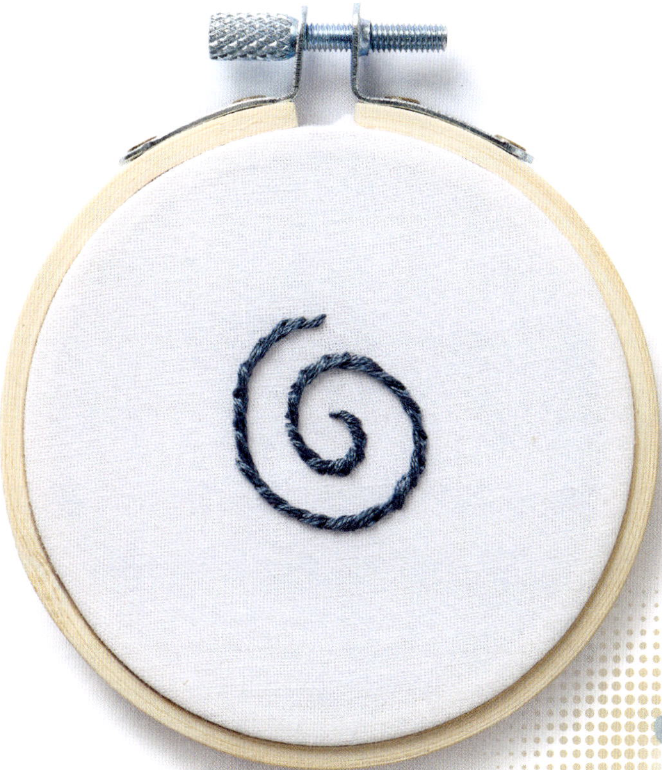

STIELSTICH

Der Stielstich eignet sich perfekt für Umrisse aus geraden oder gebogenen Linien und für Buchstaben. Er hat ein kordelartiges Aussehen. Auch wird er gerne für die Stängel von Pflanzen verwendet.

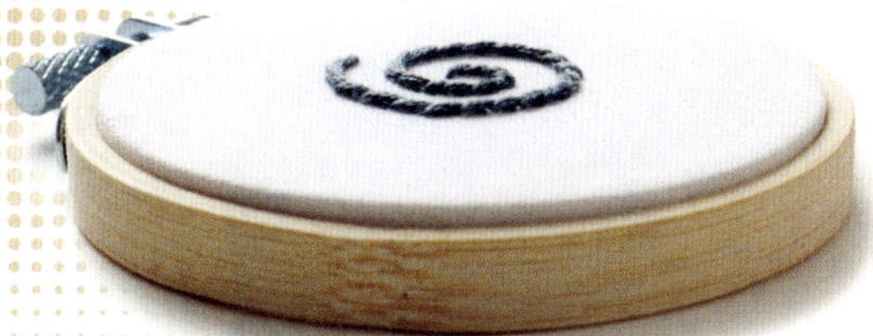

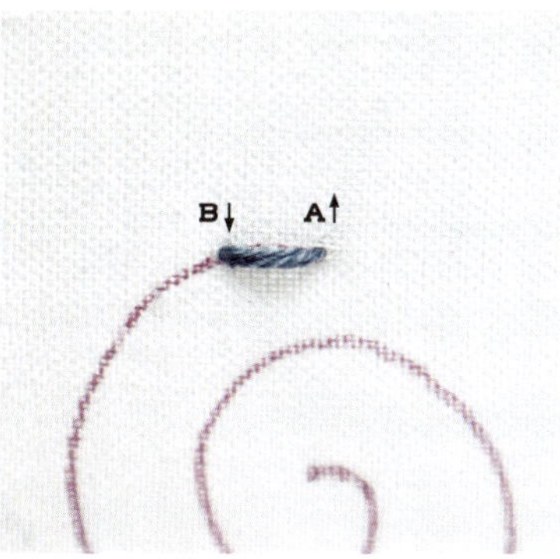

1 Mit einem Geradstich beginnen. Die Nadel bei A nach vorne und bei B wieder nach hinten führen.

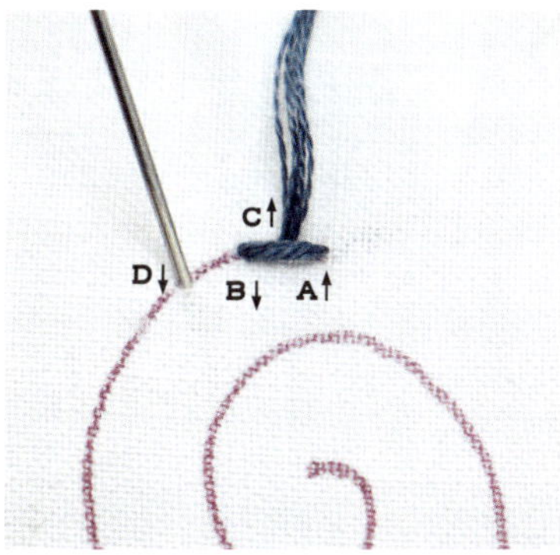

2 Die Nadel in der Mitte zwischen A und B, also bei C ausstechen. Die Nadel bei D wieder einstechen; dabei muss dieser zweite Stich genauso lang sein wie der erste Stich.

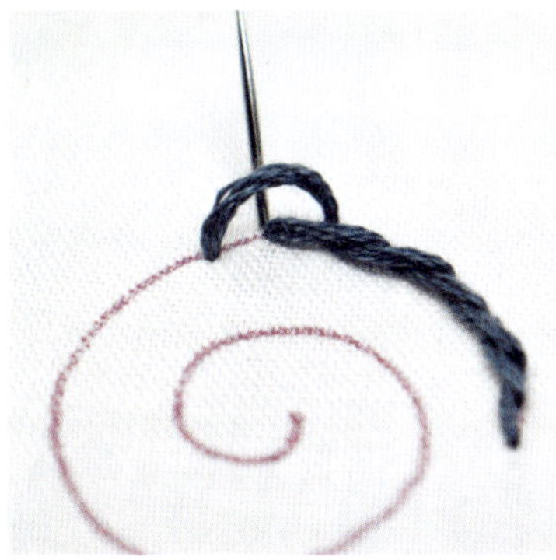

3 Schritt 2 für alle weiteren Stiche wiederholen. Der Faden muss bei jedem Stich unter der Nadel liegen, wie es abgebildet ist, damit der Stielstich gleichmäßig gelingt. Zum Abschluss den Faden auf der Rückseite mit einem Knoten sichern.

PLATT-
STICH

Mit dem Plattstich, auch Satinstich genannt, lassen sich kleine bis mittelgroße Flächen ausfüllen. Sie bekommen eine ebenmäßige Oberfläche. Plattstiche müssen ganz dicht nebeneinander gestickt werden, ohne dass sich der Stoff verzieht.

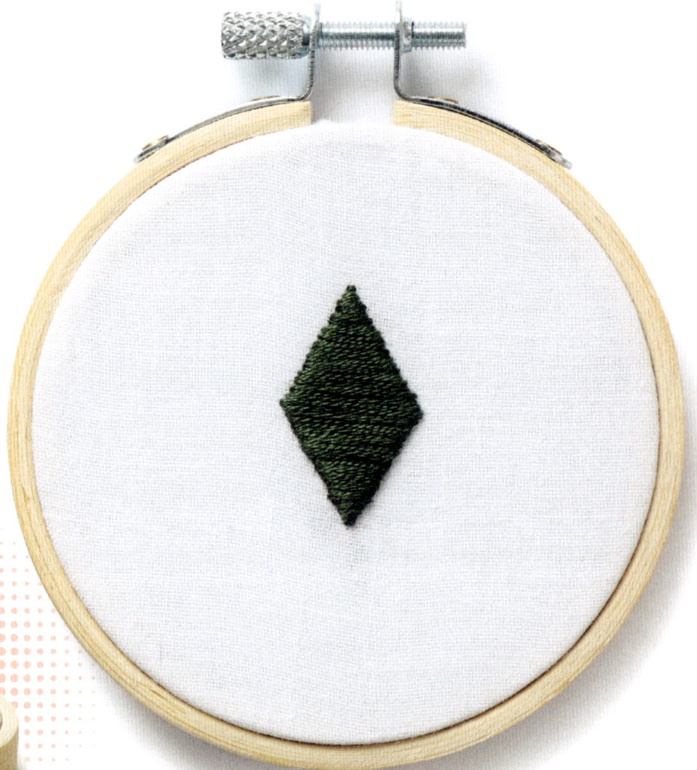

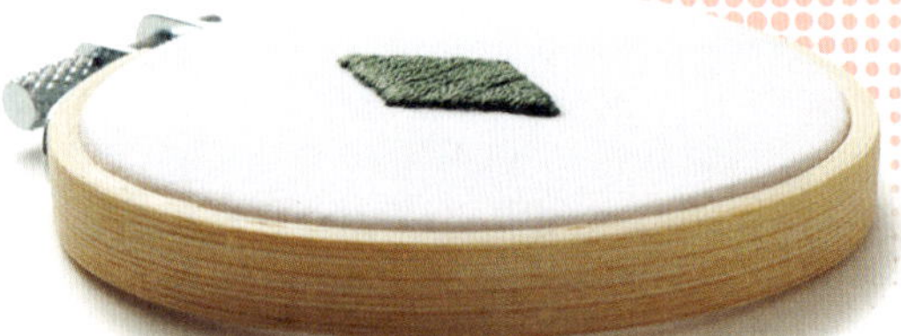

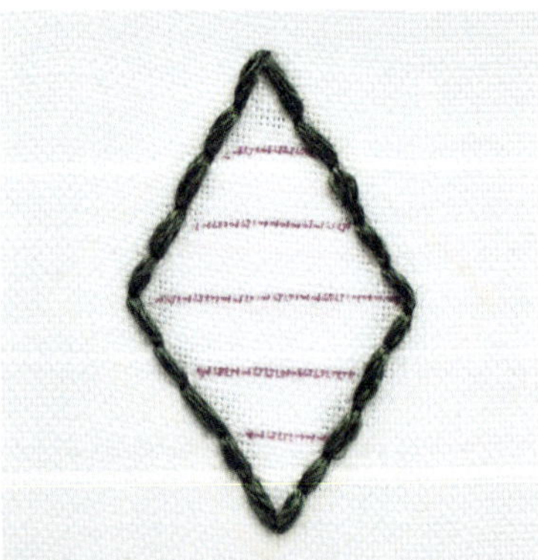

1 Zuerst die Umrisslinien der Fläche mit Rückstichen (siehe Seite 17) oder Stielstichen (siehe Seite 19) vorsticken. So bekommt die Fläche schön saubere Kanten.

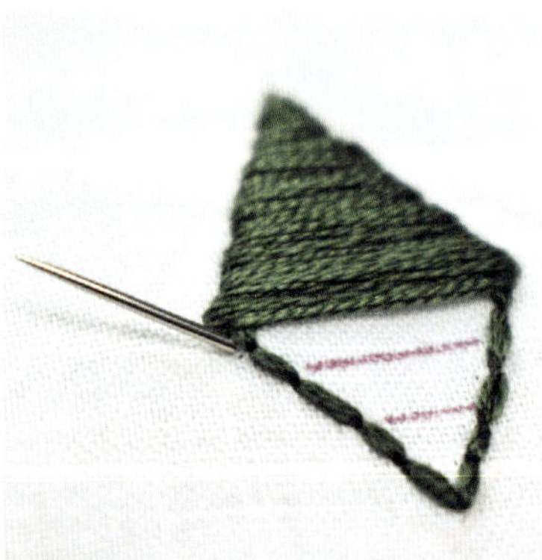

2 Mit zwei oder drei Einzelfäden des Fadens an einem Ende der Form beginnen und die Nadel außen direkt neben der Umrisslinie ausstechen.

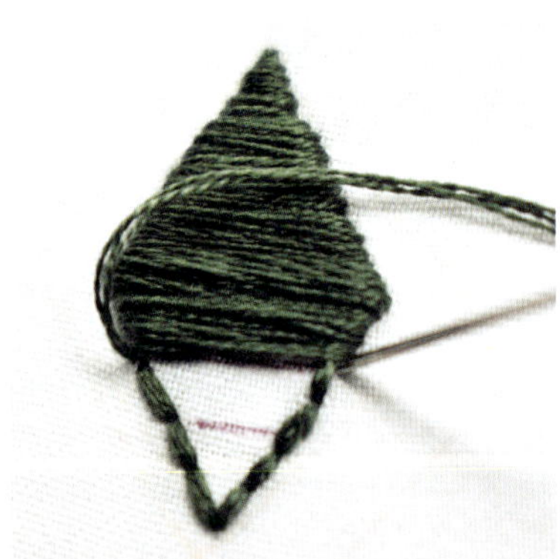

3 Die Nadel auf der gegenüberliegenden Seite außen direkt neben der Umrisslinie wieder einstechen. Schritte 2 und 3 wiederholen, um die Fläche vollständig zu besticken.

UNTERLEGTER SCHNURSTICH

Mit dem unterlegten Schnurstich kannst du erhöhte Umrisse um eine Fläche gestalten. Wie dick die Linie werden soll, kannst du über die Anzahl der verwendeten Füllfäden variieren, oder du verwendest Strick- oder Makrameegarn für die Füllung.

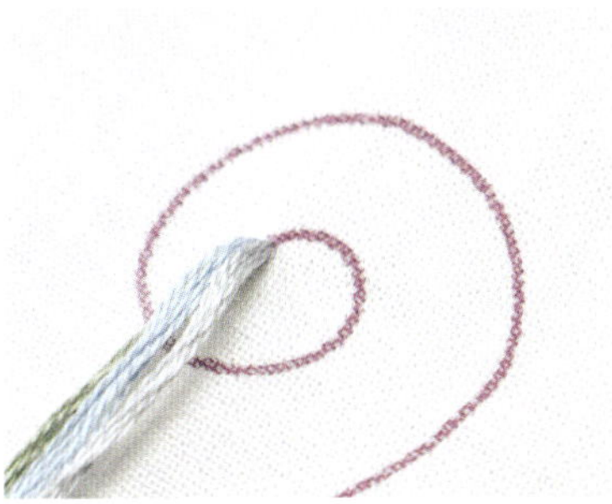

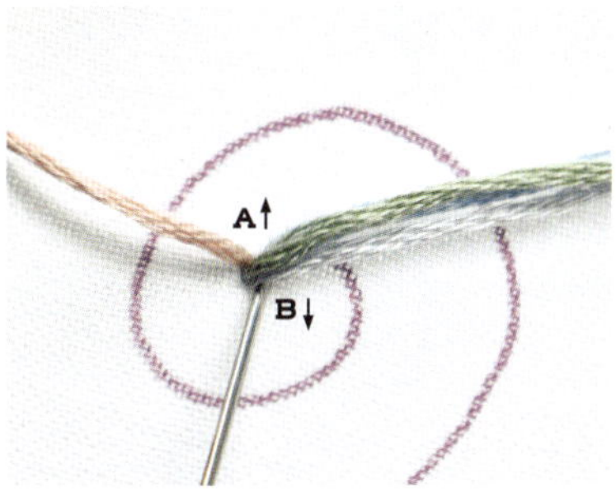

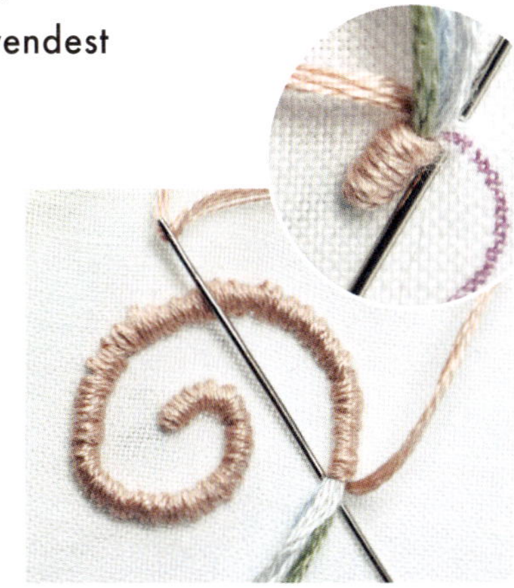

1 Die Füllfäden nach vorne durch den Stoff führen und auf der Rückseite mit einem Knoten sichern.

2 Mit dem Arbeitsfaden (hier in Rosa) die Nadel bei A an einer Seite der Füllfäden ausstechen und bei B auf der anderen Seite der Füllfäden wieder einstechen.

3 Auf diese Weise die Füllfäden an der Umrisslinie entlangführen und auf dem Stoff fixieren. Die Stiche müssen eng nebeneinander liegen, um die Füllfäden vollständig abzudecken.

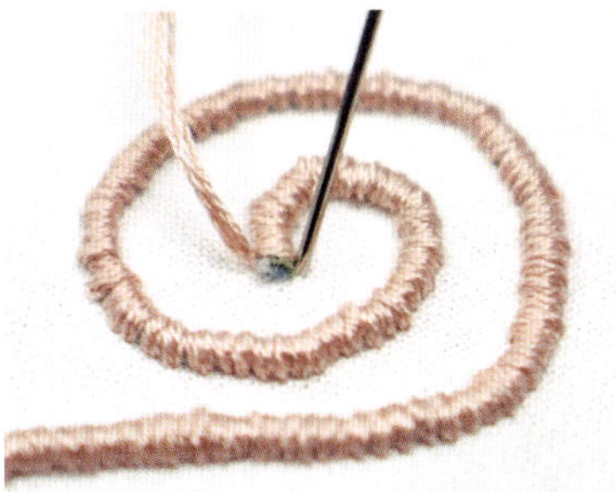

4 Zum Abschluss die Füllfäden abschneiden und die Enden mit einigen weiteren Stichen verstecken. Den Arbeitsfaden auf die Rückseite führen und mit einem Knoten sichern.

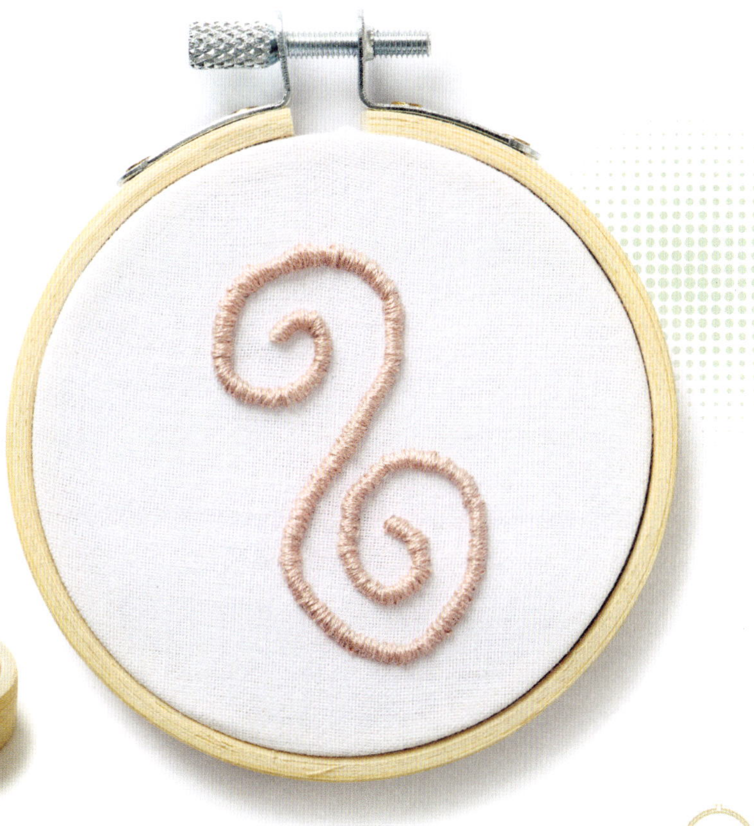

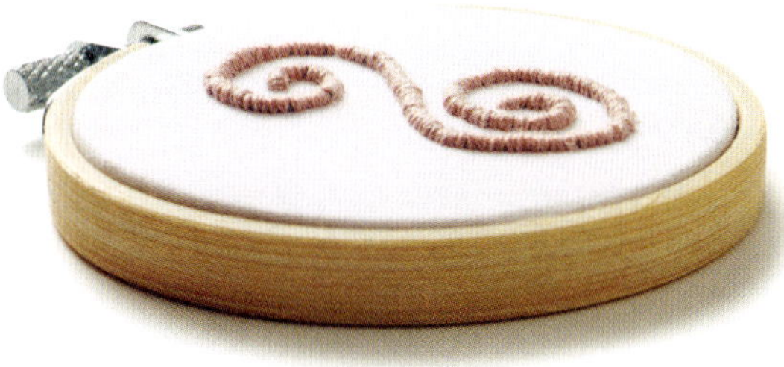

UMWICKELTER RÜCKSTICH

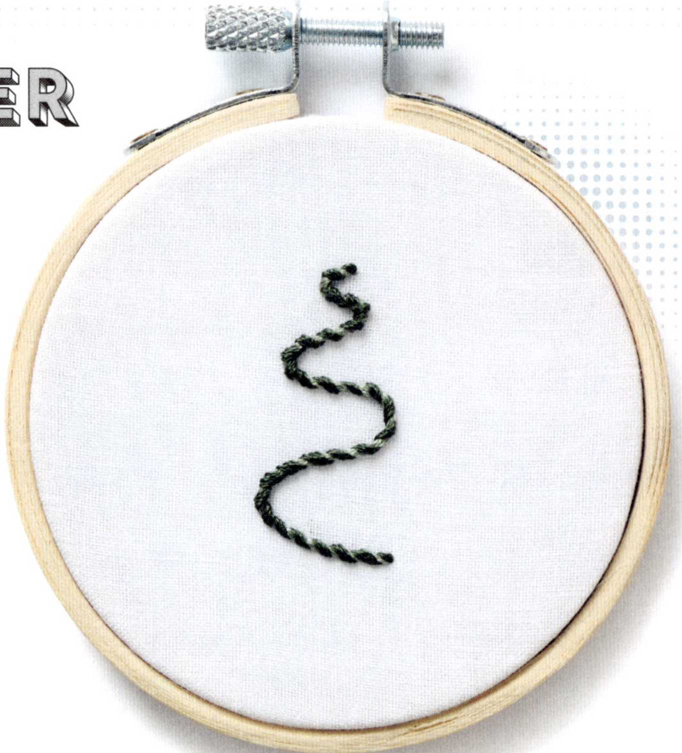

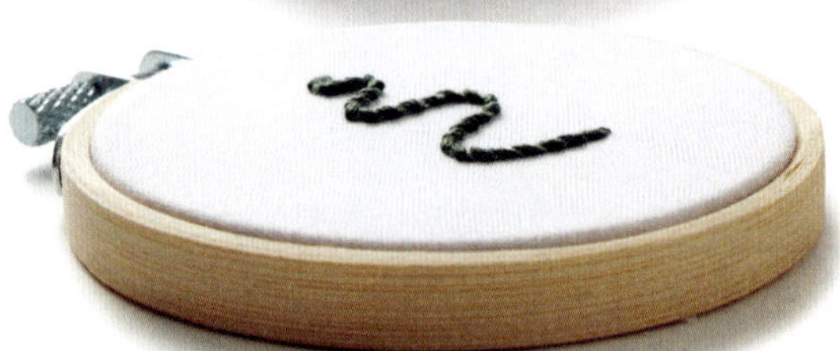

Der umwickelte Rückstich wird gerne für Umrisslinien und Buchstaben verwendet, er macht diese Linien dreidimensionaler. Wenn du mehr als eine Farbe verwendest, sieht diese Linie wie eine gestreifte Kordel aus.

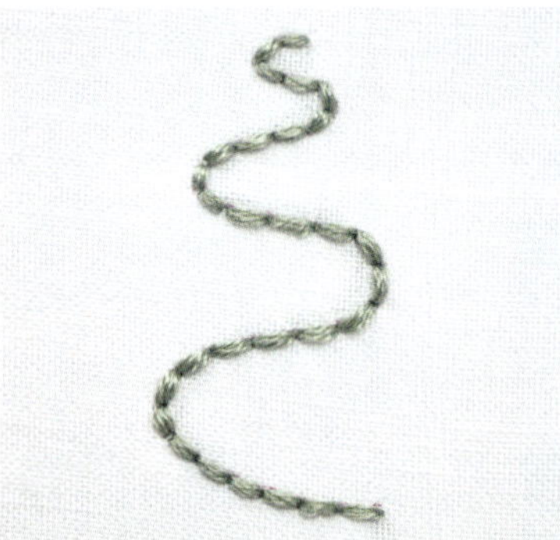

1 Zuerst die Umrisslinien mit Rückstich (siehe Seite 17) vorsticken.

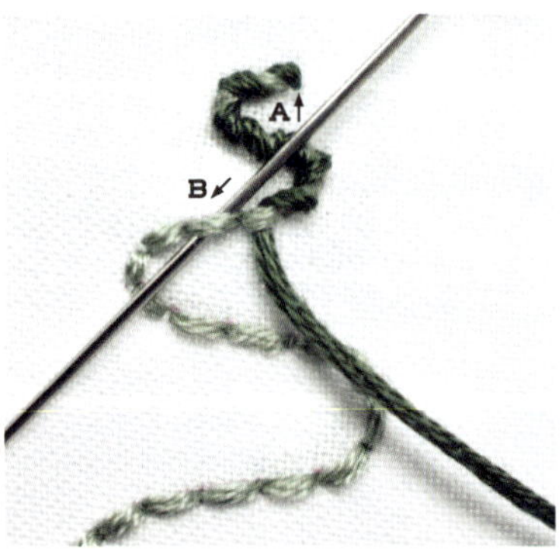

2 Den Wickelfaden – falls gewünscht auch in anderer Farbe – durch dasselbe Loch A wie beim ersten Stich ausstechen. Dann die Nadel bei B von oben unter dem ersten Stich hindurchführen und den Faden ganz hindurchziehen.

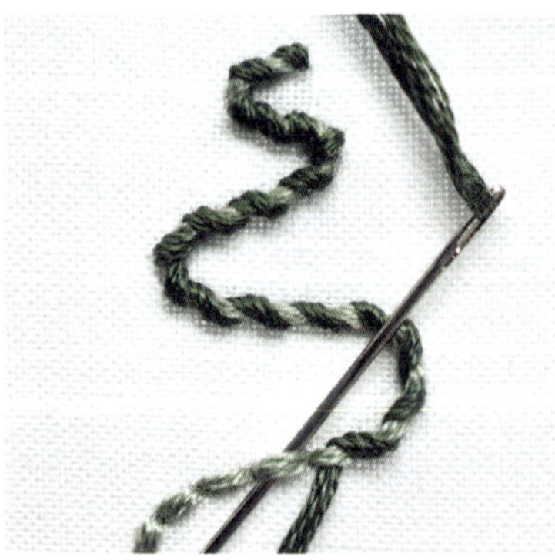

3 Die Nadel immer in der gleichen Richtung um die folgenden Stiche herumführen.

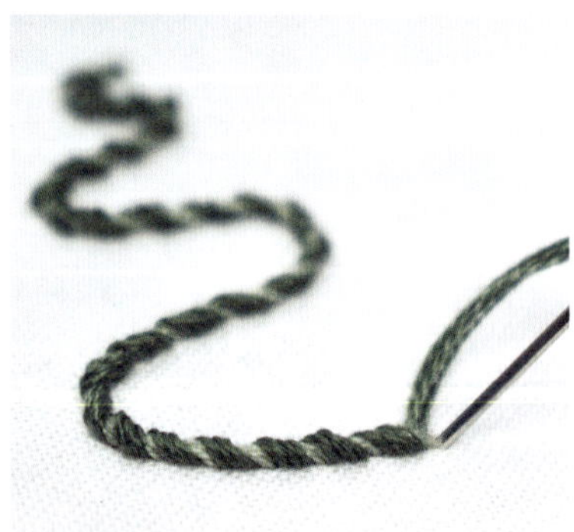

4 Sobald der Faden durch alle Rückstiche geführt wurde, Nadel und Faden wieder auf die Rückseite des Stoffs ausstechen und mit einem Knoten sichern.

ERHÖHTER BLATTSTICH

Der erhöhte Blattstich ist ein ganz einfacher Stich mit einer tollen Wirkung. Du brauchst zusätzlich einen 2,5 cm breiten Kartonstreifen für diesen Stich.

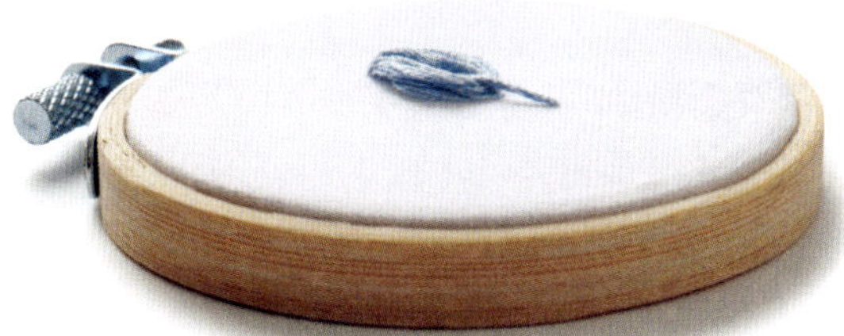

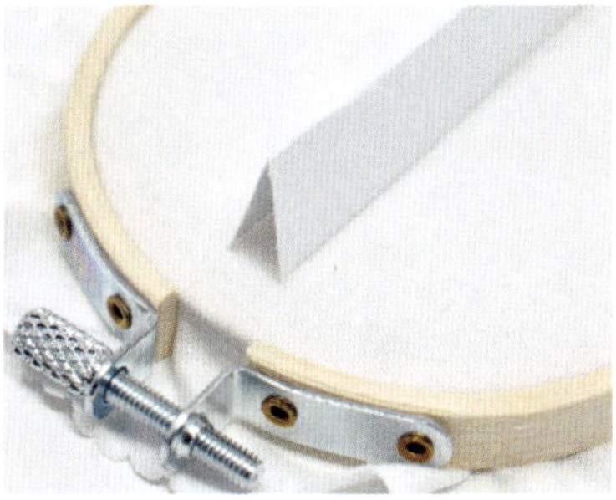

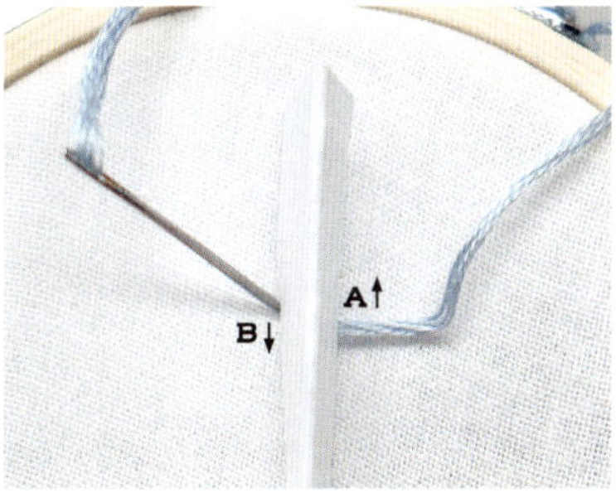

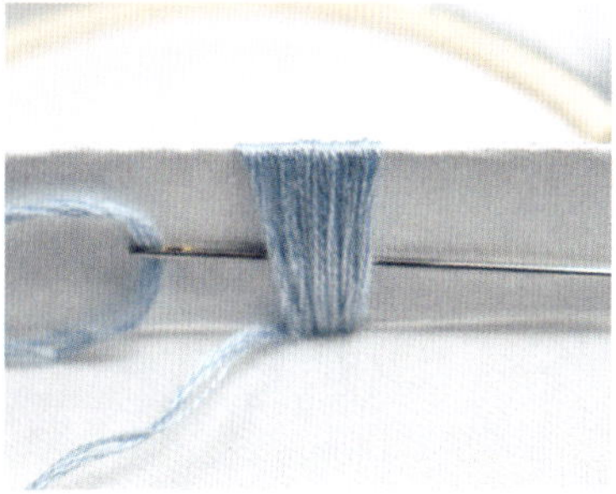

1 Den 2,5 cm breiten Kartonstreifen längs falten, sodass er wie ein etwa 1,25 cm breites Dach aussieht. Den Streifen dort aufstellen, wo das Blatt gestickt werden soll.

2 Die Nadel bei A ausstechen und bei B wieder einstechen, sodass um den Kartonstreifen gestickt wird. Auf die gleiche Weise sechs bis acht Schlingen direkt nebeneinander um den Kartonstreifen sticken.

3 Die Nadel unter den Schlingen hindurchführen und vorsichtig am Faden ziehen. Jetzt liegen die Schlingen um den Arbeitsfaden. Den Kartonstreifen vorsichtig herausziehen.

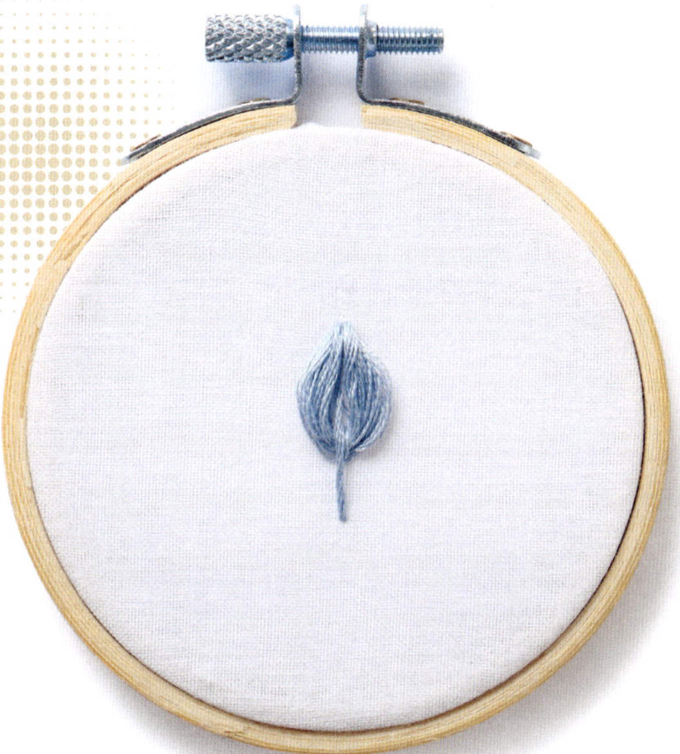

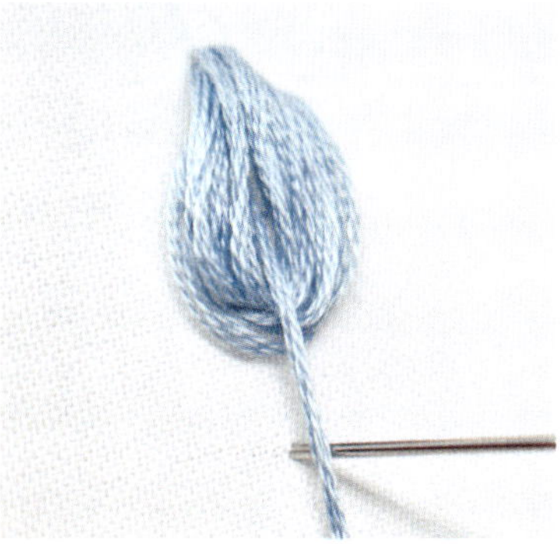

4 Für den Stiel in gewünschter Länge unterhalb des Blattes einstechen. Die Schlingen in Richtung des Blattstiels führen. Den Faden mit einem Knoten sichern.

KNÖTCHENSTICH

Der Knötchenstich kann als Einzelelement verwendet werden oder in Gruppen arrangiert größere Flächen mit einer interessanten Struktur füllen. Die Größe des Knotens lässt sich variieren: Je öfter der Faden um die Nadel gewickelt wird, umso größer wird der Knoten.

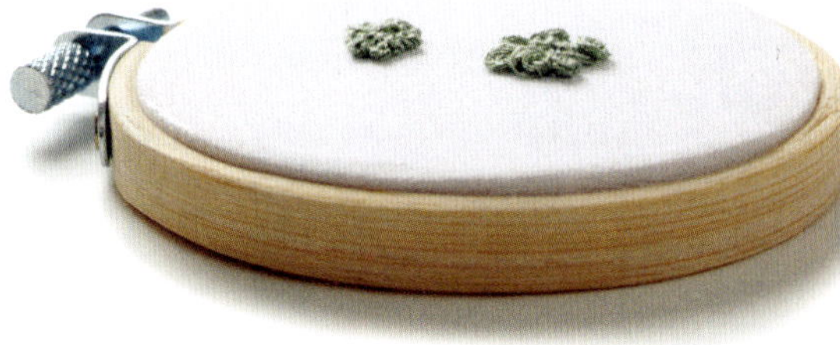

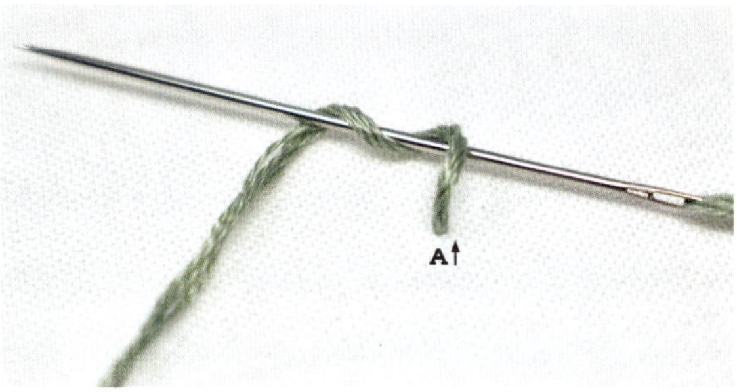

1 Die Nadel bei A ausstechen. Den Faden zweimal um die Nadel wickeln und den Arbeitsfaden mit den Fingern halten.

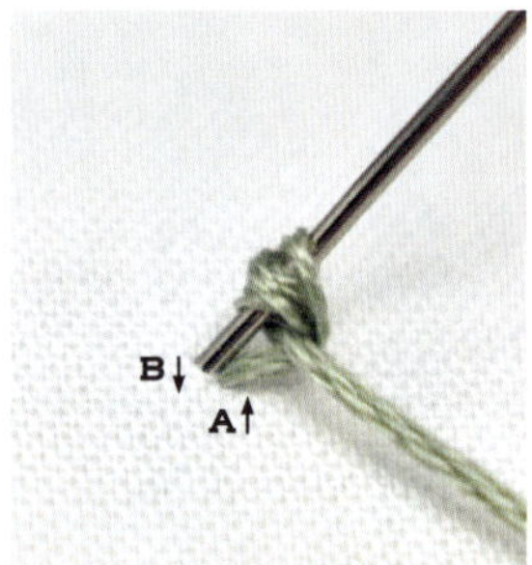

2 Für einen **festen** Knoten den Arbeitsfaden ganz festhalten und die Nadel bei B direkt neben A wieder einstechen.

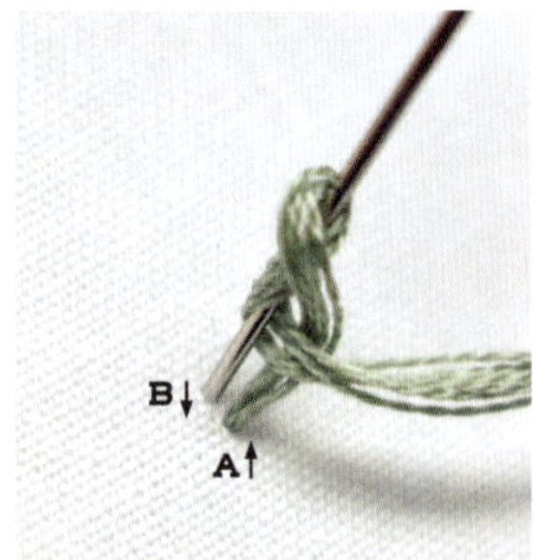

Für einen **lockeren** Knoten den Arbeitsfaden locker halten und die Nadel bei B direkt neben A wieder einstechen.

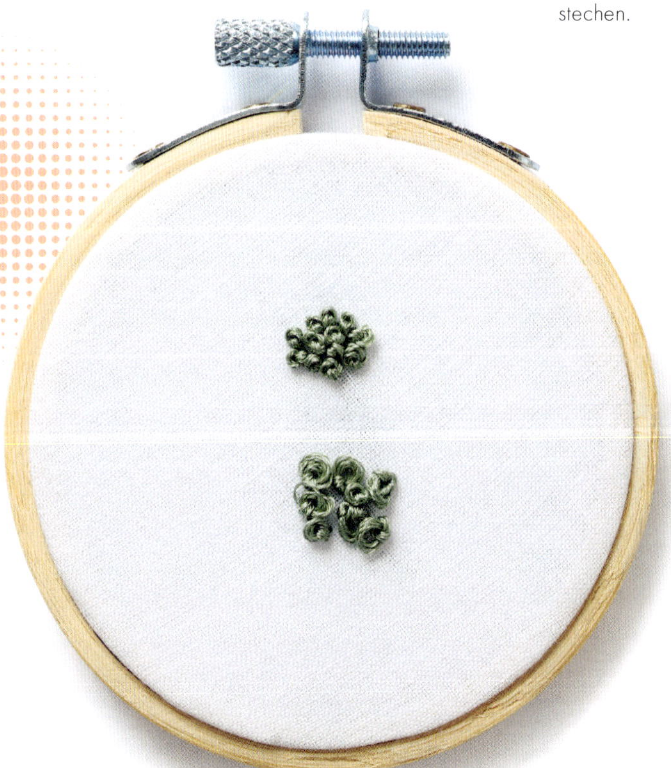

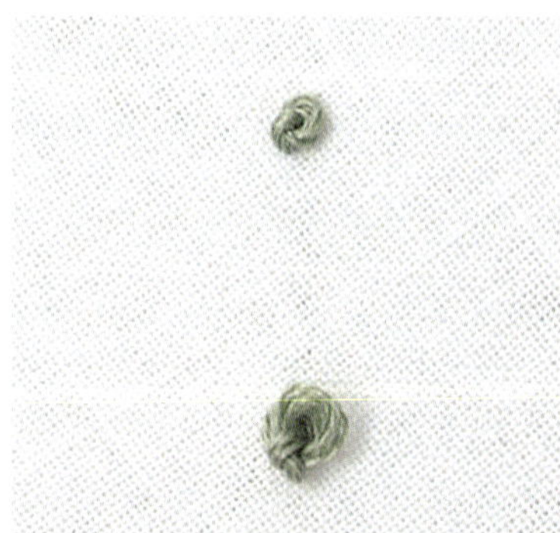

3 Den Faden ganz hindurchziehen und auf der Rückseite mit einem Knoten sichern. Auf dem Bild sind ein festen Knötchenstich (oben) und ein lockerer Knötchenstich (unten) zu sehen.

FINGER-WICKEL-KNOTEN

Der Knoten erzeugt durch seine Höhe eine besondere Struktur. Die Technik ähnelt dem Anschlagen von Maschen beim Stricken.

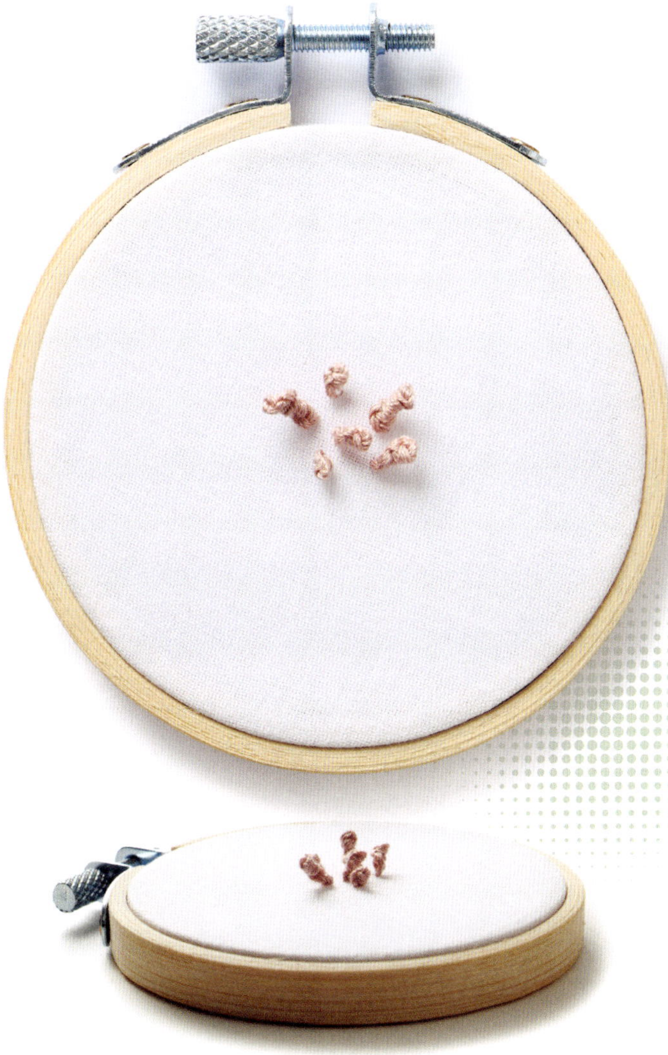

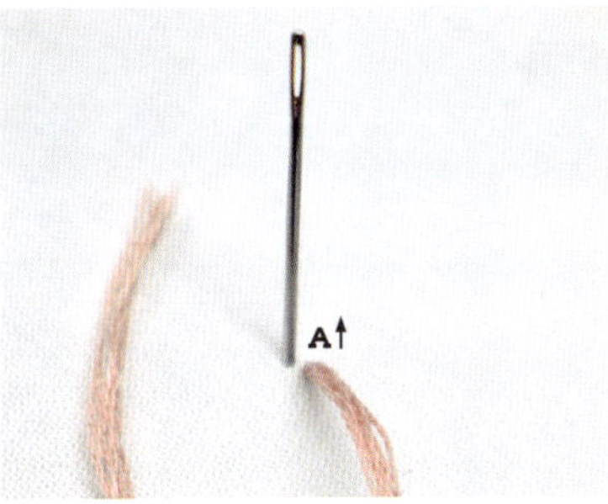

1 Die Nadel bei A durch den Stoff ausstechen. Den Faden aus dem Nadelöhr herausziehen. Die Spitze der Nadel direkt neben dem Faden etwa zu einem Drittel ihrer Länge einstechen.

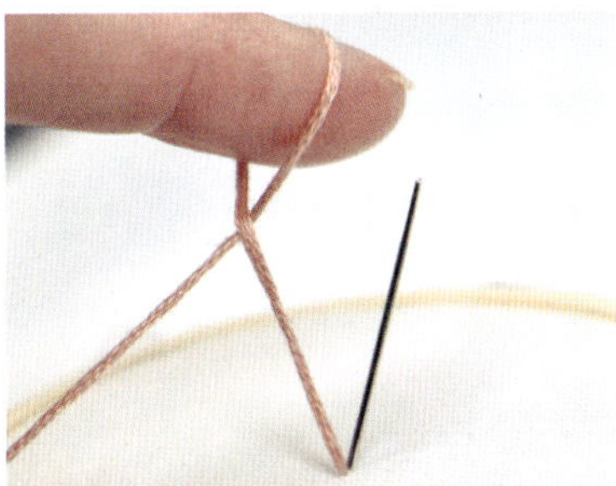

2 Den Arbeitsfaden um deinen Finger wickeln, der Fingernagel zeigt dabei nach unten. Den Finger so drehen, dass der Fingernagel nach oben kommt und der Faden eine Schlinge bildet. Die Fadenschlinge vom Finger auf die Nadel schieben.

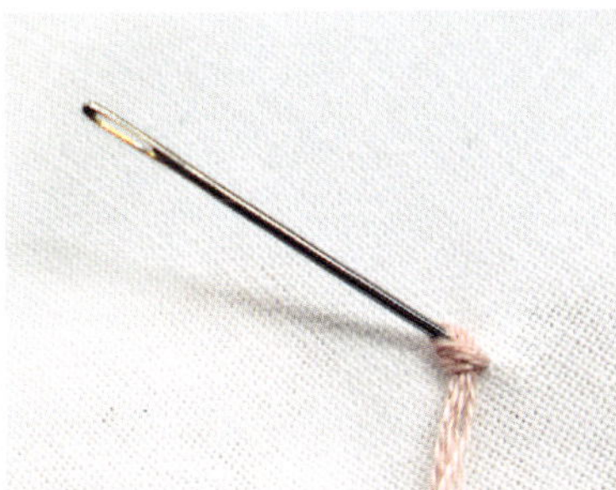

3 Die Schlinge auf der Nadel bis ganz nach unten schieben und den Faden zu einem Knoten festziehen. Schritte 2 und 3 noch sechs bis acht Mal wiederholen.

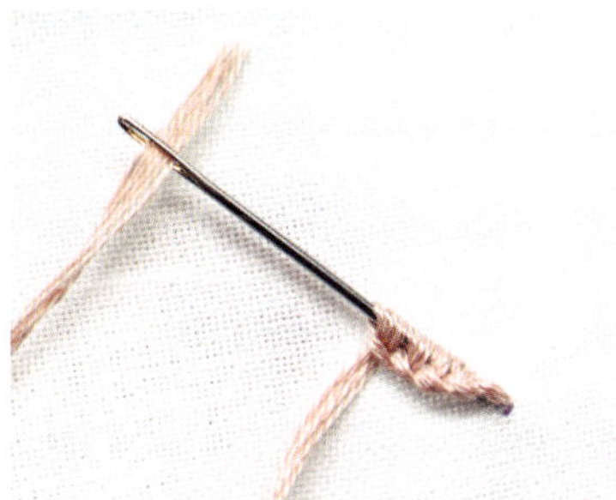

4 Den Arbeitsfaden wieder durch das Nadelöhr fädeln. Die Nadel vorsichtig durch die Knoten bis auf die Rückseite des Stoffs führen und den Faden mit einem Knoten sichern.

WICKELSTICH

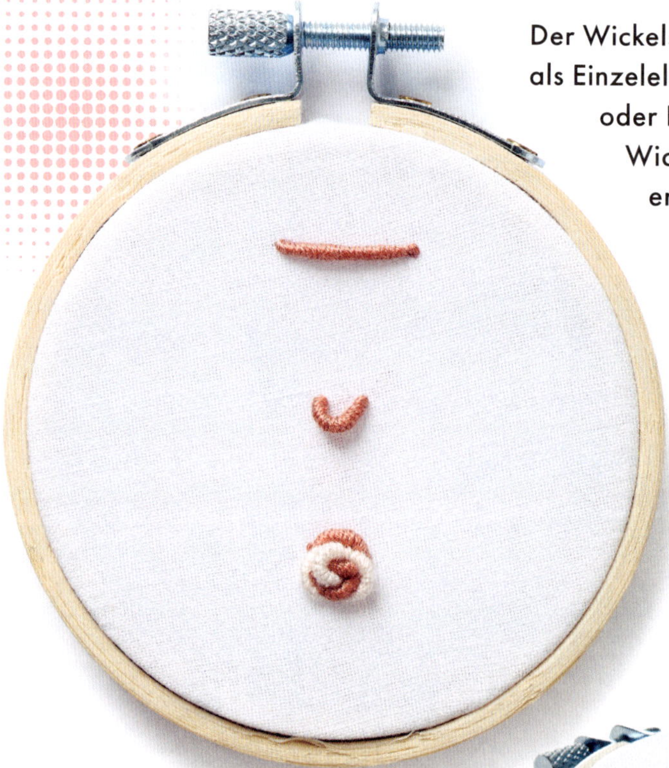

Der Wickelstich ist unglaublich vielseitig. Er kann als Einzelelement für Motive wie Blütenblätter oder Blätter verwendet werden, mehrere Wickelstiche ineinander verschachtelt ergeben eine deutlich strukturierte Blüte.

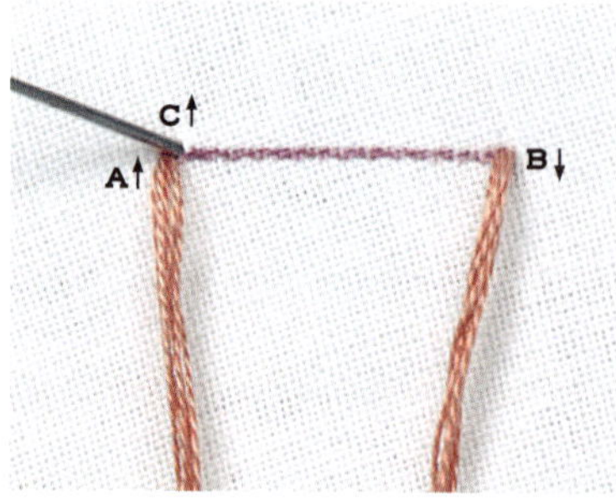

1 Die Nadel bei A nach vorne und bei B wieder nach hinten führen, bei C wieder ausstechen, dabei dasselbe Loch wie bei A verwenden. Die Nadel nicht ganz herausziehen.

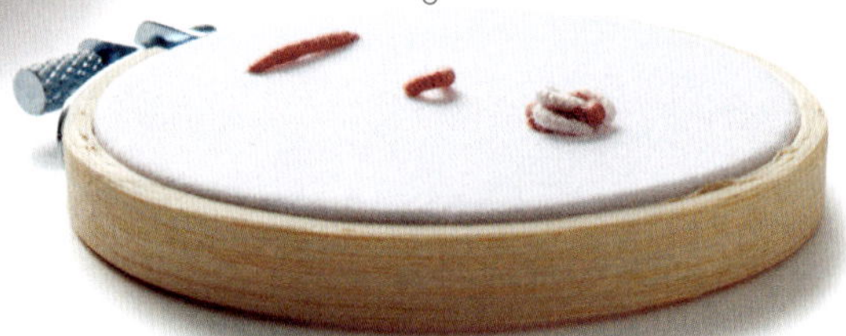

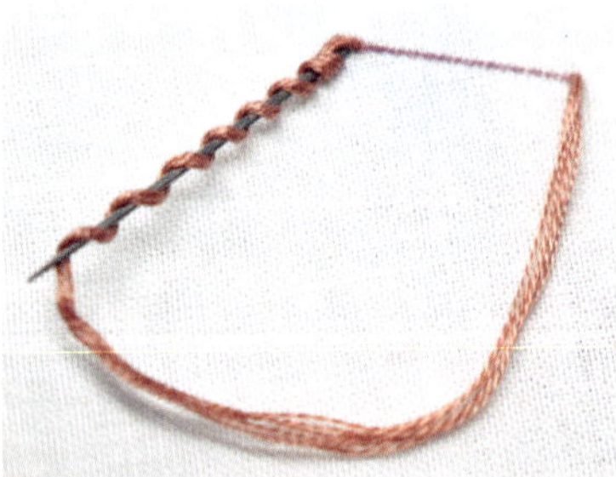

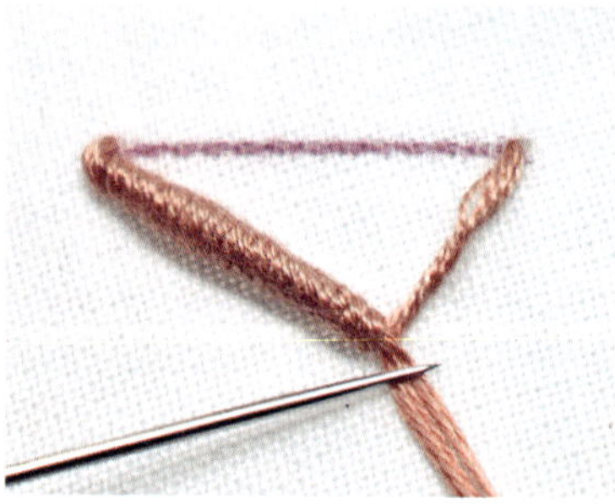

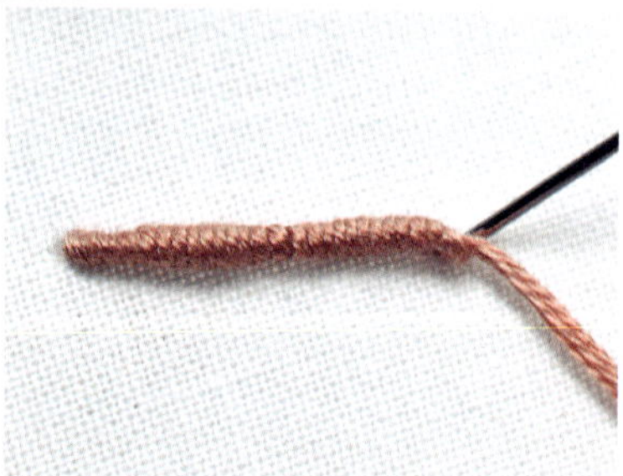

2 Den Faden vorsichtig um die Nadel wickeln. Für einen geradlinigen Stich muss die Anzahl der Wicklungen den Abstand zwischen A und B abdecken. Wenn der Wickelstich gebogen sein soll, muss die Anzahl der Wicklungen größer sein als der Abstand zwischen A und B.

3 Die Wicklungen mit den Fingern halten und vorsichtig Nadel und Faden hindurchziehen, sodass die Wicklungen von der Nadel auf den Arbeitsfaden gleiten. Den Arbeitsfaden dabei waagrecht dicht über dem Stoff festziehen.

4 Die Nadel durch das Loch bei B einstechen und den Faden mit einem Knoten sichern.

UMSCHLUNGENE LEITER

Der umschlungene Leiterstich sieht besonders schön als strukturierte Bordüre oder weit gebogene Linie aus. Die Optik lässt sich leicht variieren, indem du für die Leitersprossen weniger Einzelfäden oder aber ein dickeres Garn verwendest.

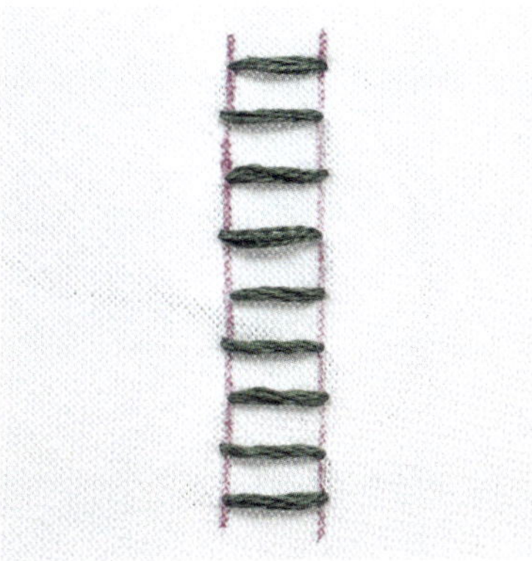

1 Eine Reihe aus waagrechten Geradstichen (siehe Seite 16) in gleichen Abständen sticken.

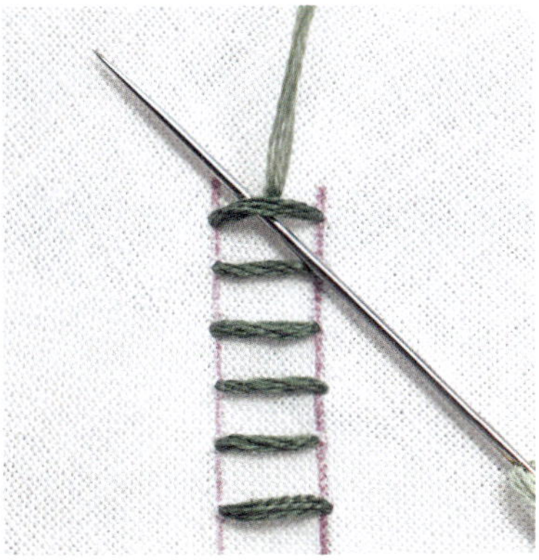

2 Die Nadel durch den Stoff mittig über dem obersten Geradstich ausstechen. Die Nadel unter dem obersten Stich von unten mit der Nadelspitze nach oben hindurchführen. Den Faden ganz durchziehen.

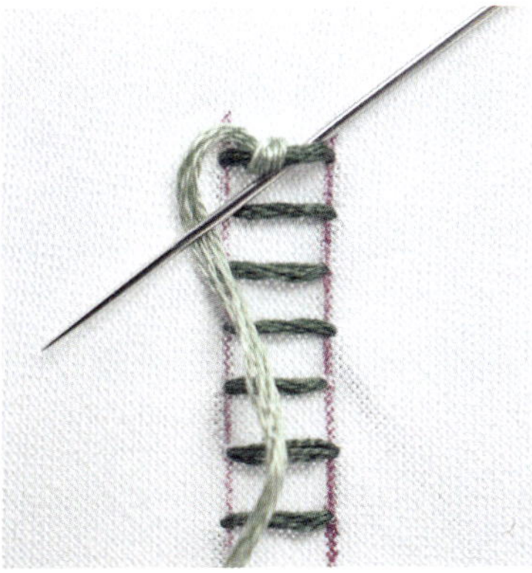

3 Die Nadel unter denselben Geradstich hindurchführen, jedoch von oben mit der Nadelspitze nach unten. Den Arbeitsfaden wie abgebildet unter die Nadel schieben, dann den Faden ganz durchziehen.

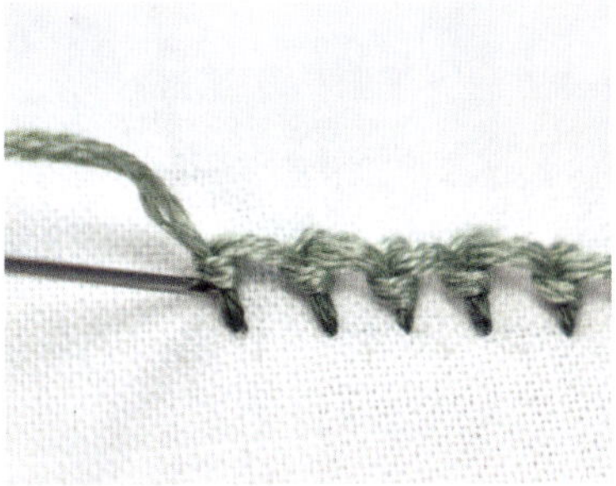

4 Die Schritte 2 und 3 bei allen weiteren Geradstichen wiederholen. Nach dem letzten Stich auf die Rückseite durchstechen und den Faden mit einem Knoten sichern.

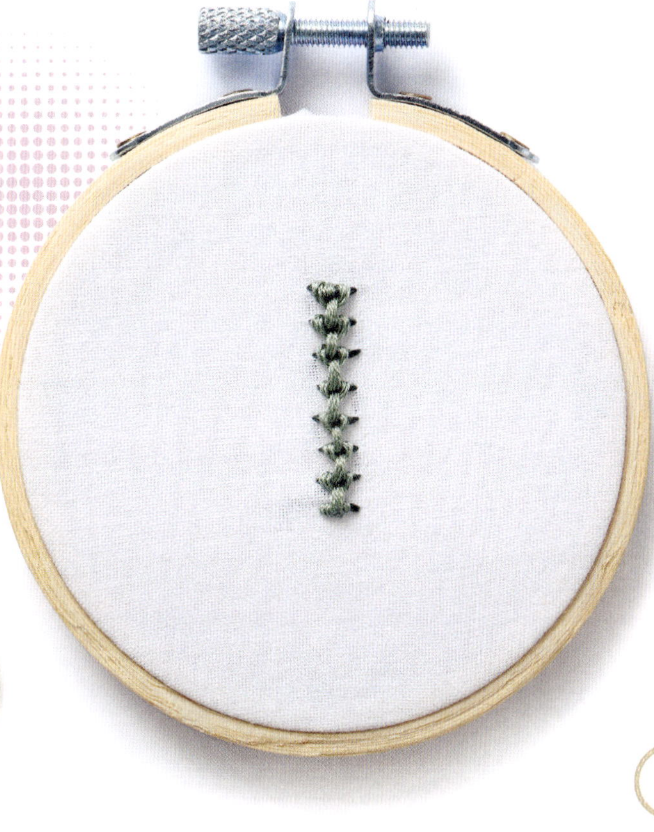

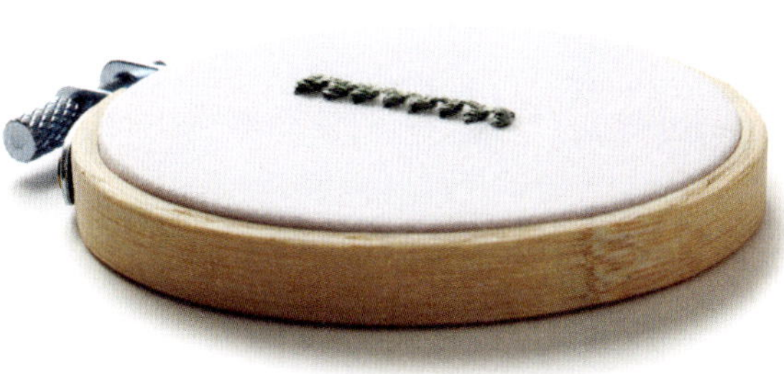

MARGERITEN-STICH

Der Margeritenstich kann einzeln verwendet werden, um Blätter darzustellen, mehrere kreisförmig angeordnete Margeritenstiche bilden eine Blüte. Die Länge der Schlingen und die Anzahl der Blütenblätter lassen sich variieren – so werden die Blüten schön abwechslungsreich.

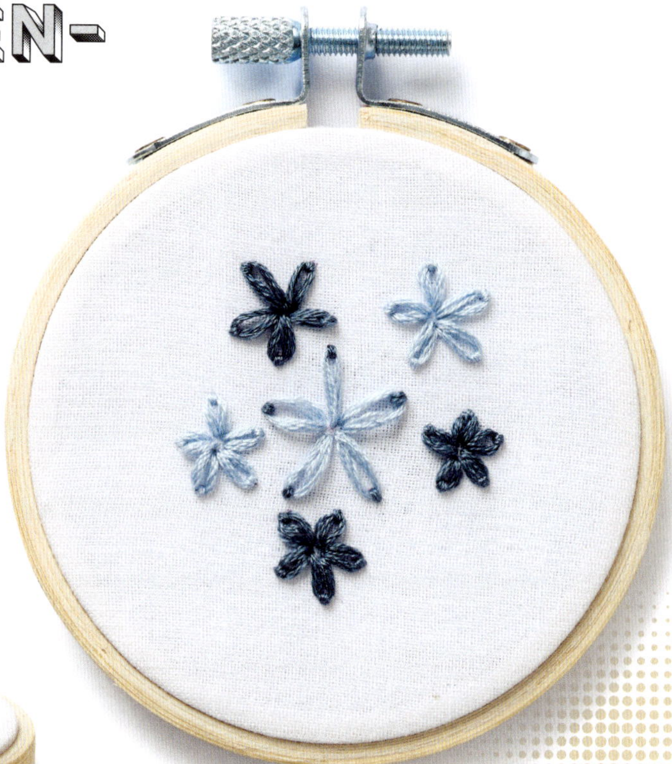

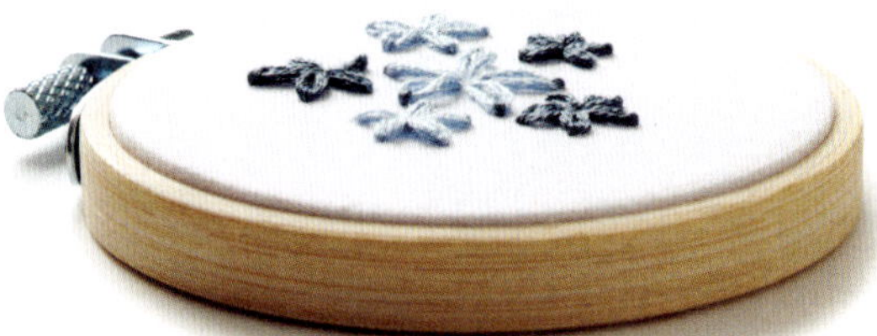

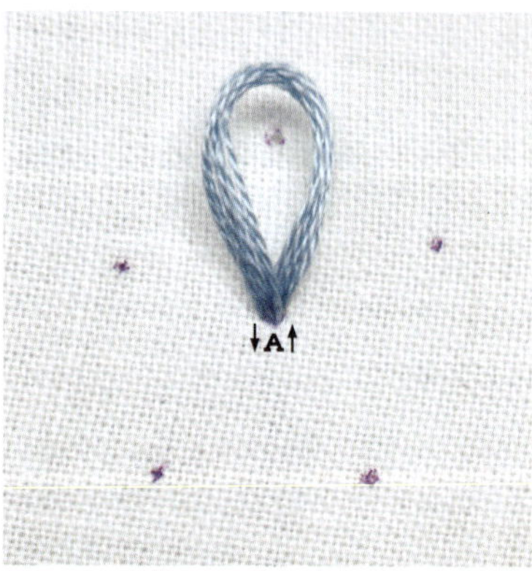

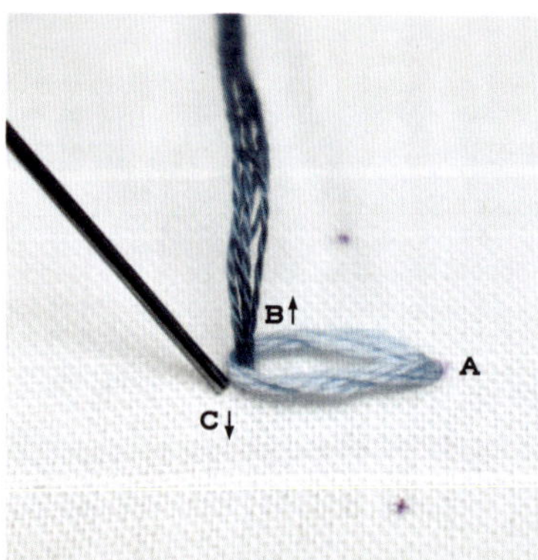

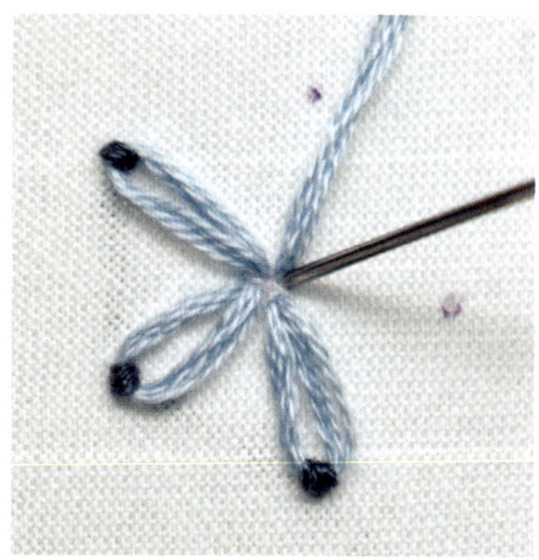

1 Die Nadel bei A ausstechen und bei A auch wieder einstechen. So entsteht eine kleine Schlinge wie abgebildet.

2 Die Nadel bei B ausstechen. Die Schlinge wie gewünscht formen und mit der Nadel sichern, indem wieder bei C eingestochen wird.*

3 Schritte 1 und 2 wiederholen, bis die gewünschte Anzahl an Blütenblättern erreicht ist.

*Hier wurden zwei Farben verwendet, um die beiden Schritte des Margeritenstichs deutlich zu machen. Beide Schritte werden eigentlich mit demselben Faden gestickt.

FRANSENSTICH

Mit dieser Technik verleiht man einzelnen Partien einen samtigen Look. Aufgeschnittene Schlingen können Haare oder Teppiche darstellen, nicht aufgeschnittene eine Bouclé-Optik.

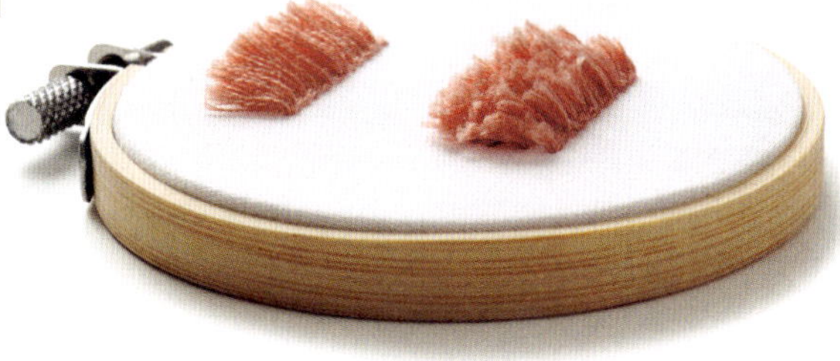

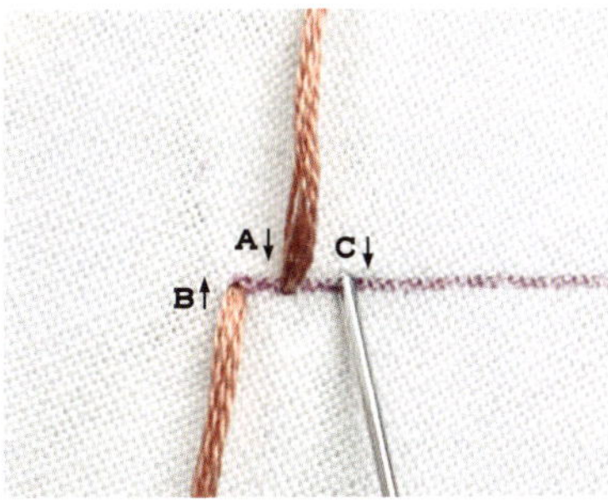

1 Die Nadel bei A einstechen und ein kurzes Fadenende hängen lassen. Die Nadel bei B ausstechen und wieder bei C einstechen. Den Faden ganz durchziehen, um ihn zu sichern.

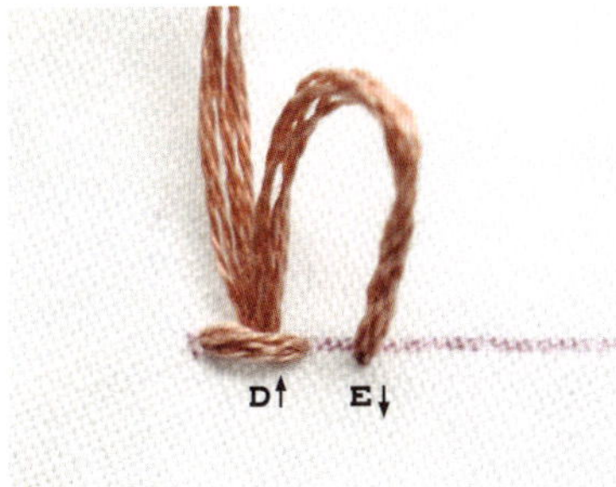

2 Die Nadel bei D wieder ausstechen, dabei dasselbe Loch wie bei A verwenden. Die Nadel bei E wieder einstechen und eine kleine Schlinge stehen lassen.

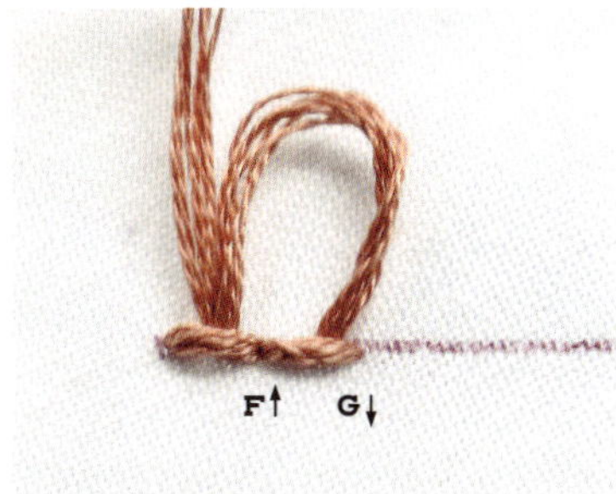

3 Die Schlinge sichern, indem die Nadel bei F in demselben Loch wie bei C ausgestochen wird. Dann die Nadel bei G wieder einstechen. Den Faden ganz durchziehen, um ihn zu sichern.

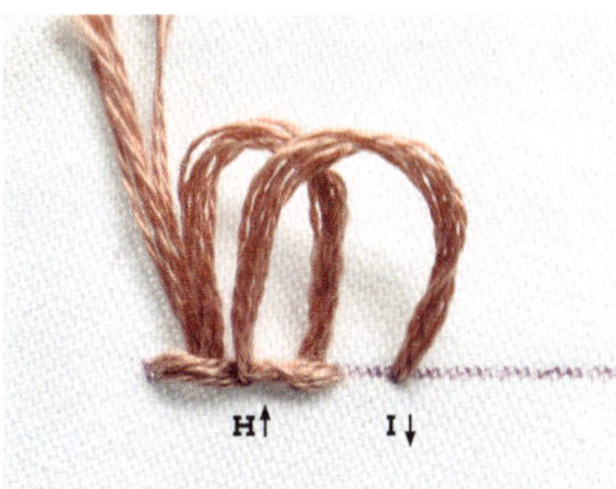

4 Die Nadel bei H ausstechen und bei I einstechen. Diese Folge von Schlingen und Sicherungsstichen wiederholen, bis die Reihe beendet ist. Die einzelnen Schlingen mit einer Schere aufschneiden und die Fransen auf die gleiche Länge kürzen.

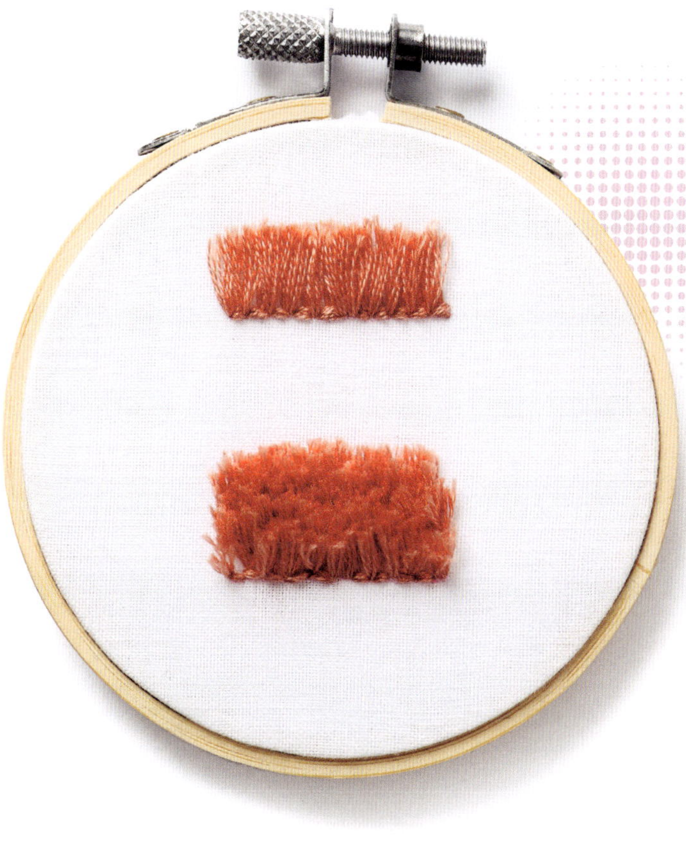

QUASTENSTICH

Der Quastenstich heißt so, weil er an eine Quaste erinnert. Er wird verwendet, um flauschige, dreidimensionale Blumen zu sticken oder die Außenkanten von Decken zu verzieren.

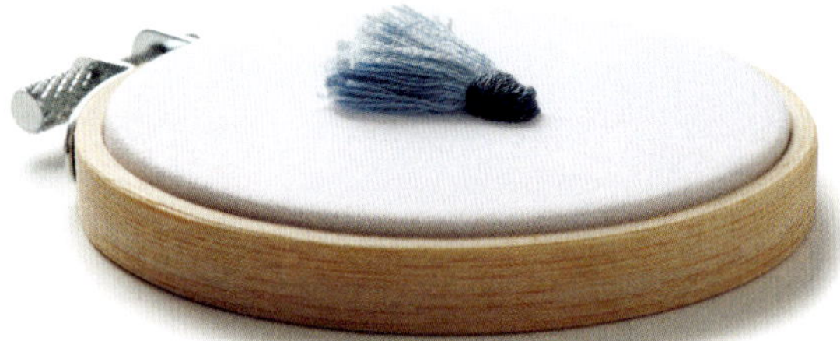

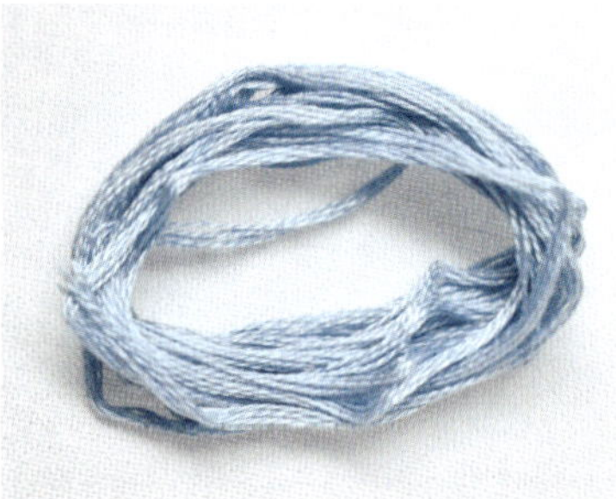

1 Einen Faden fünfzehn bis zwanzig Mal um zwei (oder mehr) Finger wickeln. Je mehr Finger du nimmst, umso länger wird die Quaste – je öfter du den Faden um die Finger wickelst, umso flauschiger wird sie.

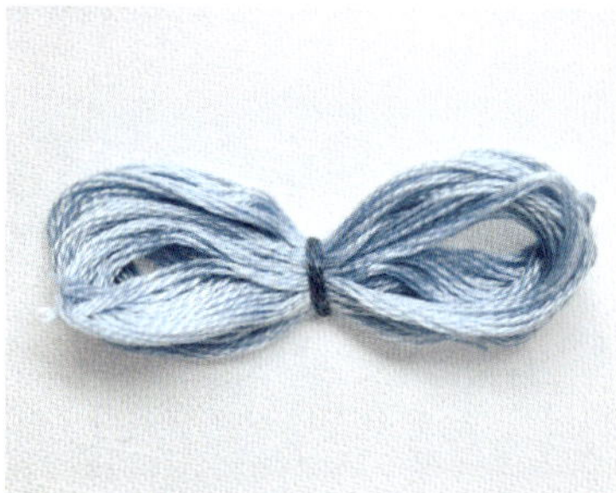

2 Den gewickelten Faden mit einem Geradstich (siehe Seite 16) auf den Stoff sticken. Dieser Geradstich sitzt am untersten Ende des Quastenstichs.

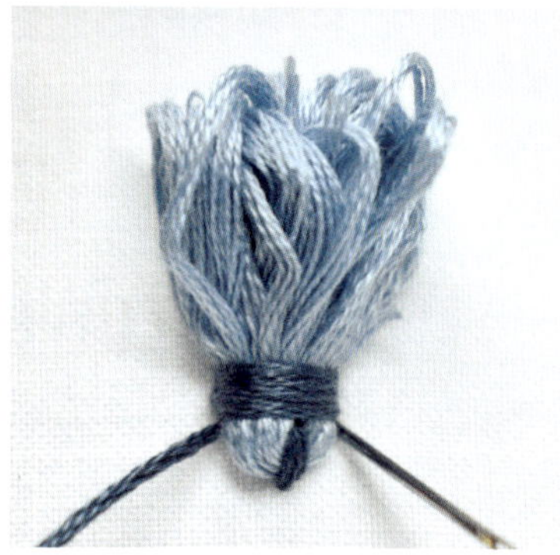

3 Die Fadenschlingen beider Seiten über dem Geradstich nach oben legen. Das untere Ende der Schlingen mit waagrechten Plattstichen (siehe Seite 20) sichern und vollständig abdecken.

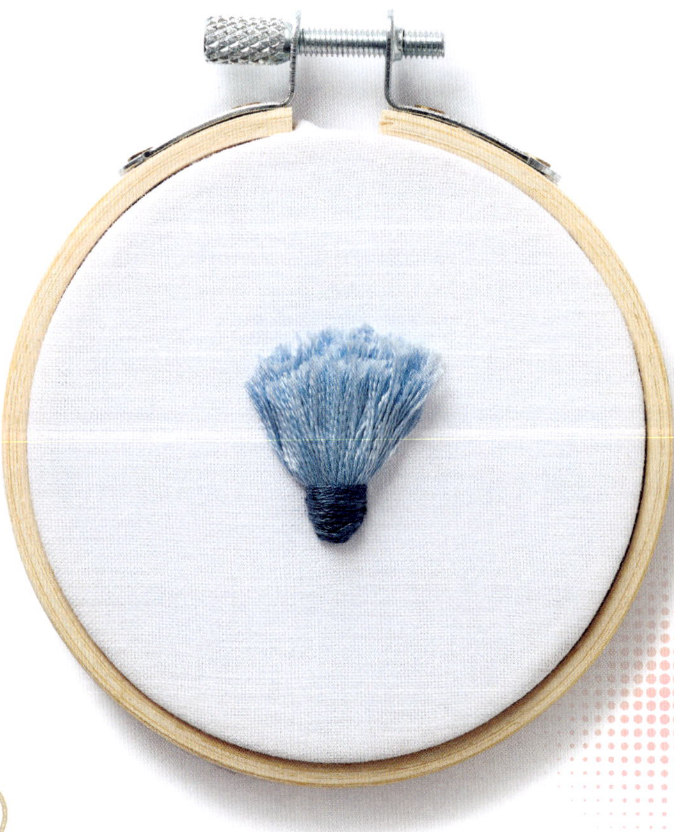

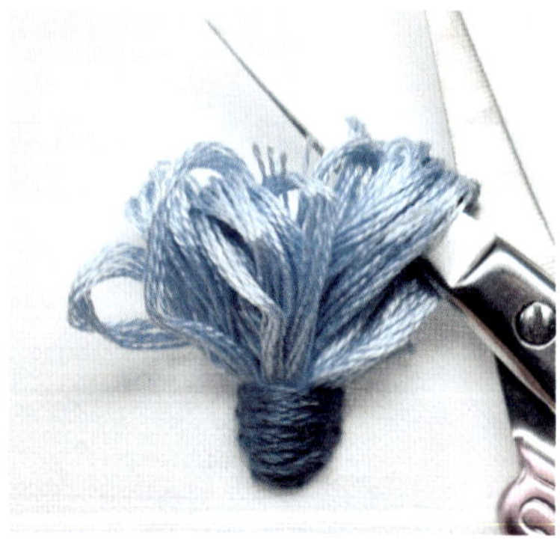

4 Die Schlingen mit einer Schere aufschneiden. Falls erforderlich, die Fäden auf die gleiche Länge kürzen.

UMWICKELTER STEG

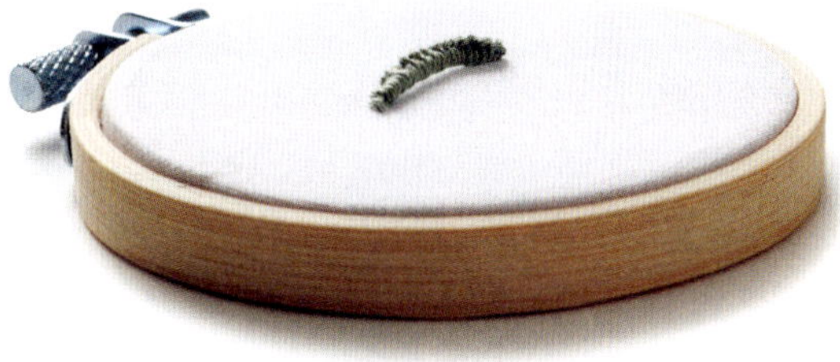

Ein umwickelter Steg liegt über dem Stoff. Er kann als Verzierung verwendet werden oder zwei getrennte Elemente miteinander verbinden.

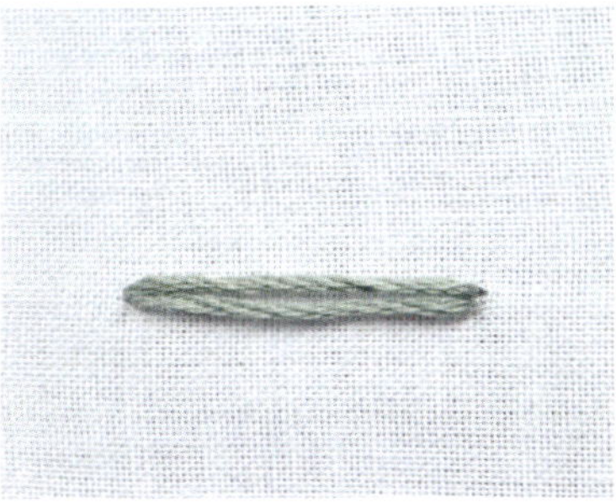

1 Zwei waagrechte Geradstiche (siehe Seite 16) parallel direkt übereinander sticken. Sie legen die Länge des fertigen umwickelten Stegs fest.

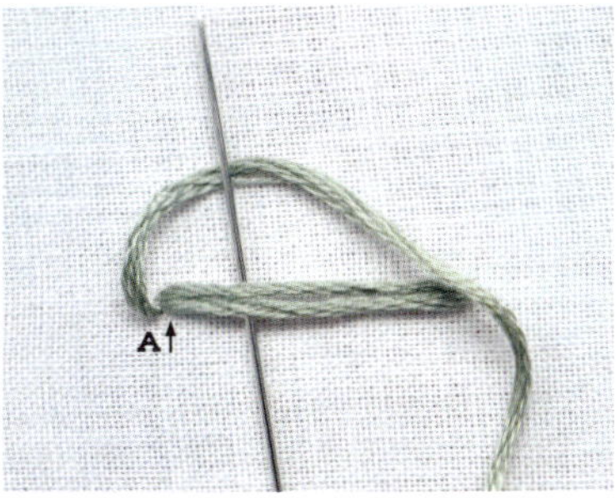

2 Die Nadel durch A ausstechen. Dann die Nadel unter den beiden Geradstichen hindurchführen. Den Arbeitsfaden unter die Nadel legen und die Nadel ganz durchziehen.

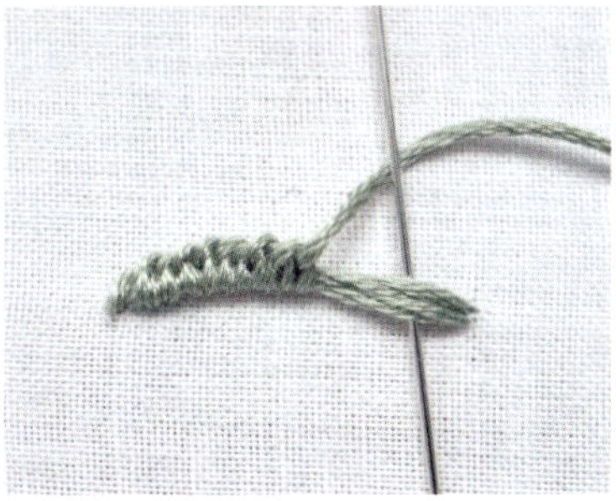

3 Schritt 2 wiederholen, bis die gesamte Länge der Geradstiche bedeckt ist.

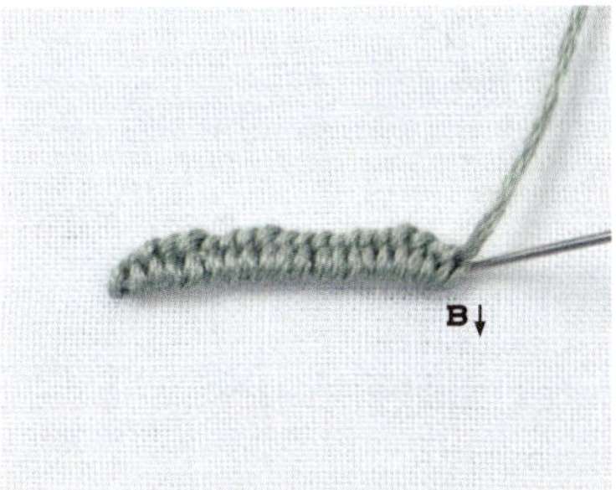

4 Wenn das Ende des Stegs erreicht ist, die Nadel bei B einstechen und den Faden auf der Rückseite mit einem Knoten sichern.

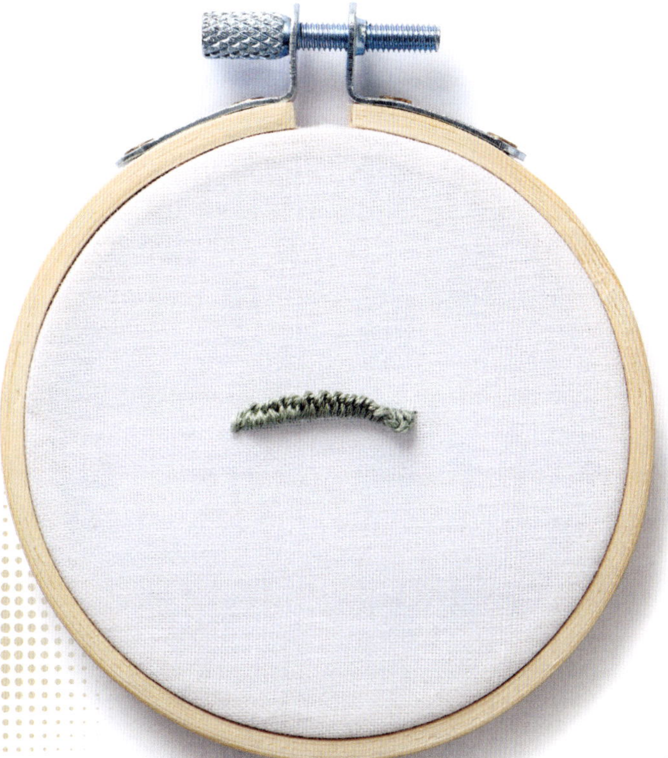

ERHÖHTES FADENBAND

Mit dem erhöhten Fadenband kannst du mit vielen einfachen Schlingen eine interessant strukturierte Fläche entstehen lassen. Damit lassen sich breite Schmuckbordüren gestalten oder Äste und Baumstämme darstellen.

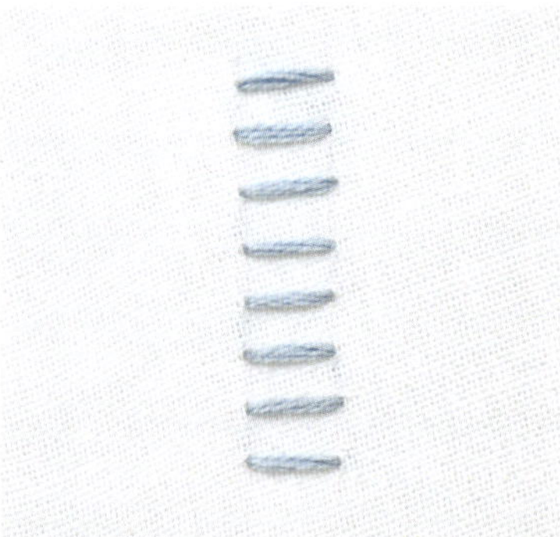

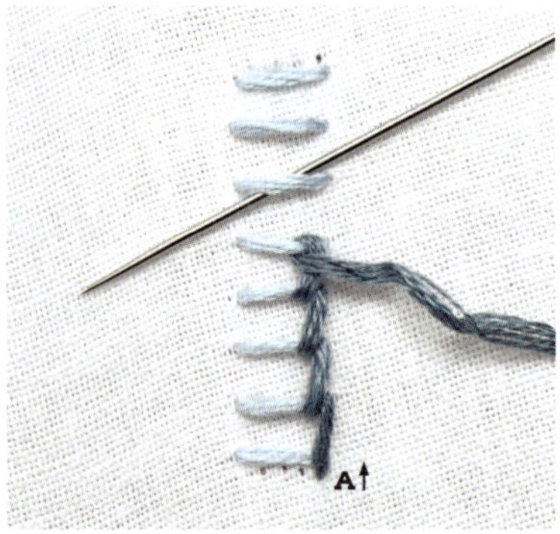

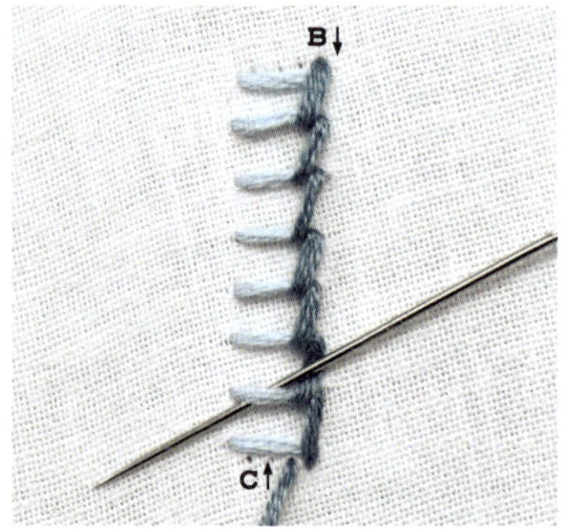

1 Mit Geradstichen (siehe Seite 16) eine Reihe aus waagrechten Stichen mit gleichen Abständen sticken. Nach dem letzten Stich die Nadel auf die Rückseite des Stoffs führen und den Faden mit einem Knoten sichern.

2 Einen Faden in der zweiten Farbe auffädeln und die Nadel bei A ausstechen. Die Nadel von oben unter den darüber liegenden Geradstich führen und den Faden ganz durchziehen. Wiederholen, bis der oberste Stich erreicht ist.

3 Die Nadel bei B einstechen und direkt neben dem Startpunkt bei C wieder ausstechen. Die Schritte 2 und 3 wiederholen, bis alle waagrechten Geradstiche vollständig umschlungen sind.

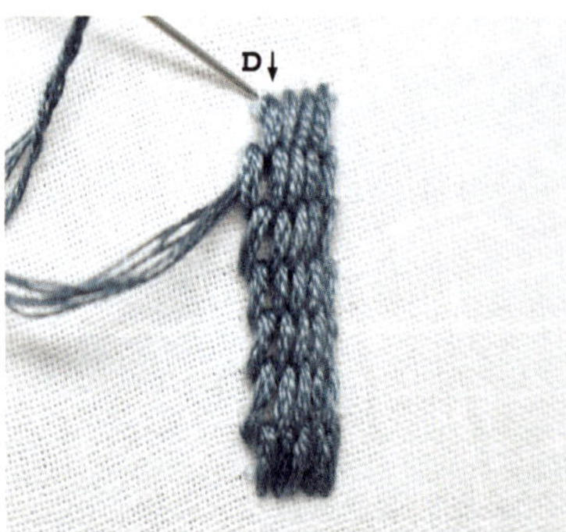

4 Zum Abschluss die Nadel bei D einstechen und den Faden auf der Rückseite mit einem Knoten sichern.

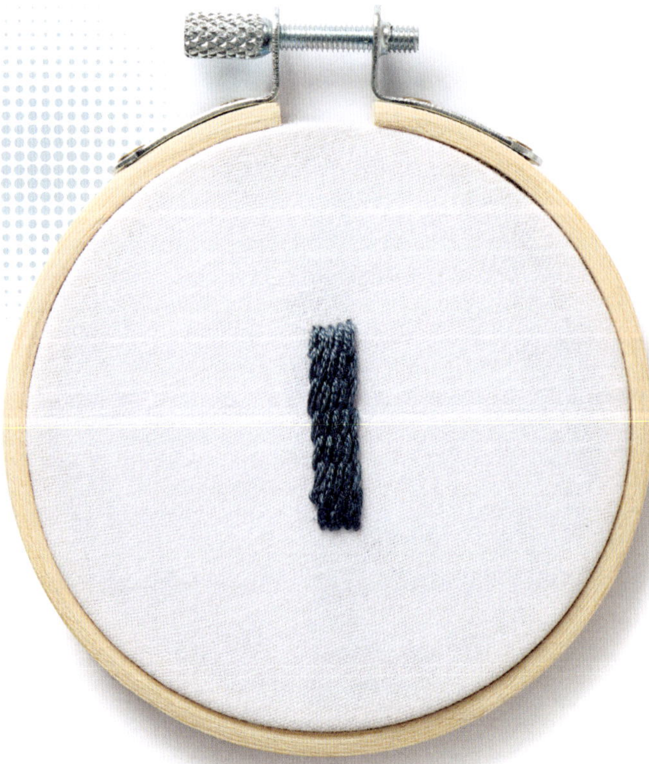

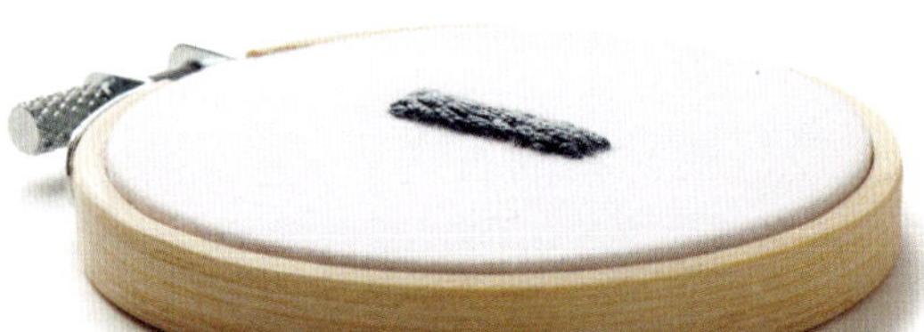

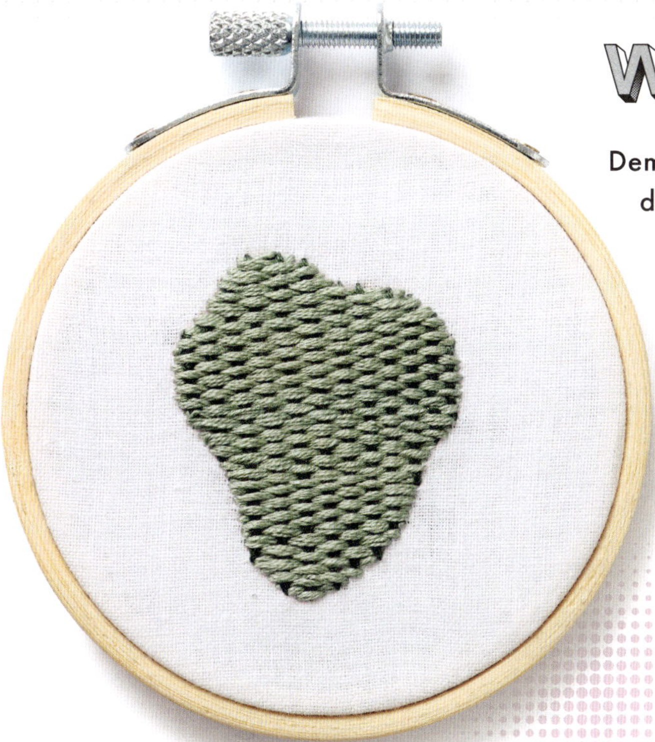

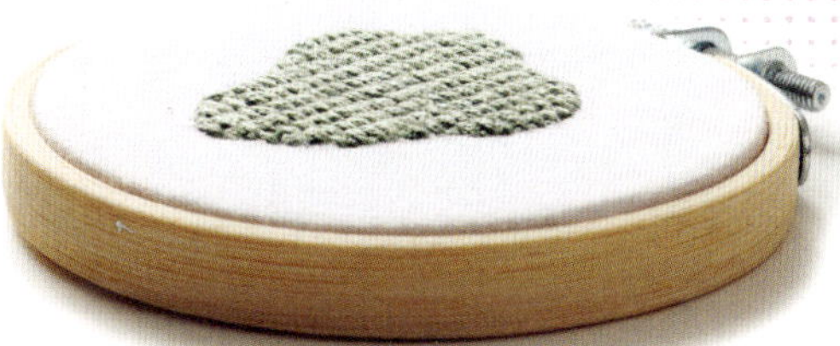

WEBSTICH

Dem Webstich liegt die Leinwandbindung der Tuchweberei zugrunde. Du kannst dem Webstich noch mehr Struktur verleihen, indem du dickeres Garn anstelle von Sticktwist verwendest.

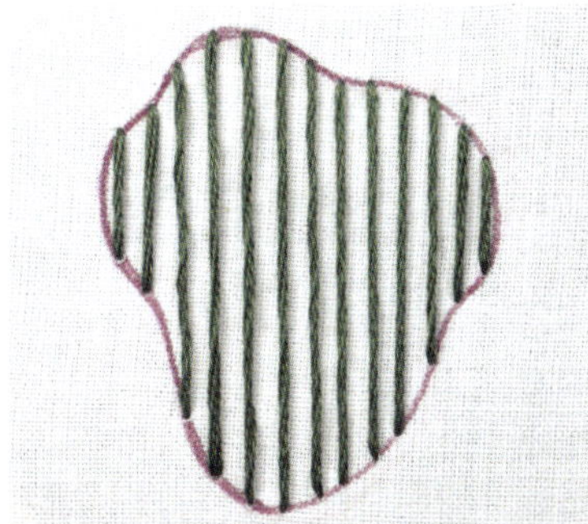

1 Mit Geradstichen (siehe Seite 16) Reihen aus senkrechten Stichen mit gleichen Abständen sticken. Nach dem letzten Stich die Nadel auf die Rückseite des Stoffs führen und den Faden mit einem Knoten sichern.

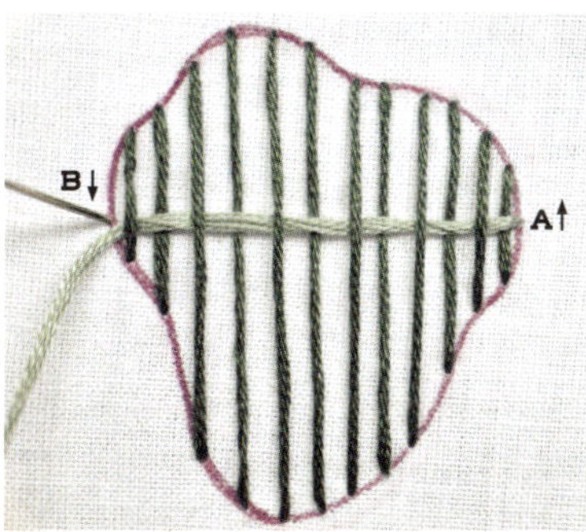

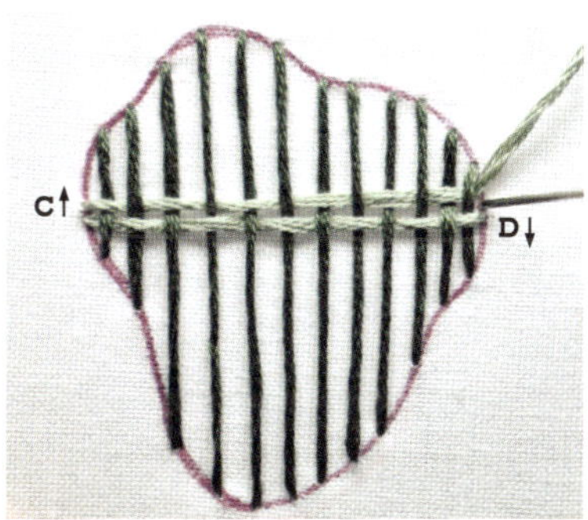

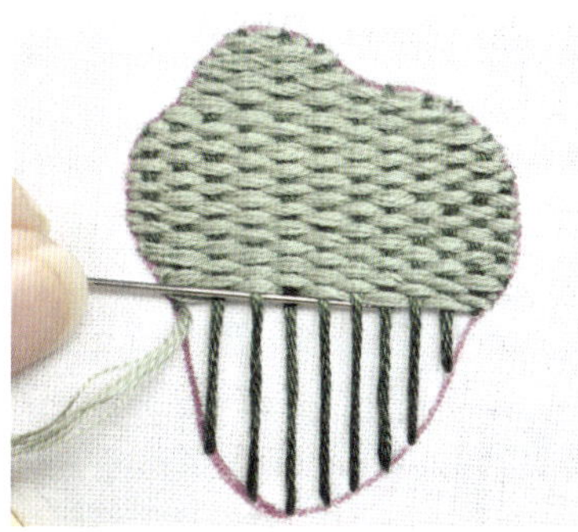

2 Einen Faden in der zweiten Farbe auffädeln und die Nadel bei A ausstechen. Ohne durch den Stoff zu stechen, die Nadel abwechselnd über und unter den senkrechten Fäden hindurchweben. Am Ende der Reihe die Nadel durch den Stoff bei B einstechen und ganz durchziehen.

3 Die Nadel bei C wieder ausstechen und zurückweben. Dabei wieder abwechselnd unter und über die senkrechten Fäden gehen, jedoch versetzt zur Vorreihe. Am Ende der Reihe die Nadel bei D einstechen und ganz durchziehen.

4 Weiter durch die senkrechten Fäden weben, dabei in jeder Reihe versetzt zur Vorreihe arbeiten. Mit der Nadel die Fäden schön gerade ziehen. Zum Abschluss den Faden auf der Rückseite mit einem Knoten sichern.

WEBSTICH-STEG

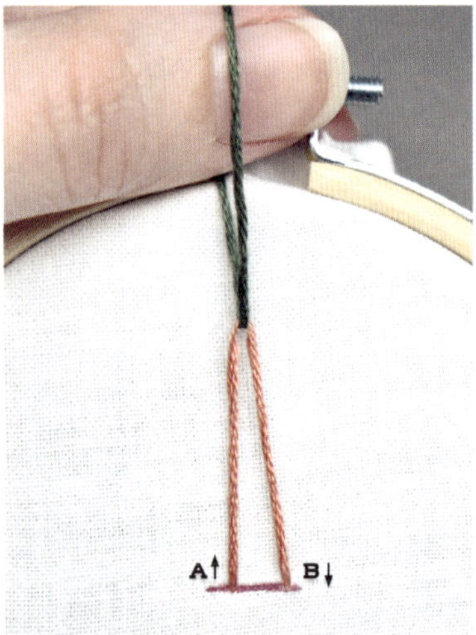

Der Webstich-Steg liegt über dem Stoff. Mit unterschiedlich langen und breiten Webstich-Stegen kannst du eine endlose Vielzahl an Blättern, Blütenblättern, Tentakeln und Ranken gestalten.

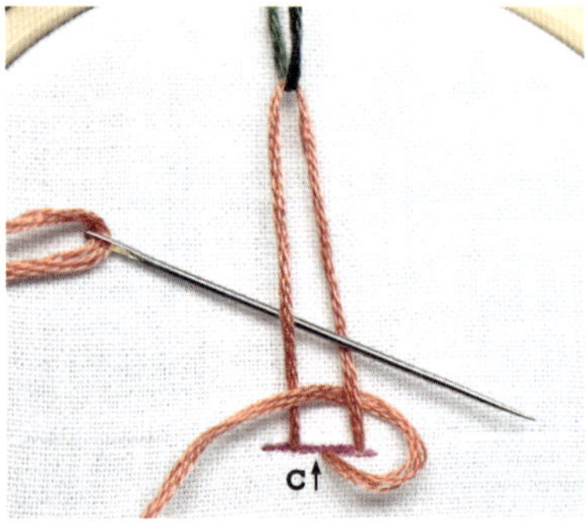

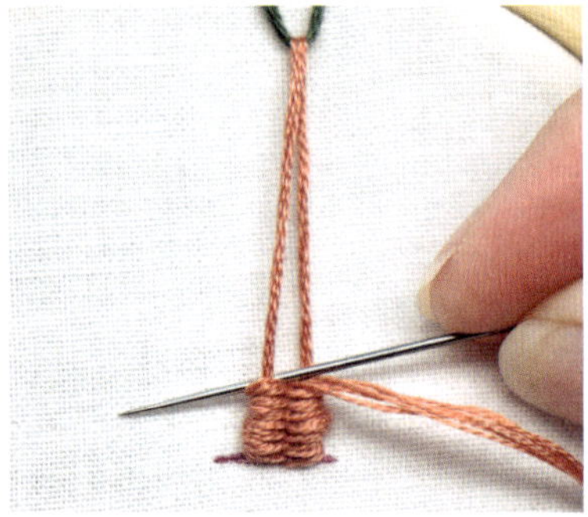

1 Den Arbeitsfaden (pink) bei A ausstechen und bei B einstechen. Den Faden nicht durchziehen. Einen Hilfsfaden (grün) durch diese Schlinge ziehen und den Hilfsfaden mit dem Daumen fixieren. Mit dem Hilfsfaden die Arbeitsfadenschlinge auf die Länge ziehen, die der Steg haben soll.

2 Die Nadel bei C ausstechen, dabei den Hilfsfaden gut festhalten. Die Nadel an der Arbeitsfadenschlinge unter den rechten Faden führen, dann über den linken, unter den linken und wieder über den rechten Faden (in Form einer 8). Auf diese Weise weiter weben.

3 Das Gewebte dabei immer wieder mit der Nadel leicht nach unten schieben. Den Faden nach jedem Durchgang leicht festziehen, damit die Webfäden gleichmäßig liegen.

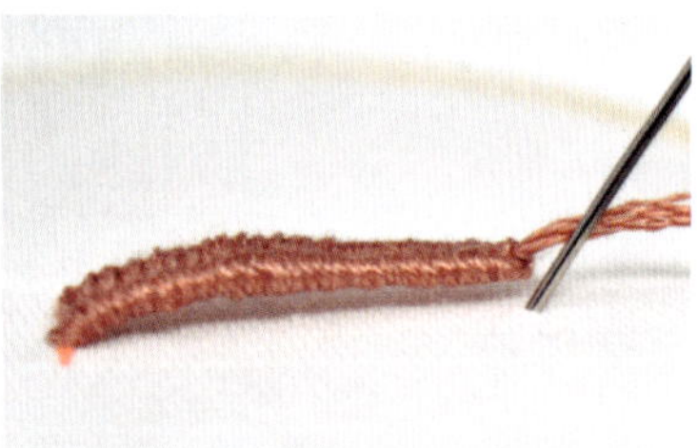

4 Wenn die Spitze der Schlinge erreicht ist, den Hilfsfaden entfernen. Die Nadel auf die Rückseite des Stoffs stechen und den Faden mit einem Knoten sichern. Du kannst den Steg flach hinlegen oder leicht drehen.

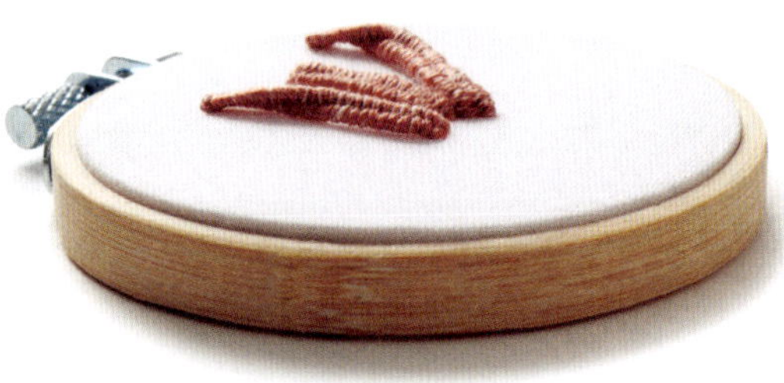

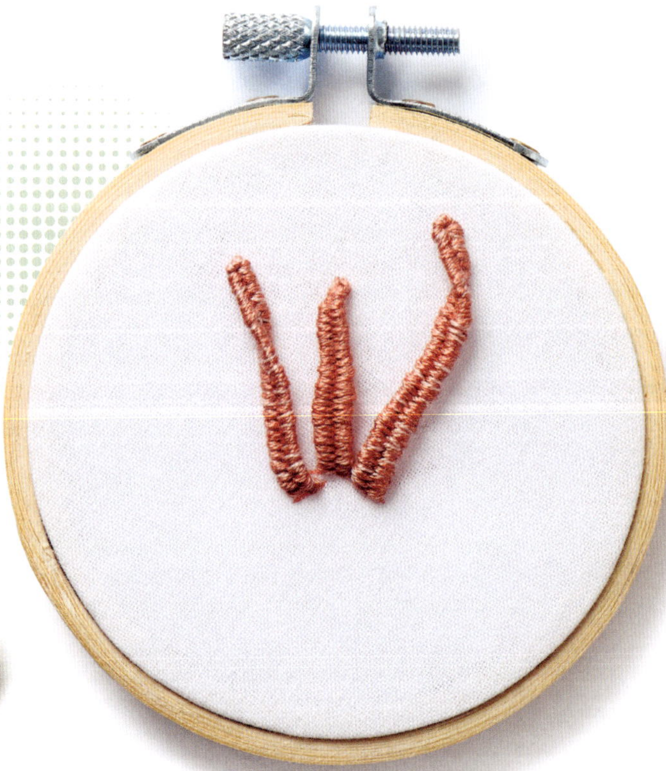

WEB-PIKOT

Beim Web-Pikot ist nur das untere Ende am Stoff befestigt. Meist für Blütenblätter oder Blätter verwendet, kann es, in mehreren Schichten überlagernd, auch dreidimensionale Blumen, Sukkulenten oder Schuppen darstellen.

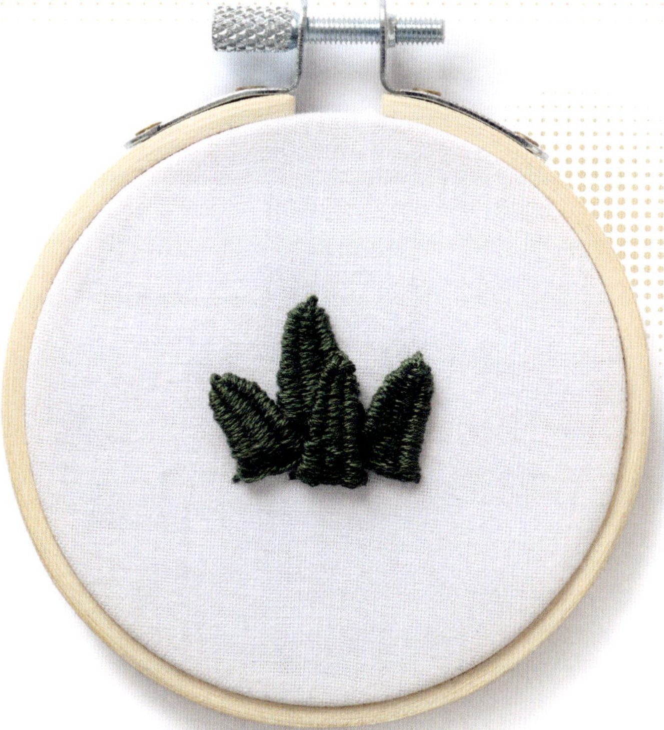

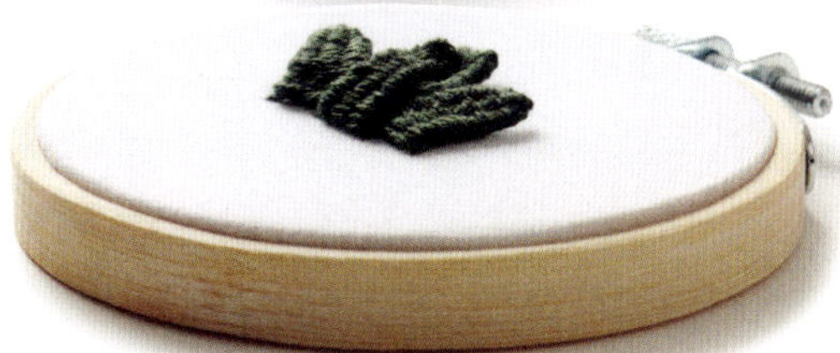

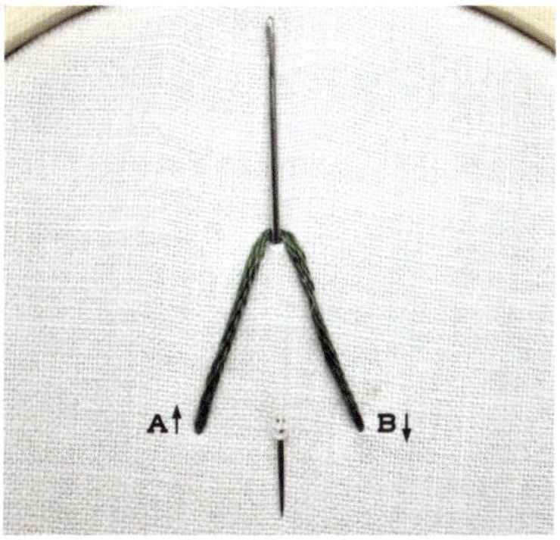

1 Eine Hilfsnadel wie abgebildet senkrecht in den Stoff einstechen. Mit einer zweiten Nadel den Faden bei A ausstechen und bei B wieder einstechen, dabei den Faden oben um die Hilfsnadel führen.

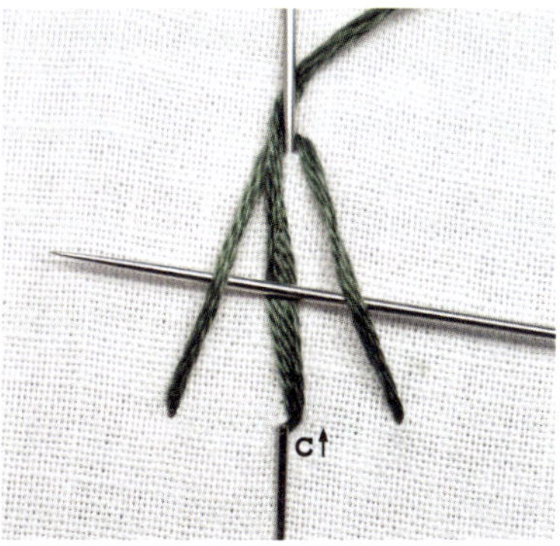

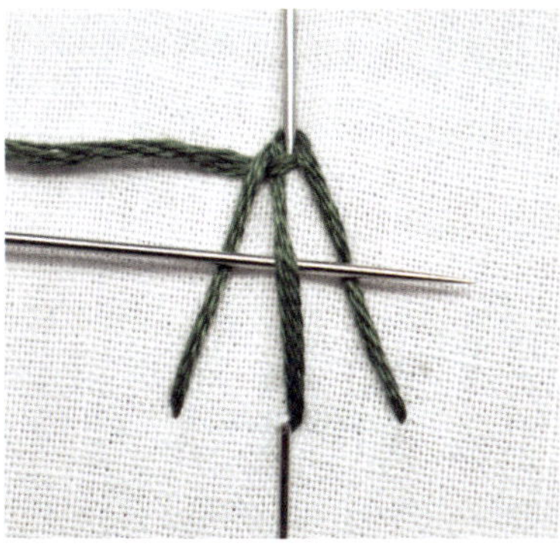

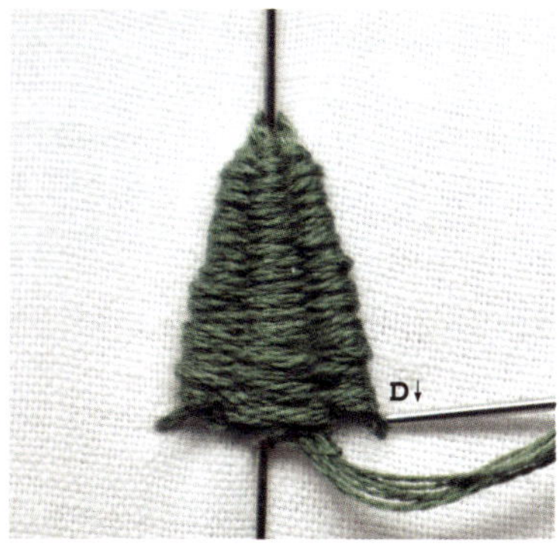

2 Die Nadel bei C wieder ausstechen und den Arbeitsfaden oben um die Hilfsnadel führen. Ohne in den Stoff einzustechen, jetzt über die drei senkrechten Fäden weben: unter den ersten, über den zweiten und unter den dritten. Den gewebten Faden nach oben schieben.

3 In der nächsten Reihe versetzt weben: über den ersten Faden unter den zweiten und über den dritten. Auf diese Weise über die gesamten senkrechten Fäden weben, dabei jede Reihe versetzt zur Vorreihe arbeiten.

4 Jede gewebte Reihe mit der Nadel fest nach oben schieben. Sobald die untere Kante (die breiteste Stelle) erreicht ist, die Nadel bei D auf die Rückseite des Stoffs führen und den Faden mit einem Knoten sichern. Die Hilfsnadel vorsichtig aus dem Stoff herausziehen.

ERHÖHTER FISCH-GRÄTEN-STICH

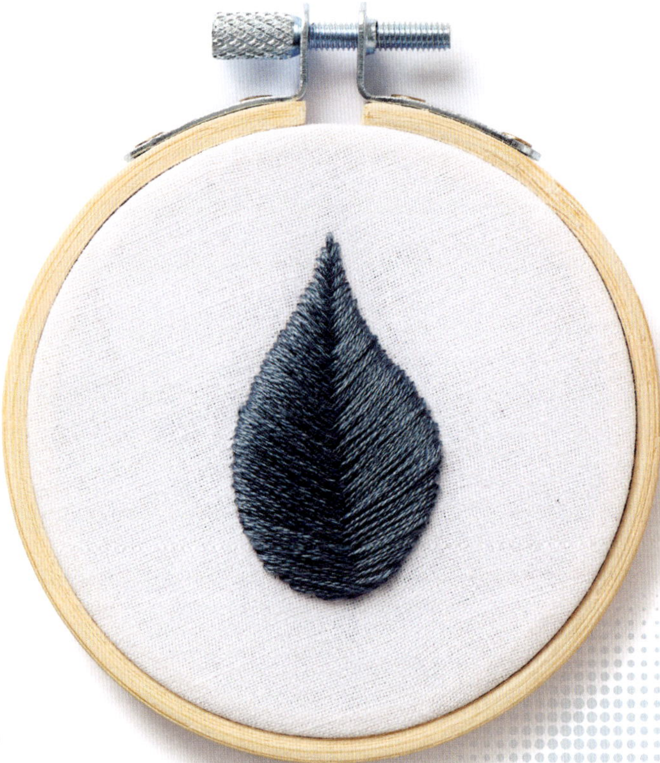

Beim erhöhten Fischgrätenstich ergeben die sich überlappenden Stiche ein erhöhteres Stickbild. Dieser Stich wird für strukturierte Blätter der unterschiedlichsten Formen und Größen verwendet.

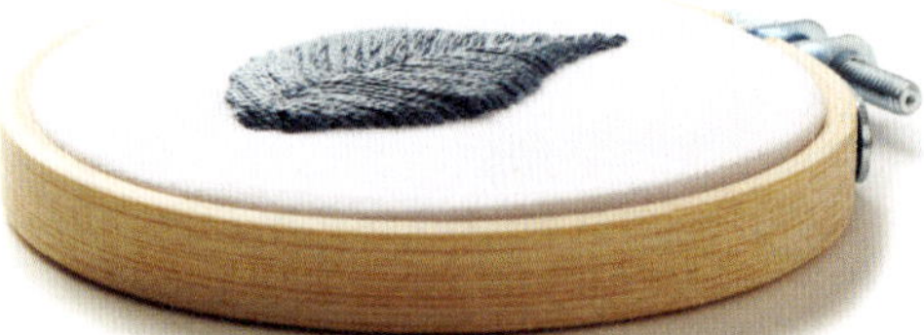

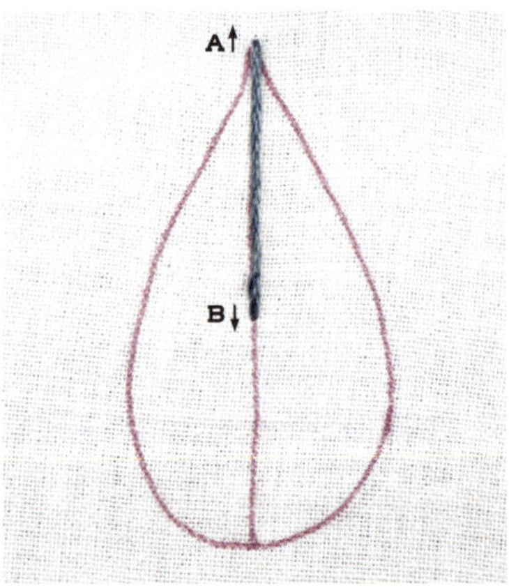

1 Mit einem senkrechten Geradstich (siehe Seite 16) beginnen, der etwa halb so lang ist wie die letztendliche Form. Die Nadel bei A nach vorne und bei B wieder nach hinten stechen.

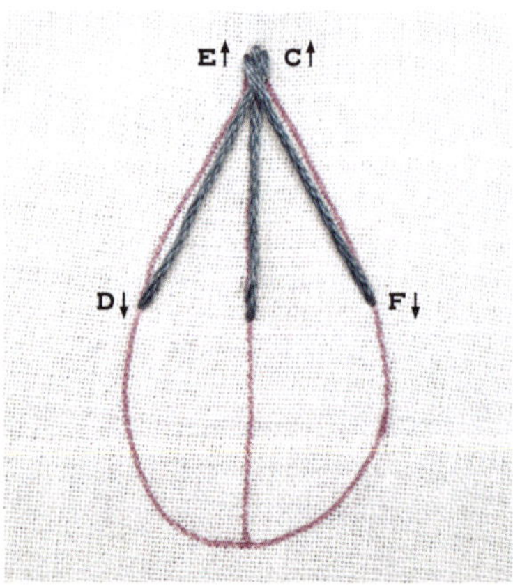

2 Die Nadel bei C ausstechen und diagonal über den ersten Stich bei D wieder einstechen. Dann die Nadel bei E ausstechen und bei F einstechen, sodass ein diagonaler Stich in der entgegengesetzten Richtung entsteht.

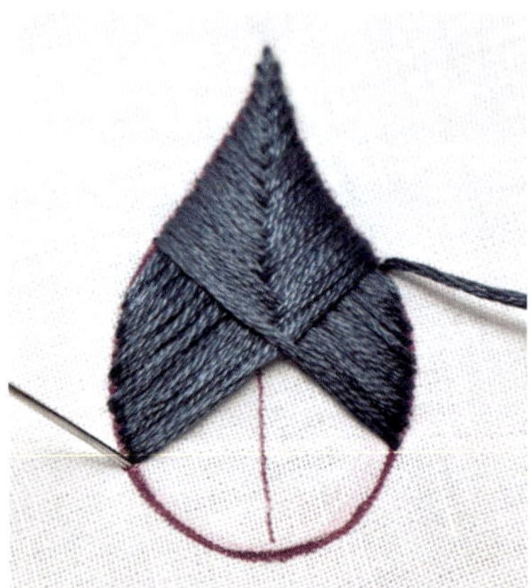

3 Dieses Muster aus sich überlappenden diagonalen Stichen über die gesamte Form fortsetzen. Sobald die Form vollständig ausgefüllt ist, die Nadel auf die Rückseite des Stoffs führen und den Faden mit einem Knoten sichern.

WEB-ROSE

Die Web-Rose, auch Spinnwebstich genannt, ist ein beliebter erhöhter Stickstich. Er wird gerne für runde Blüten verwendet, wobei du dann zusätzlich einen dekorativen Knötchenstich in die Mitte setzen kannst.

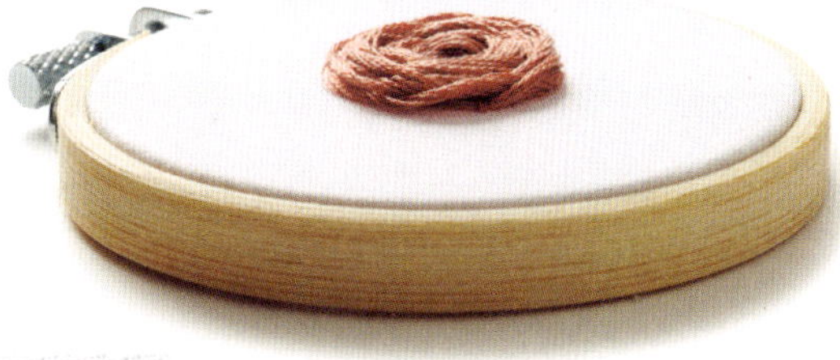

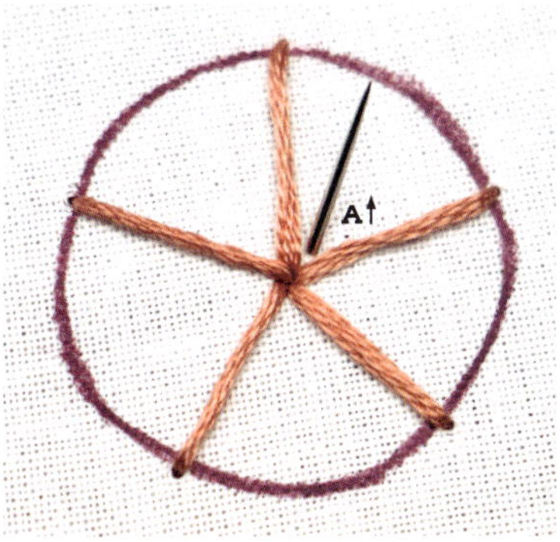

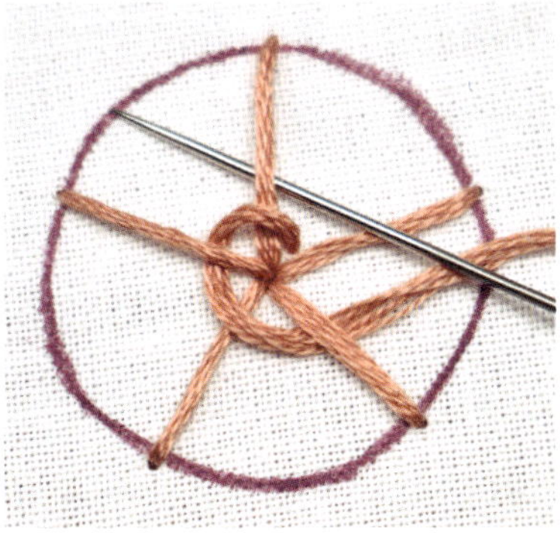

1 Von der Mitte einer Kreislinie aus fünf gleich große Geradstiche (siehe Seite 16) mit gleichen Abständen sticken. Dann die Nadel mit dem Faden bei A ausstechen, direkt neben dem Punkt, an dem sich die Geradstiche treffen.

2 Die Nadel in Runden abwechselnd über und unter den Geradstichen hindurchweben, bis alle Geradstiche vollständig verdeckt sind.

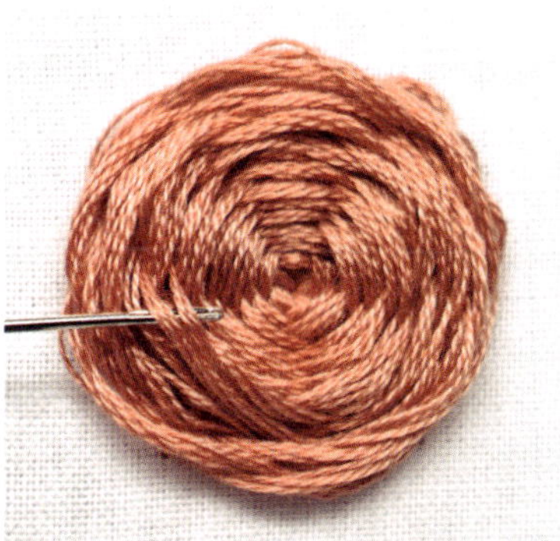

3 Zum Abschluss die Nadel auf die Rückseite des Stoffs führen und den Faden mit einem Knoten sichern. Die gewebten Fäden bei Bedarf mit dem Nadelöhr straffen oder lockern.

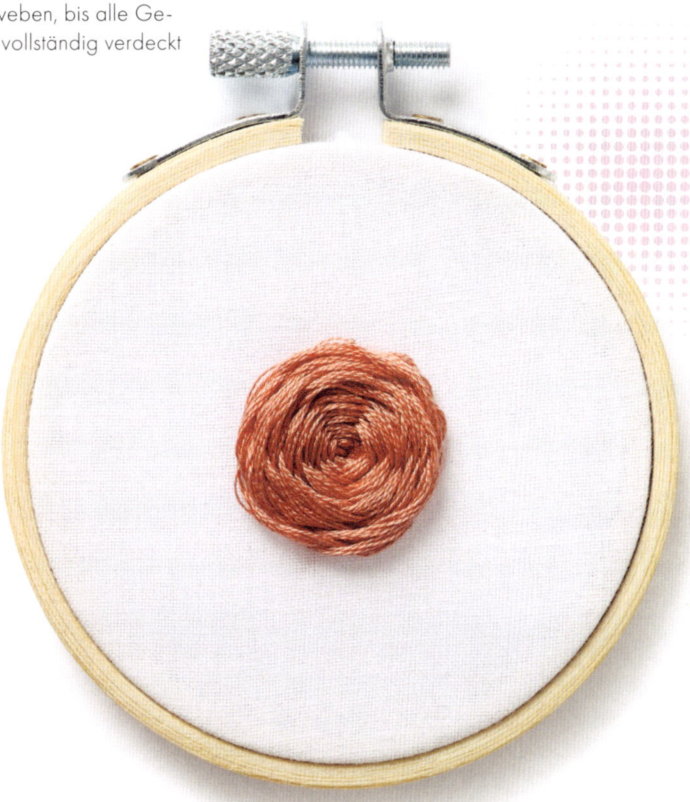

SCHALENSTICH

Der Schalenstich besteht aus einer Art Kettenstich, der sich zu einem 3D-Rand aufbaut. Bei einem kleineren Durchmesser der Grundlinie bildet sich eine beerenförmige Wölbung – bei einem größeren Durchmesser entsteht ein schalenförmiges Gebilde.

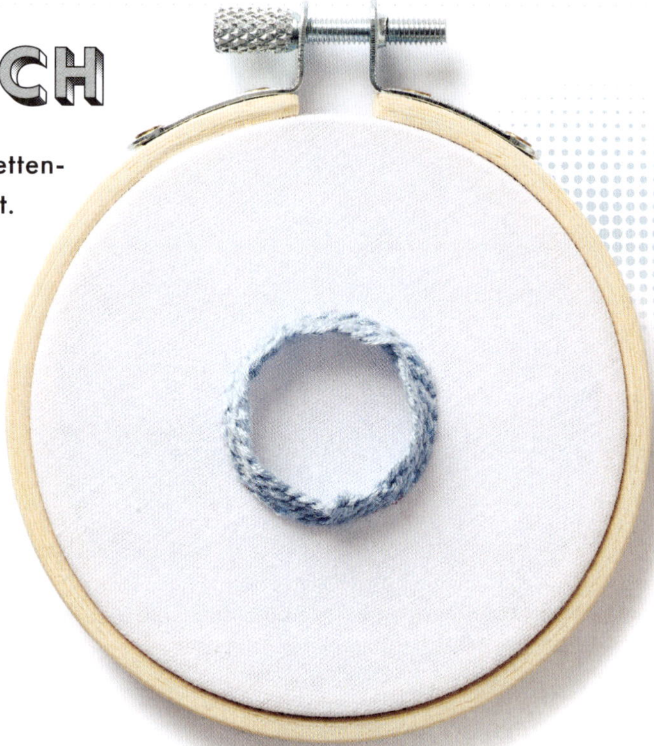

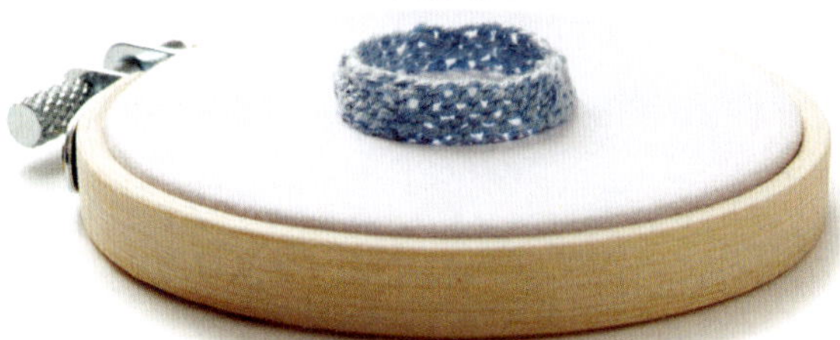

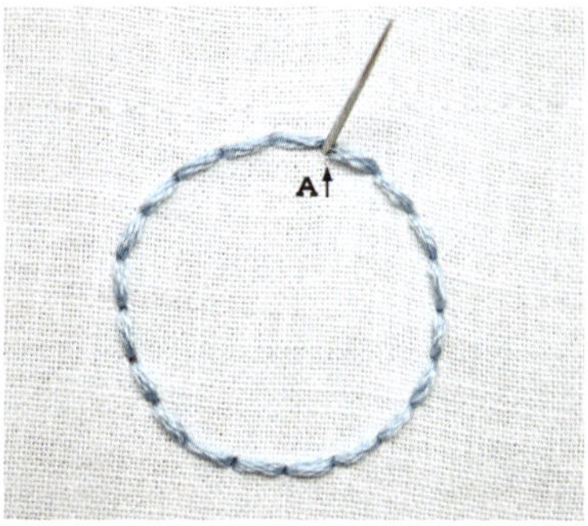

1 Den Umriss der Grundlinie mit Rückstichen (siehe Seite 17) vorsticken. Dann die Nadel bei A zwischen zwei Rückstichen ausstechen, und den Faden durchziehen.

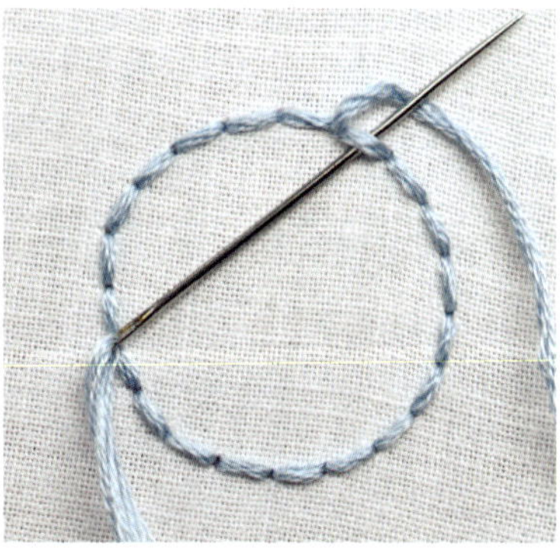

2 Die Nadel von innen nach außen unter den Stich rechts von der Nadel schieben. Den Arbeitsfaden unter die Nadelspitze legen und die Nadel ganz durchziehen. In Kreisrichtung bei jedem folgenden Rückstich wiederholen, sodass eine neue Reihe entsteht.

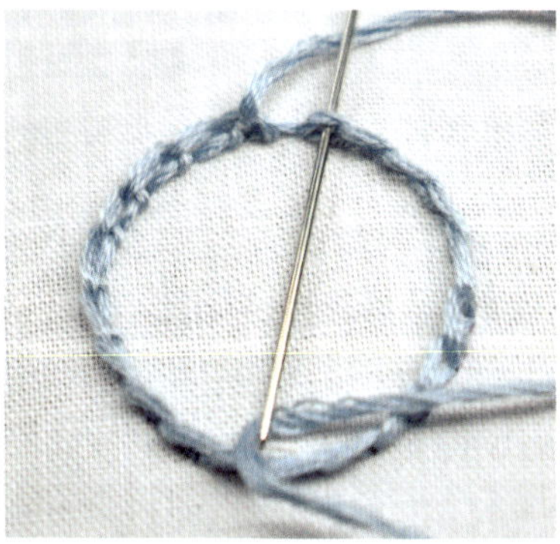

3 Die Nadel unter den ersten Stich dieser neuen Reihe schieben. Den Arbeitsfaden unter die Nadelspitze legen und die Nadel ganz durchziehen. Diesen Schritt wiederholen und die Reihenanzahl ausarbeiten, bis die gewünschte Randhöhe erreicht ist.

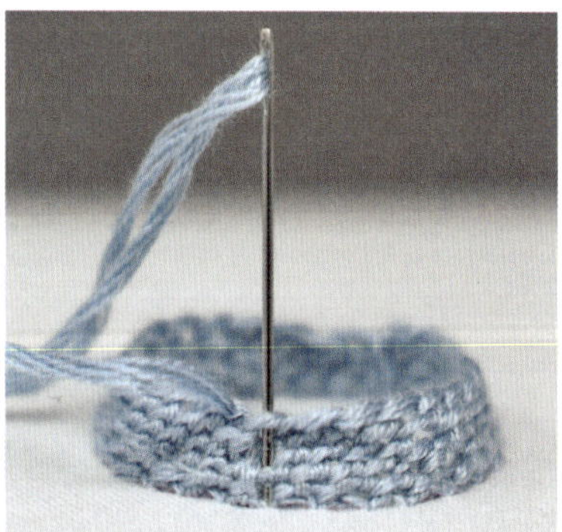

4 Webend die Nadel seitlich an der Form hinunter und auf die Rückseite des Stoffs führen. Den Faden durchziehen, ohne die Form zusammenzuziehen und mit einem Knoten sichern.

ERHÖHTER PLATTSTICH

Der erhöhte Plattstich wird wie der flache Plattstich (siehe Seite 20) verwendet, um kleine bis mittlere Flächen auszufüllen. So entsteht eine glatte, leicht erhöhte Struktur auf dieser Partie.

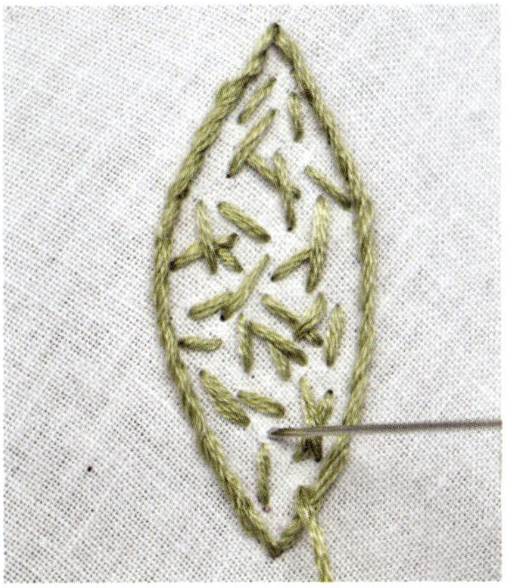

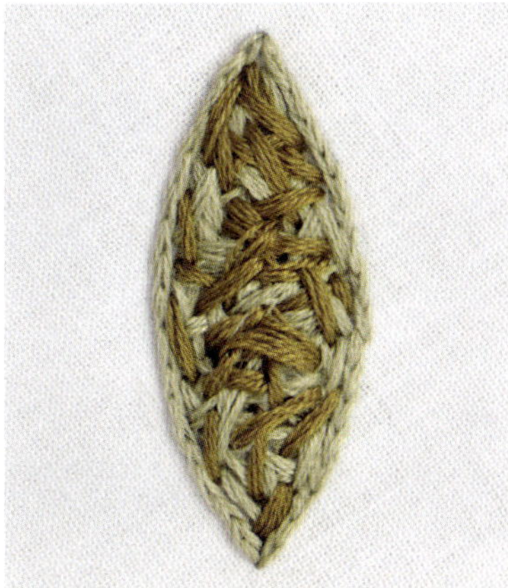

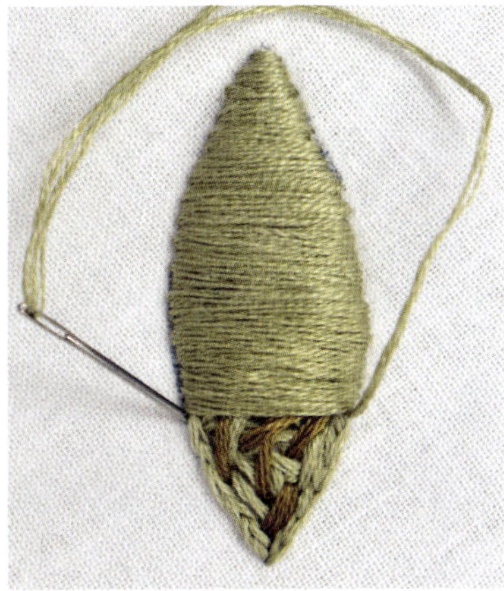

1 Den Umriss der gewünschten Form mit Stielstichen (siehe Seite 19) vorsticken. Das Innere der Form mit beliebig verteilten Geradstichen (siehe Seite 16) ausfüllen.

2 So viele Schichten an Geradstichen sticken, bis die gewünschte Höhe erreicht ist. Dafür kannst du Restfäden verwenden, da diese Schicht völlig verdeckt wird.

3 Diese Füllschicht mit zwei Fäden im Plattstich (siehe Seite 20) übersticken. Dabei immer außen an der Umrisslinie einstechen und die Geradstiche vollständig verdecken. Zum Abschluss den Faden auf der Rückseite mit einem Knoten sichern.

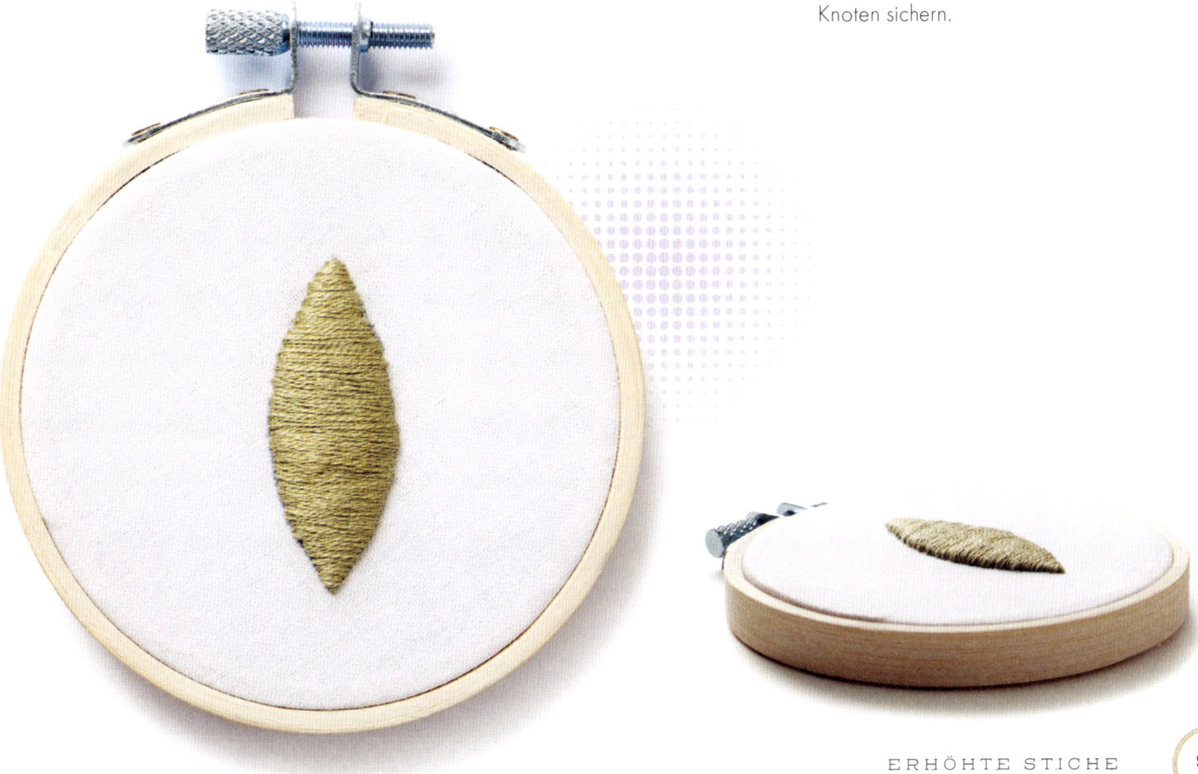

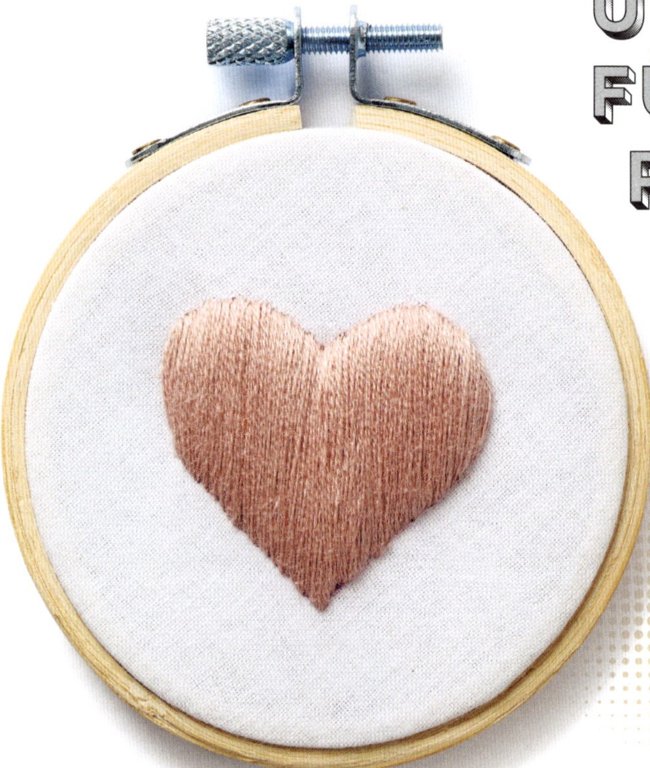

UNTER-FÜTTERTER PLATTSTICH

Ein mit Filz unterfütterter Plattstich bekommt eine glatte, gewölbte Oberfläche und die gestickte Partie wird noch dreidimensionaler als beim erhöhten Plattstich. Du kannst auch mehrere Filzschichten verwenden, wenn das Element noch höher werden soll.

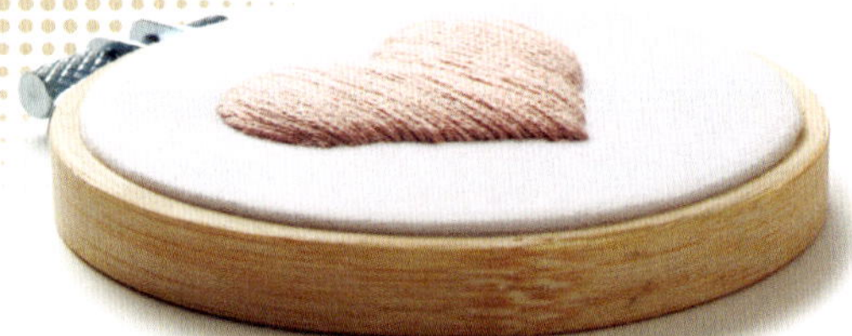

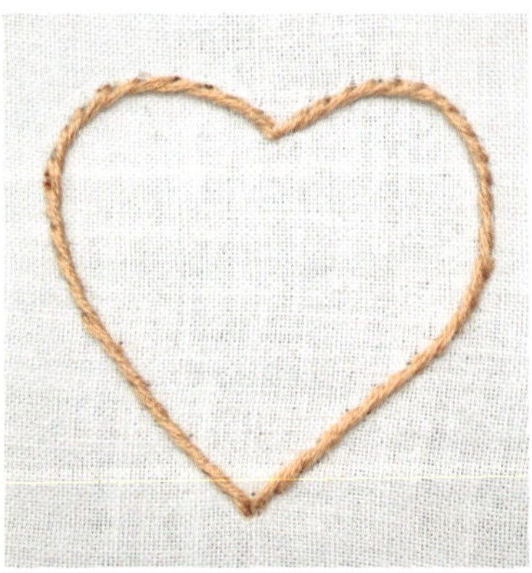

1 Zuerst die Umrisslinien der Partie mit Rückstichen (siehe Seite 17) oder Stielstichen (siehe Seite 19) vorsticken.

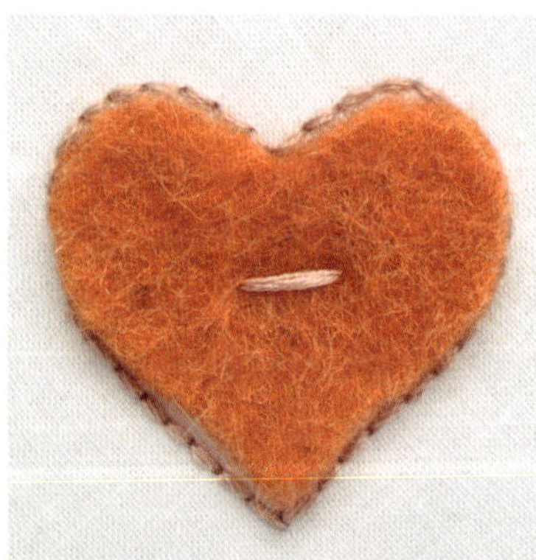

2 Ein Stück Filz ausschneiden, das genau in die Umrisslinien passt. Das Filzstück mit einem Geradstich am Stoff fixieren.

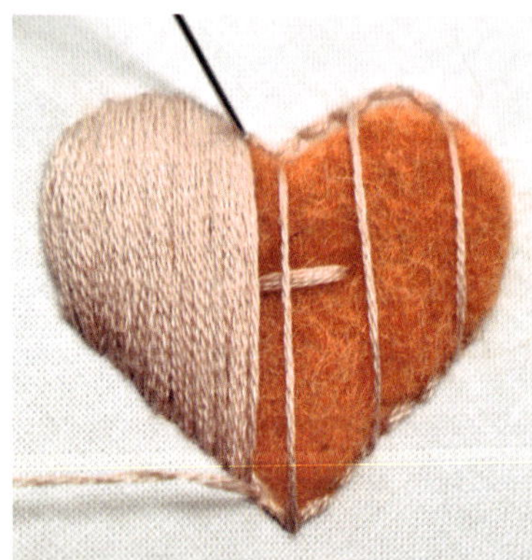

3 Das Filzstück mit zwei Fäden im Plattstich (siehe Seite 20) vollständig übersticken, dabei jeweils außen direkt neben der Umrisslinie einstechen. Zum Abschluss den Faden auf der Rückseite mit einem Knoten sichern.

FILZEINLAGE

Filzeinlagen sind praktisch, um innerhalb einer Form unterschiedliche Höhen zu erzeugen. Filzeinlagen (in variabler Anzahl) können dann mit beliebigen Stichen verdeckt werden.

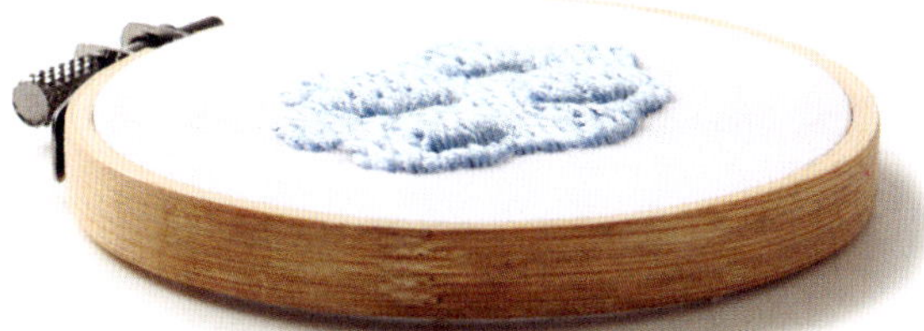

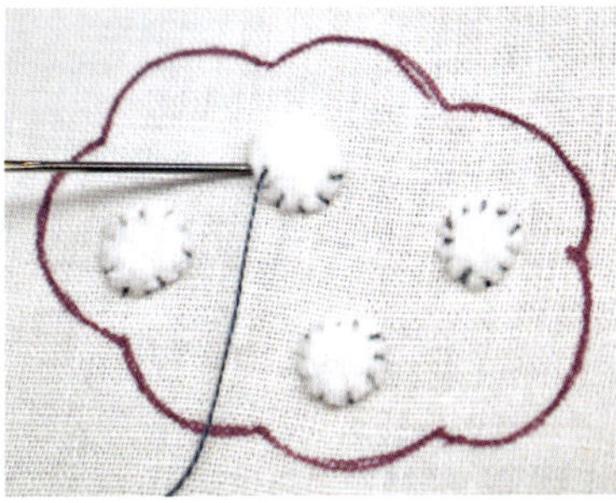

1 Den Filz in die jeweils benötigten kleinen Formen schneiden. Diese Filzstücke wie abgebildet mit kleinen Stichen am Stoff fixieren.

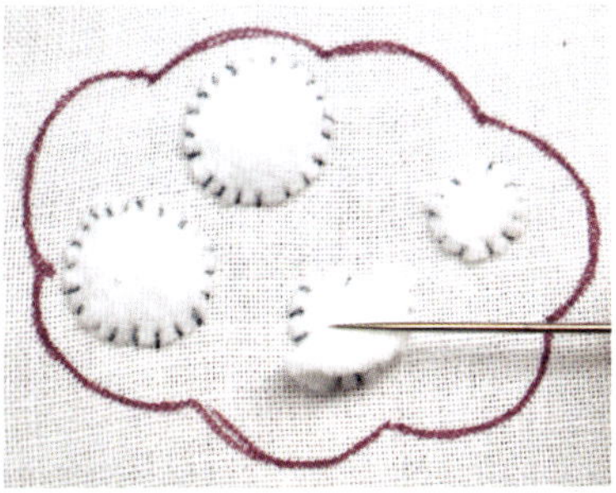

2 Weitere Filzeinlagen in etwas größere Formen schneiden. Die größeren Formen über die kleineren legen und mit kleinen Stichen am Stoff fixieren. Auf diese Weise so viele Filzschichten aufsticken, bis die gewünschte Höhe erreicht ist.

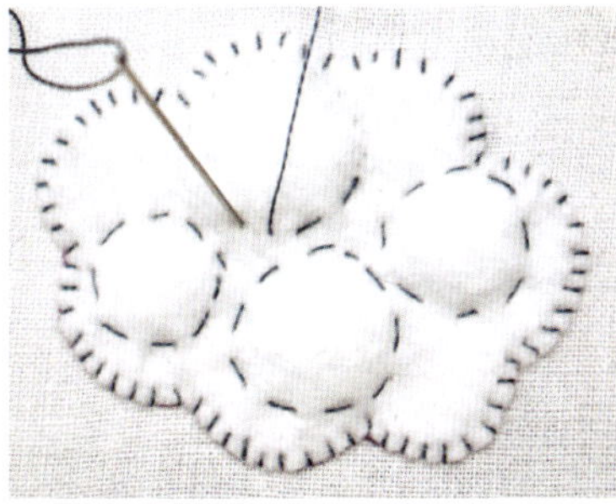

3 Ein letztes Stück Filz so ausschneiden, dass es genau auf die gesamte Partie passt. Auch diese Filzeinlage an den Außenkanten feststicken, dann fortlaufend um die kleineren Filzhügel herumsticken.

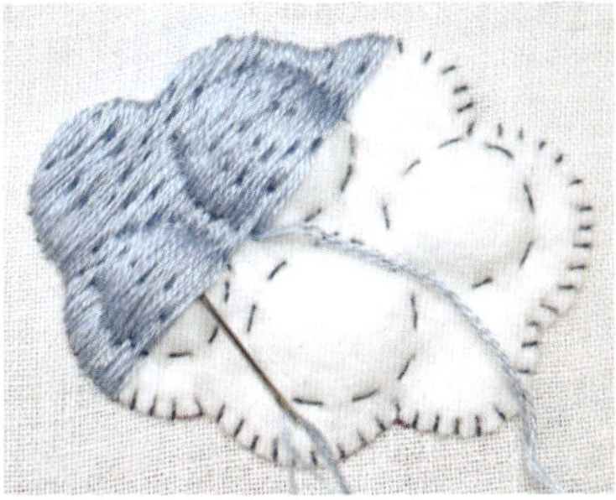

4 Mit flächendeckenden Stichen die Filzeinlage komplett besticken, beispielsweise mit Plattstichen (siehe Seite 20), Webstichen (siehe Seite 33), gestickter Spitze (siehe Seite 45) oder versetzten Plattstichen (siehe Seite 18). Zum Abschluss den Faden auf der Rückseite mit einem Knoten sichern.

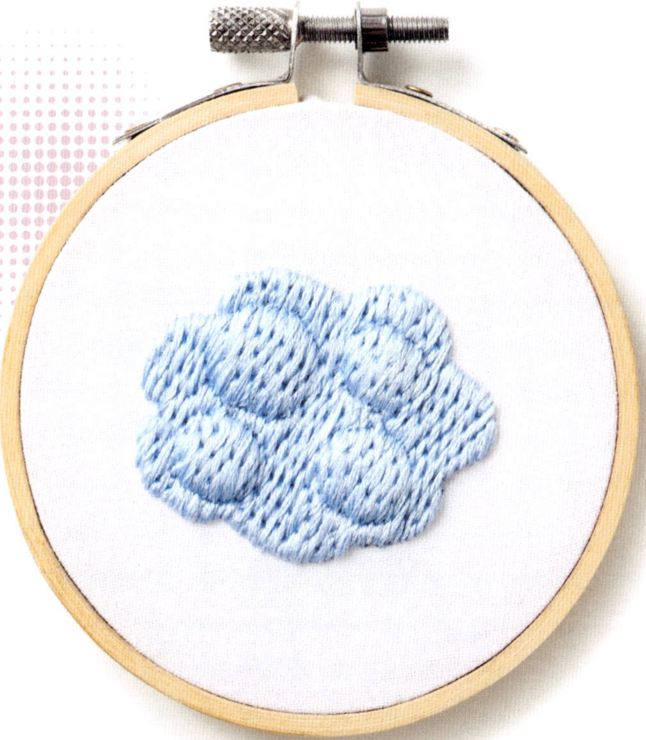

PATCH MIT UMGENÄHTER KANTE

Für diesen Patch brauchst du ein separates Stück festen Stoff, z. B. Aida-Stoff oder Canvas. Der Patch wird dann auf das Stickbild aufgenäht und sieht deutlich erhöht aus.

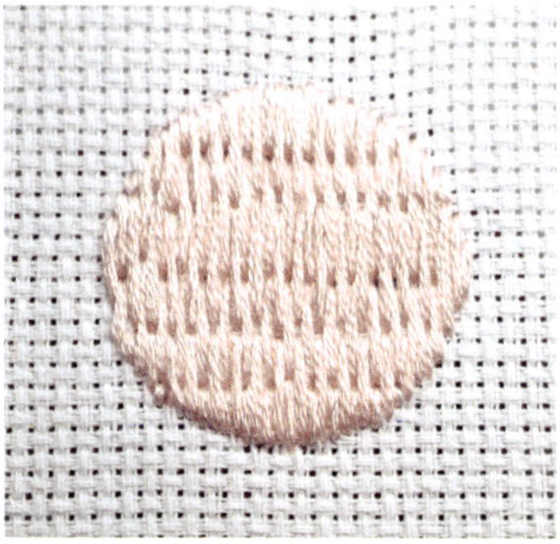

1 Das gewünschte Motiv auf ein Stück festen Stoff sticken (hier ist Stern-Aida abgebildet).

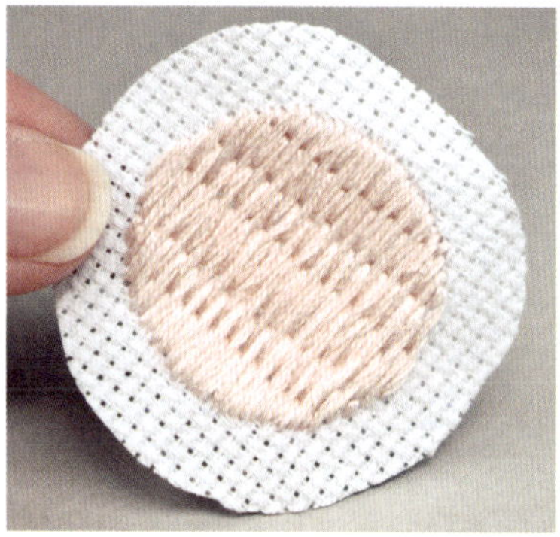

2 Die Form mit 6 mm Abstand zur Außenkante der Stiche ausschneiden.

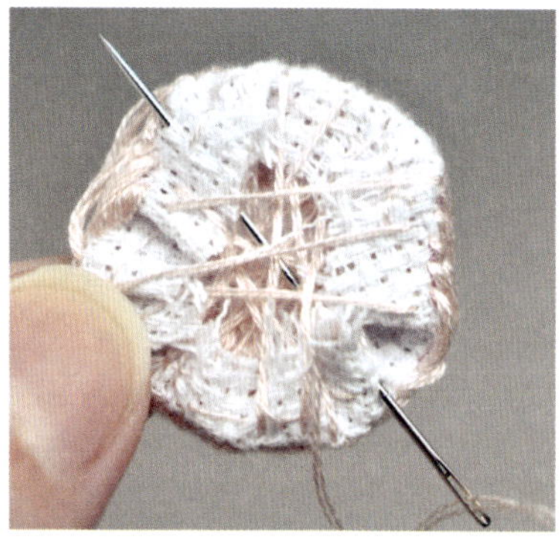

3 Die überstehenden Stoffkanten nach innen unter das gestickte Motiv falten und fest fixieren, indem mit großen Stichen von einer Seite zur anderen gearbeitet wird.

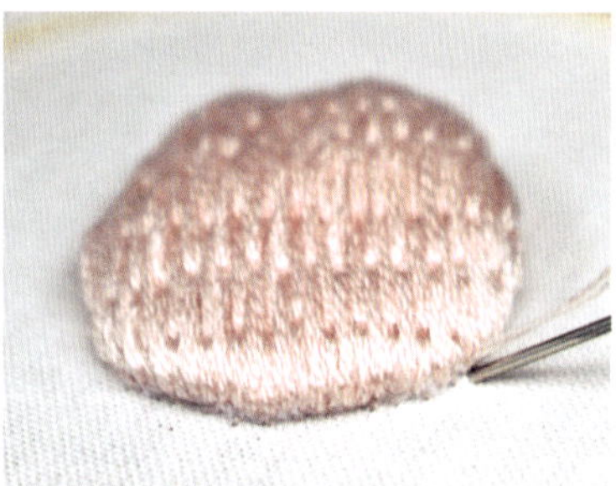

4 Mit einem Faden und kleinen Stichen den Patch rundum auf das Stickbild nähen. Wenn der Patch sich beult oder zu leicht eindrücken lässt, kannst du ein paar übrig gebliebene Fäden oder Stoffreste unterschieben, bevor du ihn ganz festnähst. Zum Abschluss den Faden auf der Rückseite mit einem Knoten sichern.

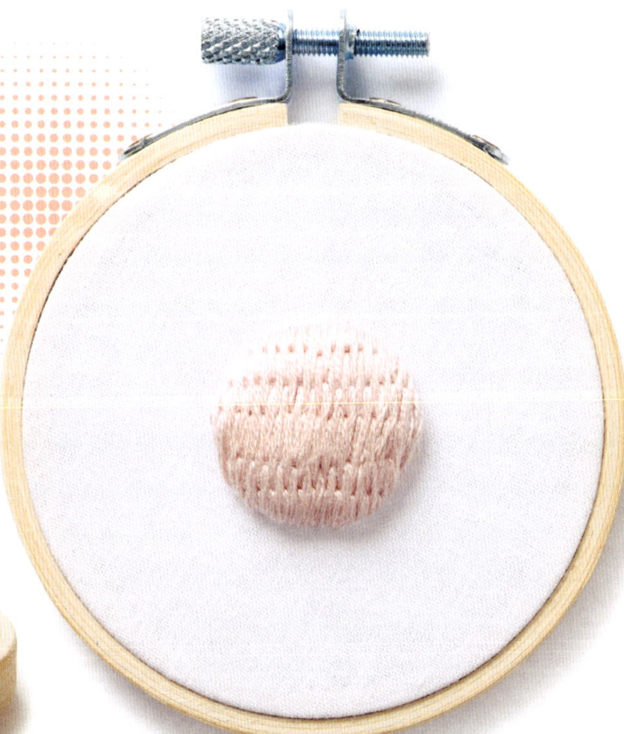

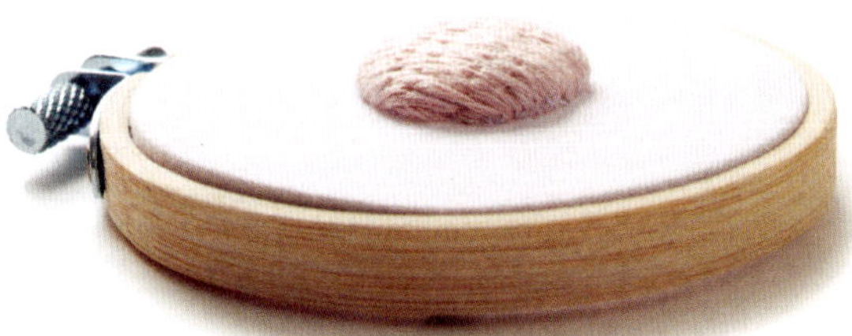

PATCH MIT DRAHT

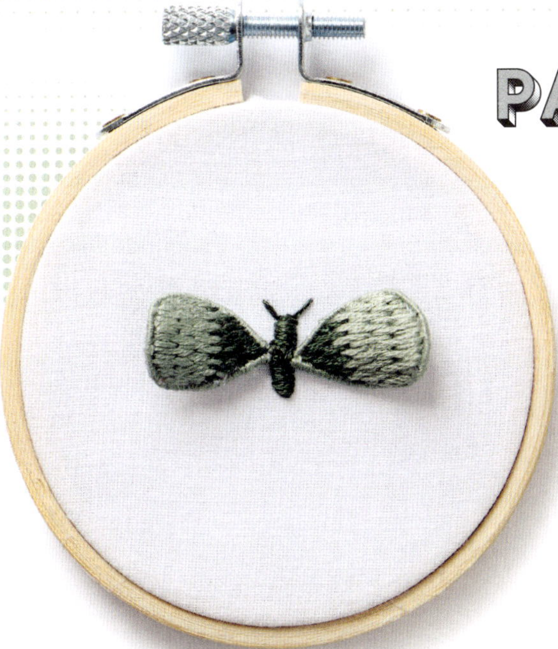

Dafür brauchst du ein separates Stück festen Stoff wie Aida-Stoff oder Canvas sowie einen dünnen, flexiblen Draht. Das Ergebnis ist ein verspielter 3D-Look.

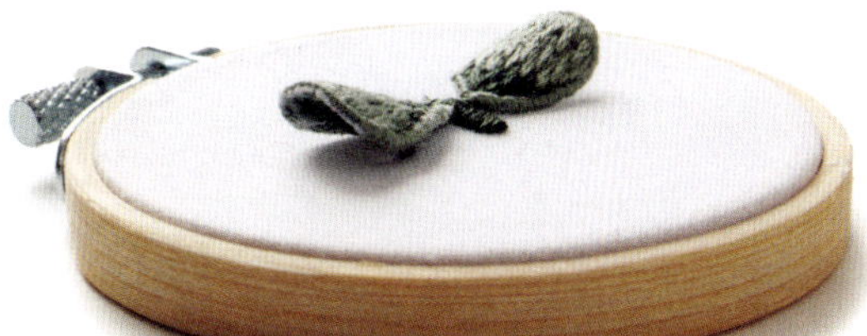

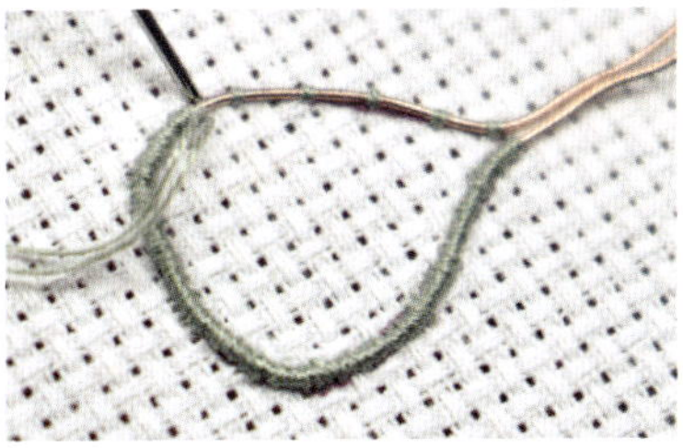

1 Den Draht in die Form biegen, die der Patch später haben soll und die Drahtenden etwas länger lassen. Die Drahtform mit zwei Fäden mit ganz kleinen Stichen festnähen, sodass er vollständig verdeckt ist (siehe Unterlegter Schnurstich, Seite 21).

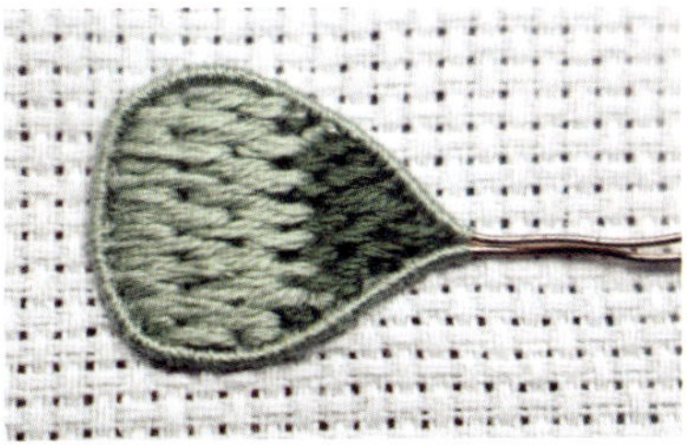

2 Die Fläche innerhalb der Drahtform mit dem gewünschten Muster besticken. Hier wurde mit versetztem Plattstich (siehe Seite 18) gearbeitet.

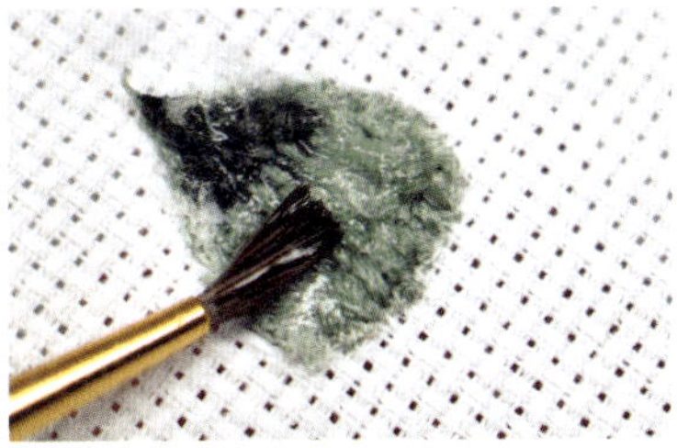

3 Auf der Rückseite des Stoffs farblosen Klebstoff auf die Stiche auftragen und trocknen lassen.

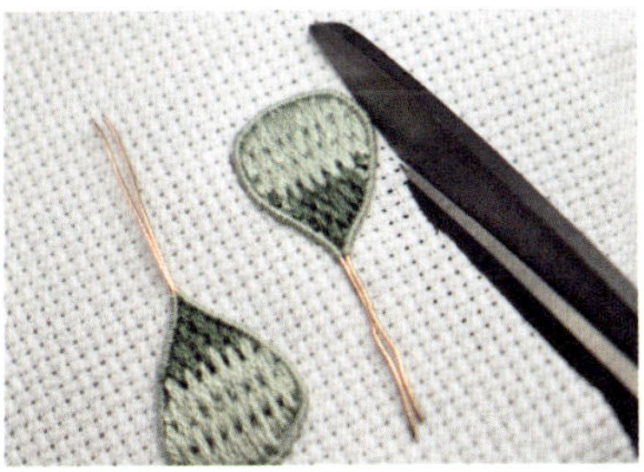

4 Mit einer scharfen Schere am Draht entlang ausschneiden. Dabei die Schere so halten, dass du so nahe wie möglich am Draht schneidest – schneide aber keinesfalls die Stiche auf!

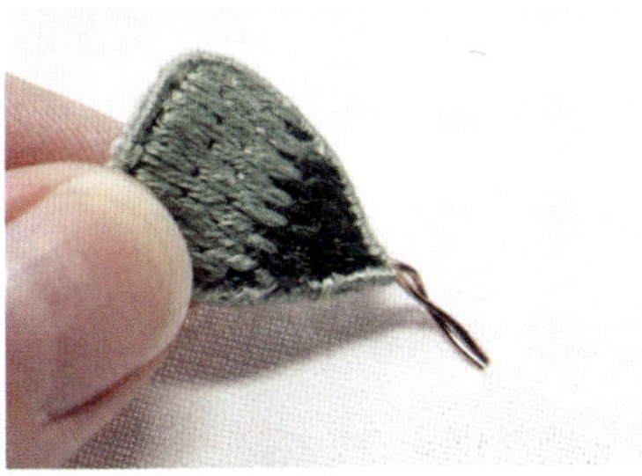

5 Mit der Sticknadel dort ein Loch in dein Stickbild stechen, wo der Patch mit Draht hinkommen soll. Die Drahtenden komplett durch den Stoff stecken. Den Patch wie gewünscht ausrichten.

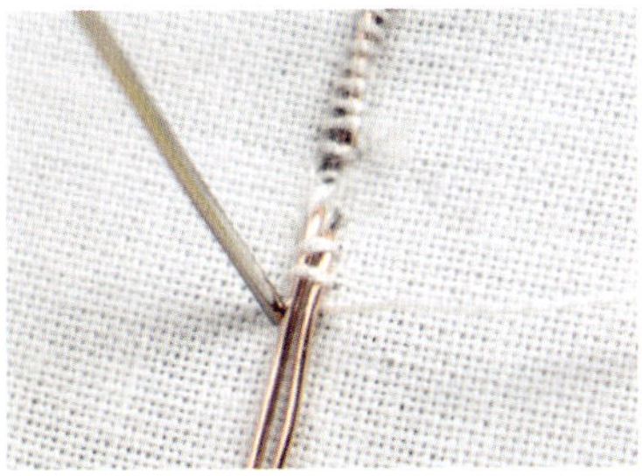

6 Die Drahtenden auf der Rückseite des Stoffs parallel zum Stoff umbiegen. Dann die Drahtenden mit feinem Garn in Stofffarbe festnähen. Zum Abschluss den Faden mit einem Knoten sichern.

UMWICKELTE PERLEN

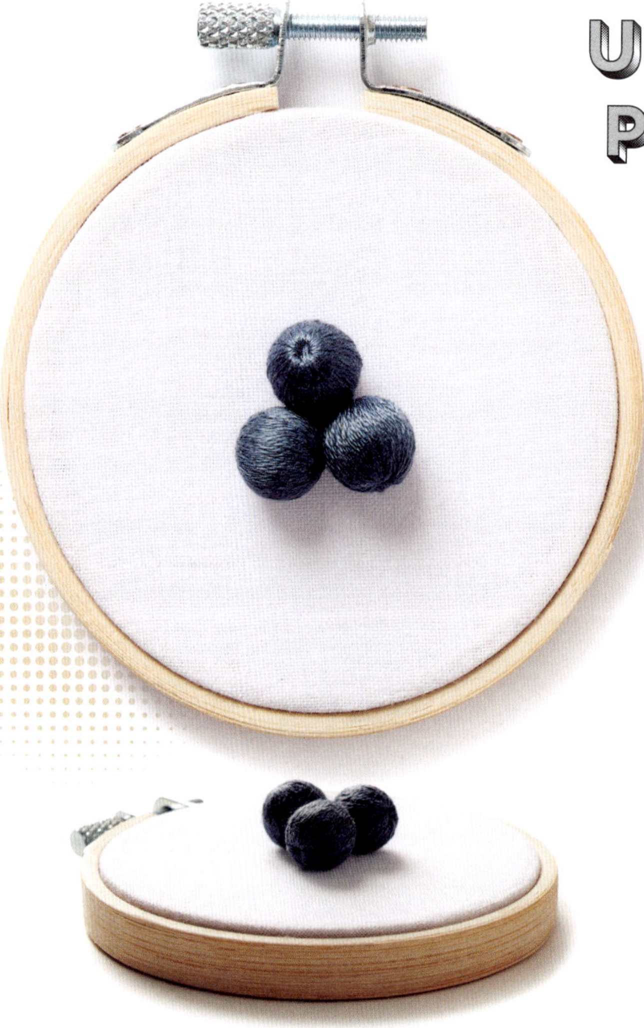

Mit umwickelten Perlen kannst du dein Stickbild mit deutlich hervorstechenden Farbtupfen verzieren. Dazu eignen sich Perlen aus Kunststoff oder Holz, aber auch echte Perlen und Steinchen.

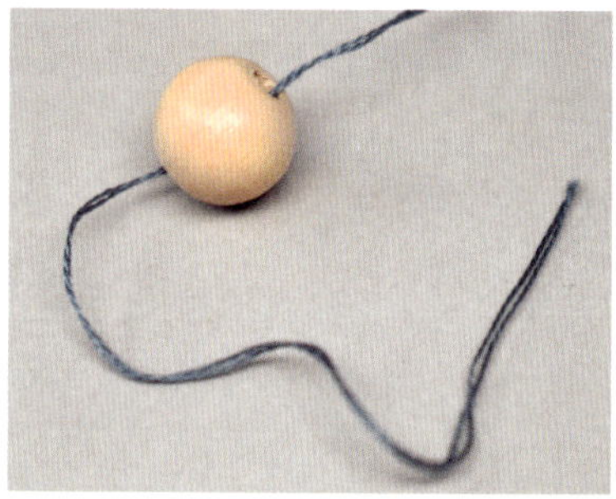

1 Die Perle auf zwei Fäden auffädeln. Den Faden so lang abschneiden, dass sich damit die gesamte Perle umwickeln lässt. Den Fadenanfang 10–13 cm lang stehen lassen.

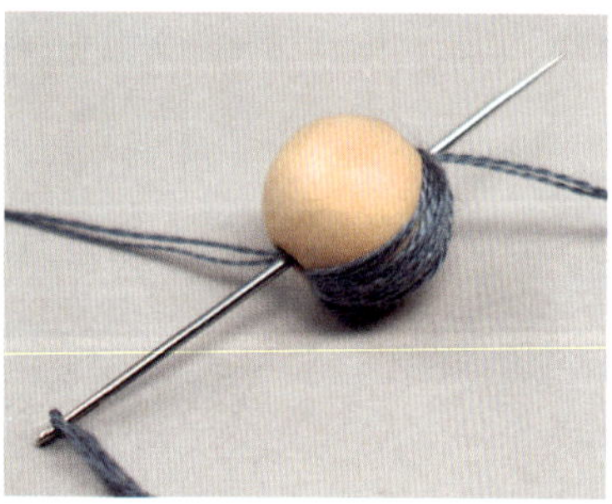

2 Mit Hilfe der Sticknadel die Perle rundherum dicht mit Garn umschlingen. Falls der Faden zu früh zu Ende ist, einen neuen Faden am Fadenende nahe am Loch der Perle verknoten und die Enden kürzen.

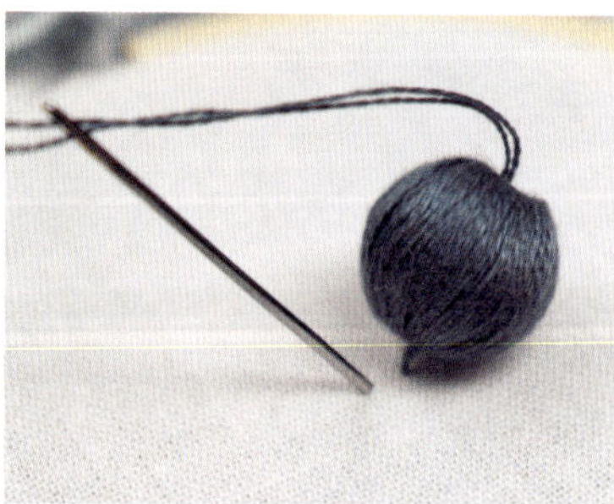

3 Nach dem Umwickeln das Fadenende auf der anderen Seite der Perle stehen lassen. Perle positionieren, Anfangs- sowie Endfaden einfädeln und zur Stoffrückseite durchstechen.

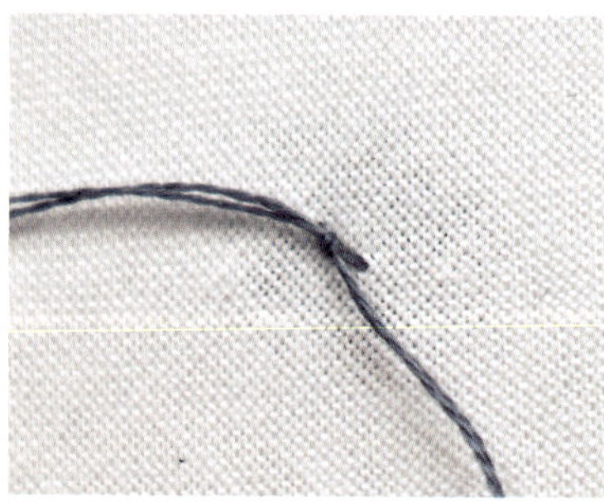

4 Die Perle ausrichten und die beiden Fäden auf der Stoffrückseite fest verknoten.

GESTICKTE SPITZE

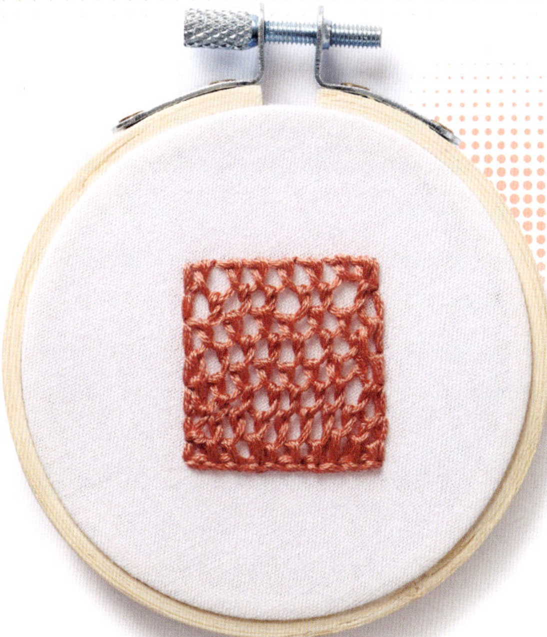

Hiermit füllst du eine Fläche zart anmutend. Die Fläche ist nur an den Rändern befestigt. Es gibt unterschiedliche Stiche, dieser Langettenstich ist der einfachste.

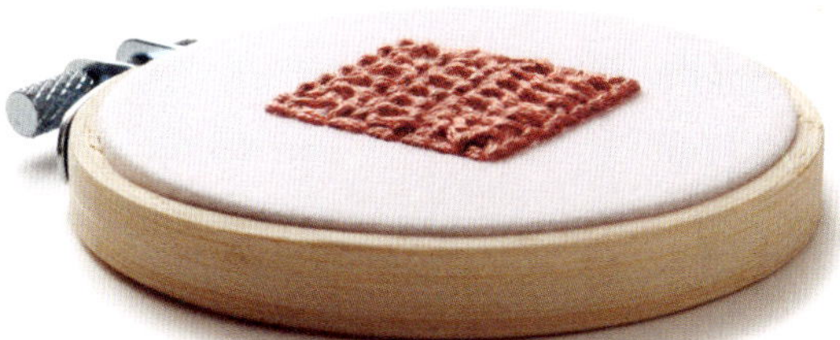

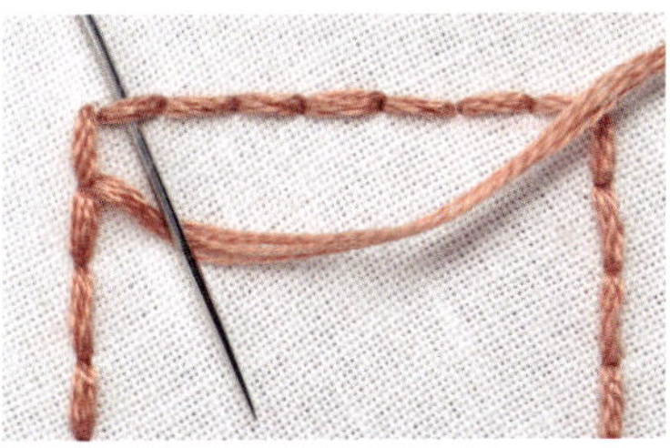

1 Zuerst die Umrisslinien im Rückstich (siehe Seite 17) vorsticken. In der oberen linken Ecke beginnen: Ohne durch den Stoff zu stechen, die Nadel unter den obersten linken Stich führen. Den Arbeitsfaden unter die Nadelspitze legen und die Nadel ganz durchziehen.

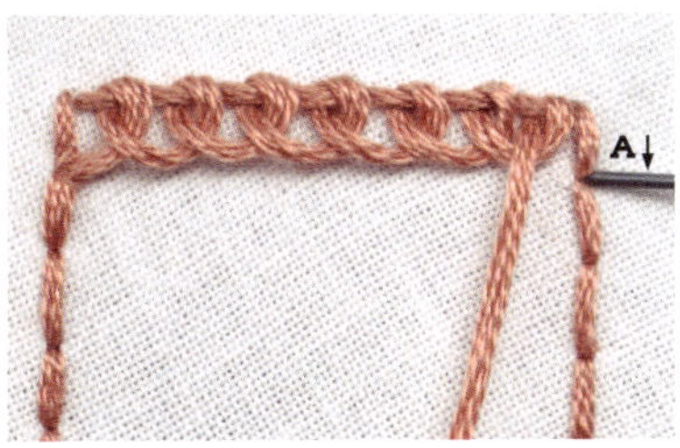

2 Weiter die Nadel unter jeden Rückstich führen. Den Arbeitsfaden dabei jedes Mal unter die Nadelspitze legen, sodass Schlingen entstehen. Am Ende der Reihe durch den Stoff in der rechten oberen Ecke bei A einstechen und auf die Rückseite ziehen.

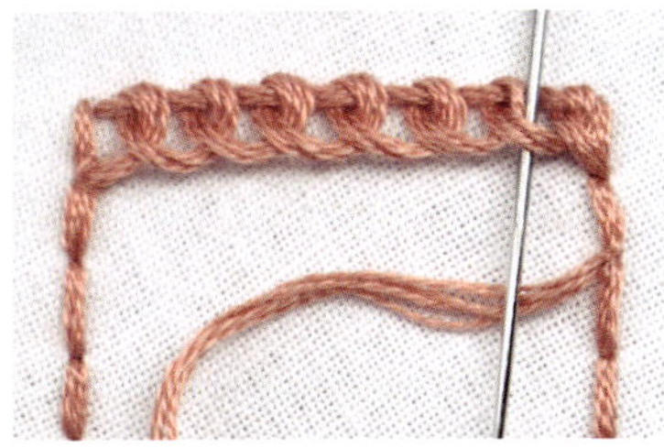

3 An der Stelle wieder ausstechen, an der die nächste Reihe beginnen soll. Ohne durch den Stoff zu stechen, die Nadel durch die Schlingen der Vorreihe führen. Den Arbeitsfaden unter die Nadel legen und die Nadel durchziehen.

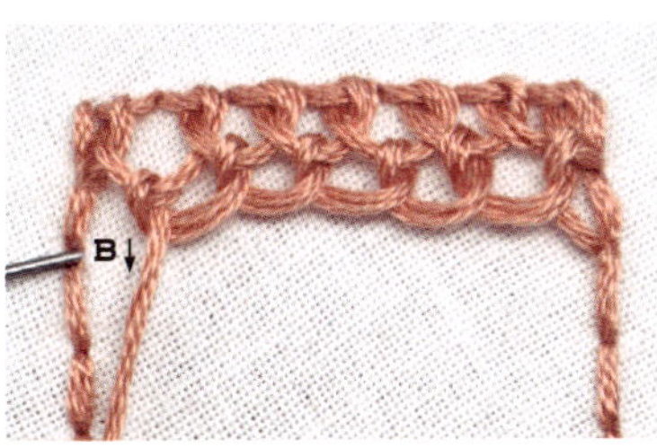

4 Am Ende der zweiten Schlingenreihe die Nadel bei B einstechen und auf die Rückseite des Stoffs ziehen. Auf diese Weise in Reihen arbeiten, bis die Form vollständig ausgefüllt ist.

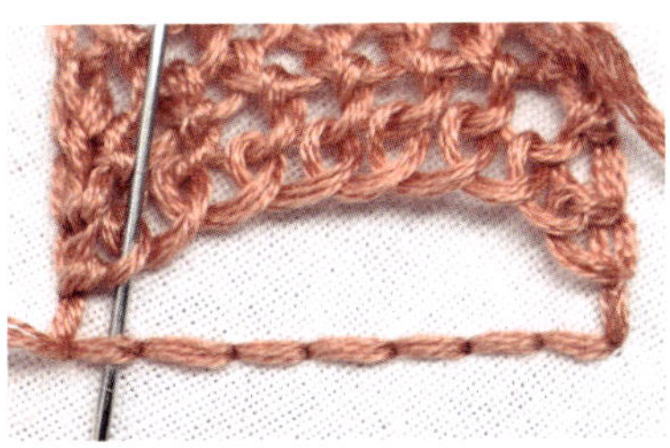

5 In der letzten Reihe die Nadel durch jede Schlinge der Vorreihe und gleichzeitig durch die unteren Rückstiche des Umrisses führen. Den Arbeitsfaden dabei jedes Mal unter die Nadelspitze legen und durchziehen.

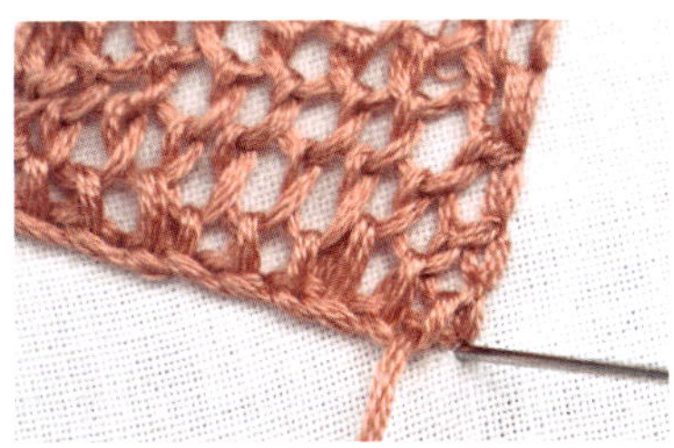

6 Am Ende der letzten Reihe die Nadel auf die Rückseite des Stoffs führen und den Faden mit einem Knoten sichern.

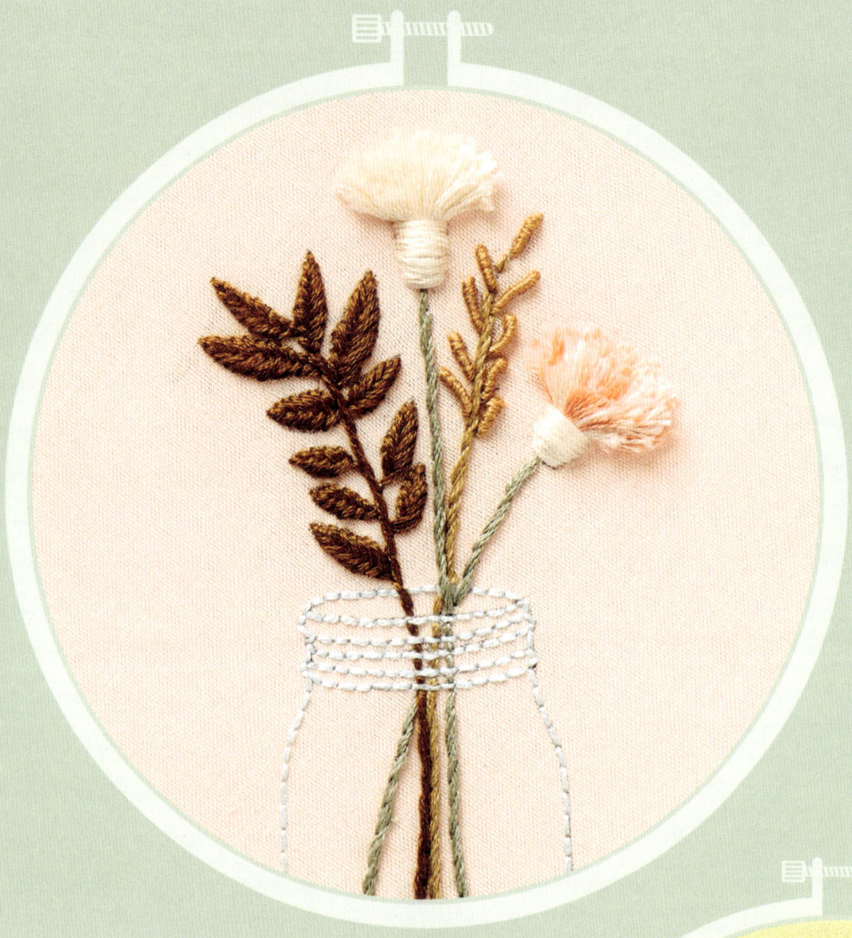

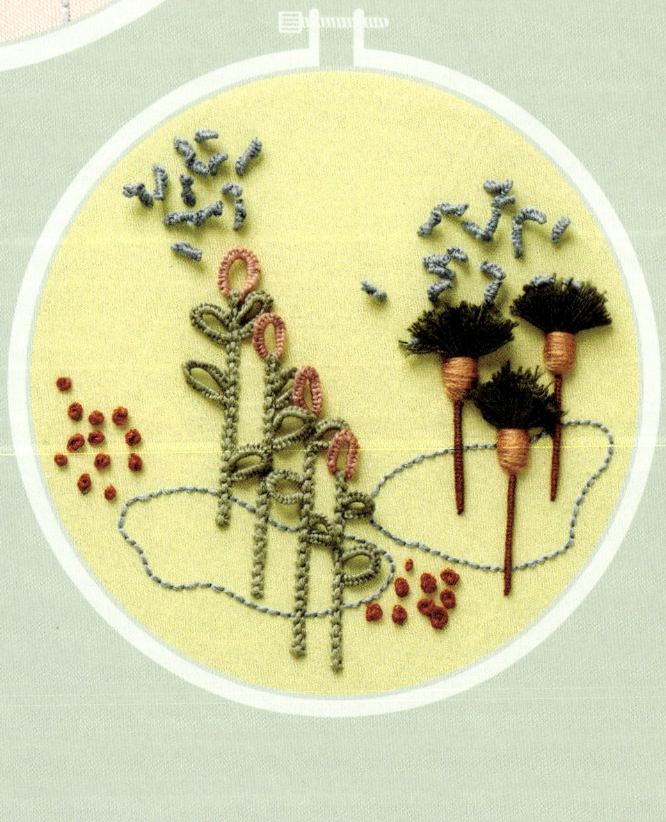

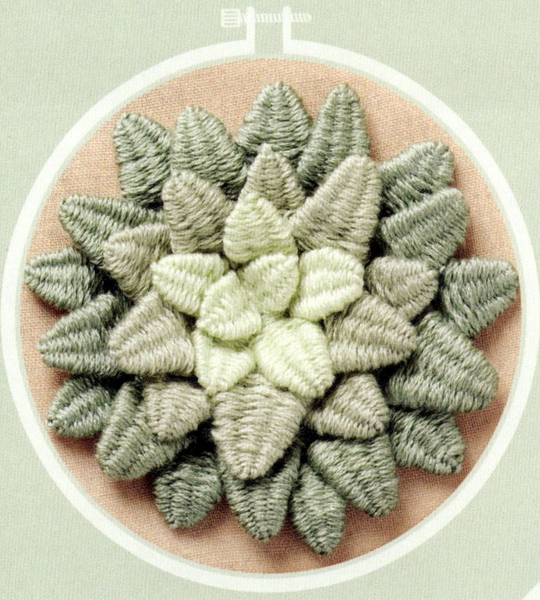

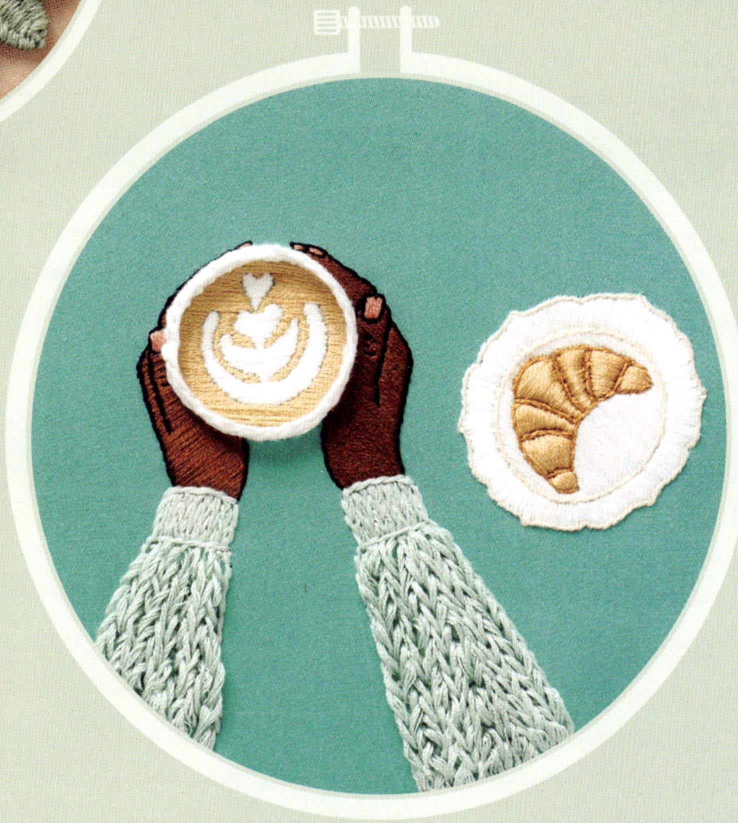

DIE PROJEKTE:

BEGINNE MIT ERHÖHTEN STICHEN

REGEN-BOGEN

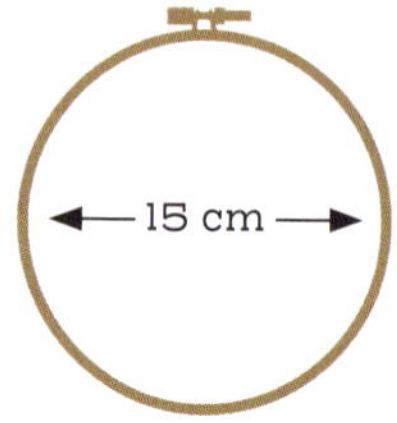

Schwierigkeitsgrad

Ein Regenbogen ist ein beliebtes Handarbeitsprojekt. Bei diesem Beispiel wird mit einer simplen Wickeltechnik und einem einzigen einfachen Stich eine tolle Wirkung erzielt – traditionelle Handarbeit mit modernem Touch.

DMC-Farben

- 356 Terrakotta
- 758 Sehr helles Terrakotta
- 951 Helles Fellbraun
- 924 Dunkles Graugrün
- 502 Blaugrün

Material

- Makramee-Garn, ø 4 mm, 1,5 m lang
- Stickrahmen, ø 15 cm
- Baumwollstoff in Beige, 20 cm x 20 cm
- Wasser- oder hitzelöslicher Markierstift
- Sticknadel
- Schere

Verwendete Techniken

- Geradstich (siehe Seite 16)

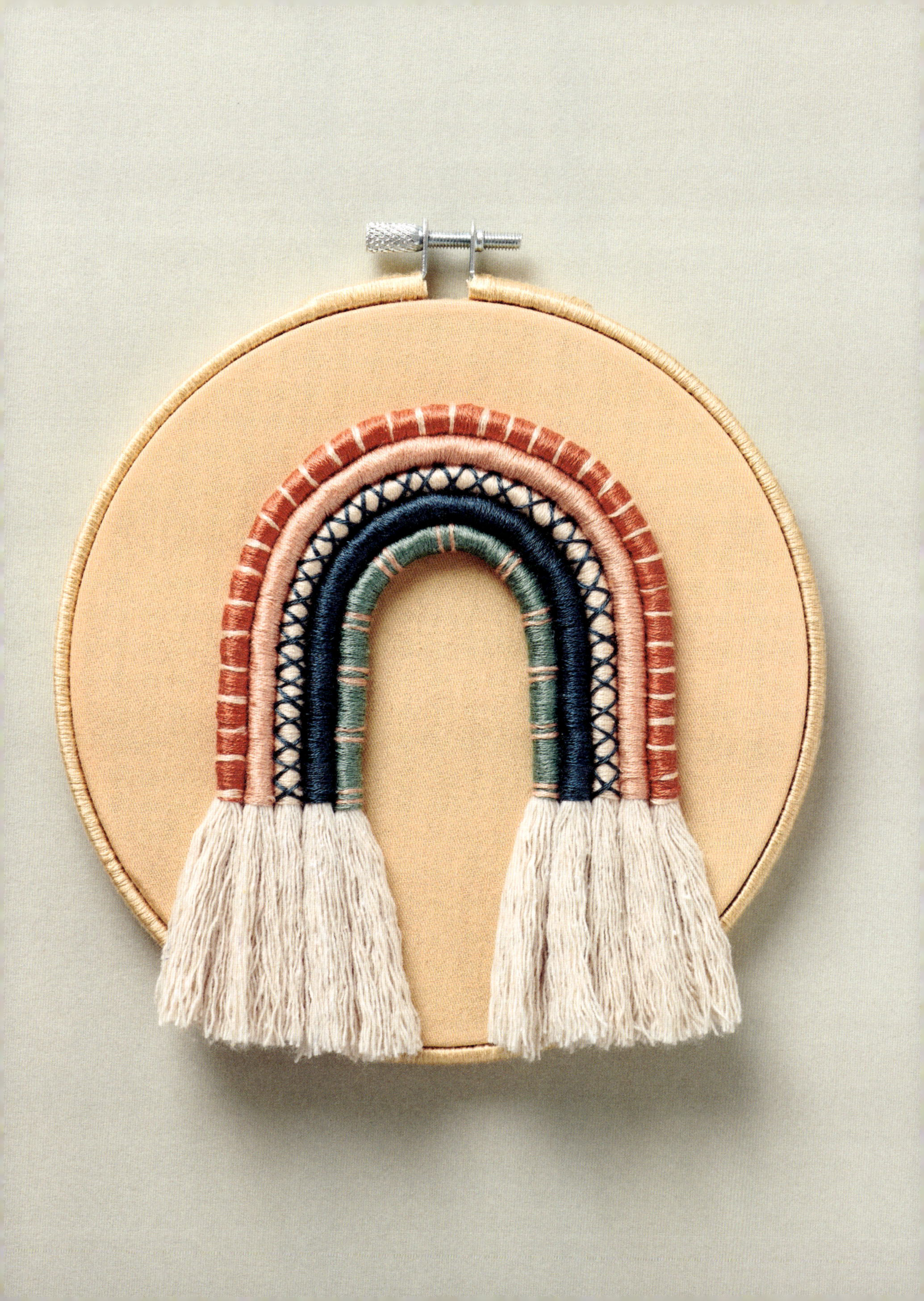

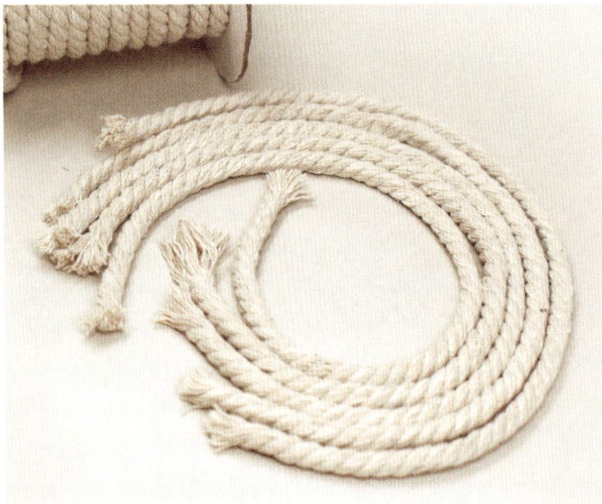

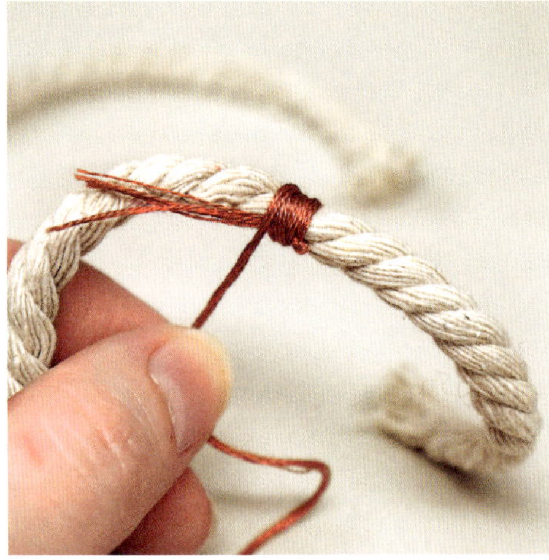

1 Das Makramee-Garn in fünf gleich lange Stücke schneiden, die jeweils mindestens 30 cm lang sind.

2 Eines der 30 cm langen Stücke mit der ersten Farbe umwickeln. Dabei die gleiche Technik wie zum Umwickeln des Stickrahmens verwenden (siehe Seite 10). Ab einem Ende des Garnstücks 5 cm abmessen und hier den Faden in Terrakotta anknoten. Das Makramee-Garn etwa 20 cm weit umwickeln und die letzten 5 cm frei lassen. Faden verknoten und die Enden kürzen.

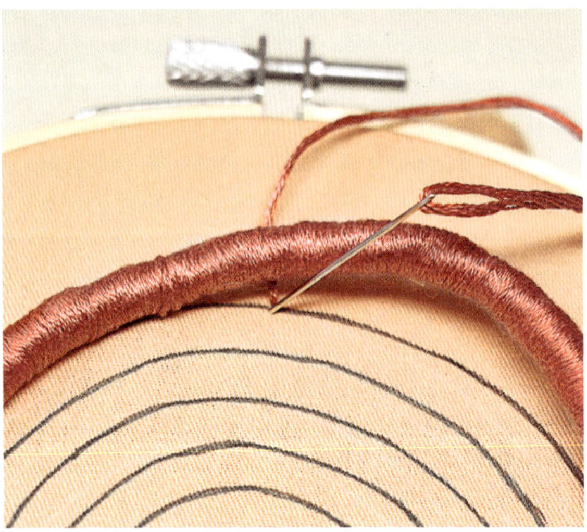

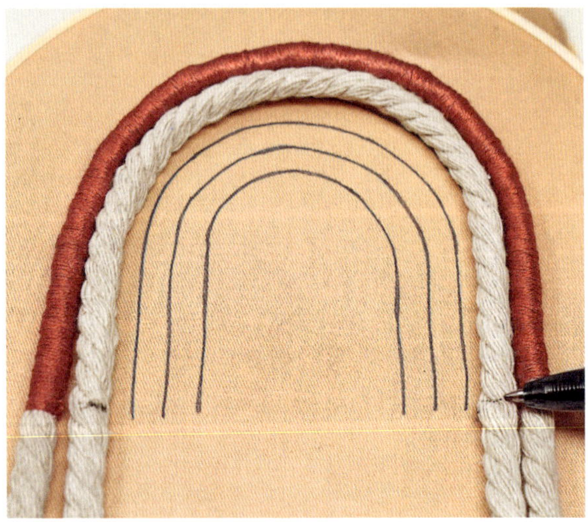

3 Das umwickelte Garnstück auf die äußere Regenbogenlinie legen, die Fadenknoten zeigen zum Stoff. Einen Faden in Terrakotta auffädeln und die Nadel an einem Ende des Regenbogens von der Rückseite des Stoffs nach vorne stechen. Das umwickelten Garnstück mit Geradstichen (siehe Seite 16) auf den Stoff sticken.

4 Das nächste Stück Makramee-Garn innen, dicht neben das gerade befestigte Garnstück auflegen. Auf dem Garnstück mit einem Stift markieren, wo die Wicklung beginnen und enden soll. Mit einem Faden in sehr hellem Terrakotta umwickeln.

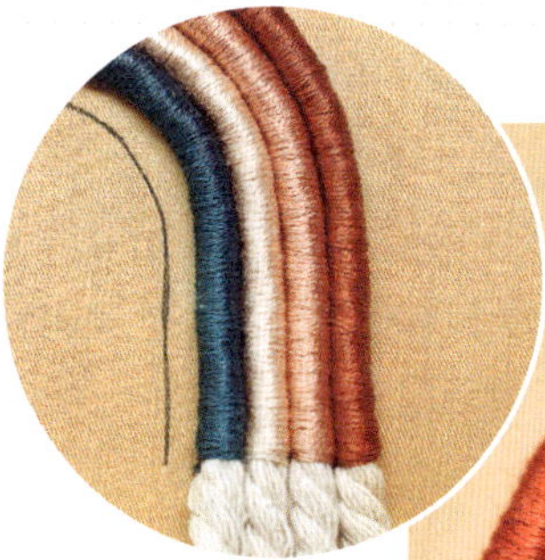

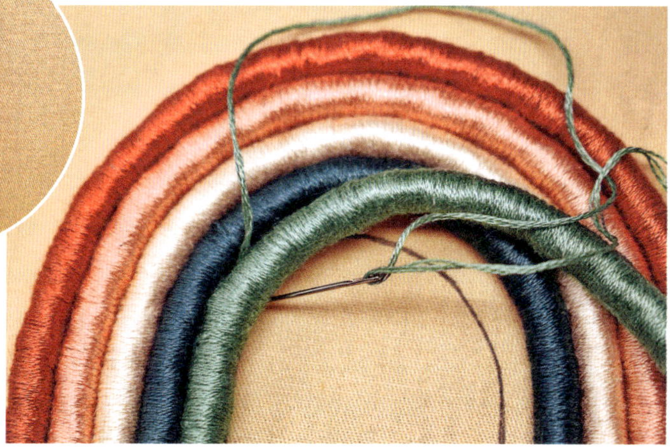

5 Bevor du den Faden am Ende verknotest, noch einmal genau prüfen, ob die Wicklung exakt an der Stelle endet, die du vorgezeichnet hast. Dann das Garnstück mit Geradstich auf den Stoff sticken. Diese Schritte für alle weiteren Garnstücke wiederholen.

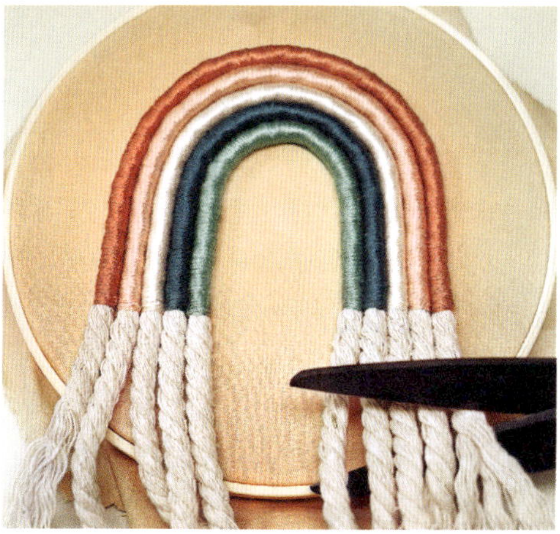

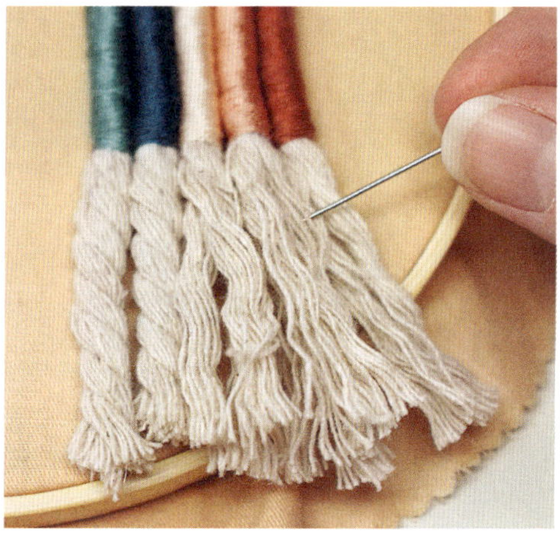

6 Nachdem alle Garnstücke auf den Stoff gestickt sind, die Enden auf die gleiche Länge abschneiden.

7 Die Enden des Makramee-Garns aufzwirbeln und zu Fransen aufbürsten. Mit einer Nadel kannst du die einzelnen Garnstränge voneinander trennen.

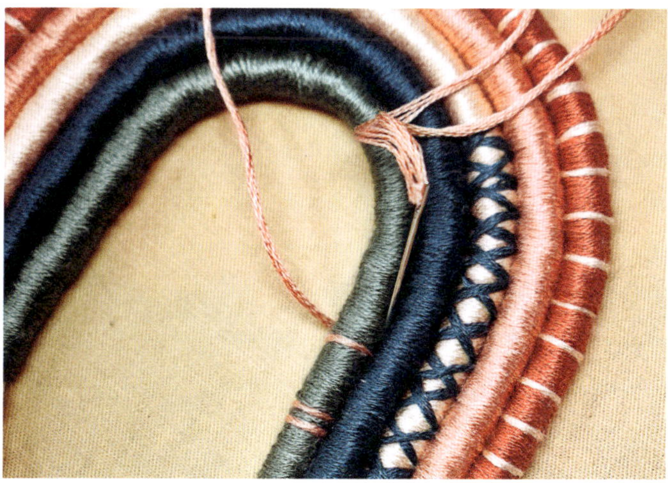

8 Mit den übrig gebliebenen Fäden mit Geradstichen Muster auf den inneren, mittleren und äußeren Bogen sticken. Der äußere Bogen wurde mit Geradstichen in gleichmäßigen Abständen verziert. Auf dem mittleren Bogen kreuzen sich Geradstiche, sodass ein Kreuzmuster entsteht. Um den inneren Bogen wurden in gleichmäßigen Abständen jeweils zwei Geradstiche dicht nebeneinander gestickt.

SUKKULENTE IM TOPF

10 cm

Schwierigkeitsgrad

Diese kleine Sukkulente ist aus mehreren Schichten Web-Pikots zusammengesetzt. Da der Stickrahmen umwickelt ist, sieht es so aus, als sei die Pflanze in einen Topf gepflanzt. Bei Nutzung verschiedener Farbpaletten wird jede weitere Sukkulente einzigartig.

DMC-Farben

772
Helles Gelbgrün

524
Helles Farngrün

522
Farngrün

780
Dunkler Topas

Material

- Stickrahmen mit ø 10 cm für die Stickarbeit
- Stickrahmen mit ø 7,5 cm für das fertige Deko-Bild
- Baumwollstoff in Beige, 15 cm x 15 cm
- Wasser- oder hitzelöslicher Markierstift
- Sticknadeln
- Schere
- Holzleim

Verwendete Techniken

- Web-Pikot (siehe Seite 35)
- Plattstich (siehe Seite 20)

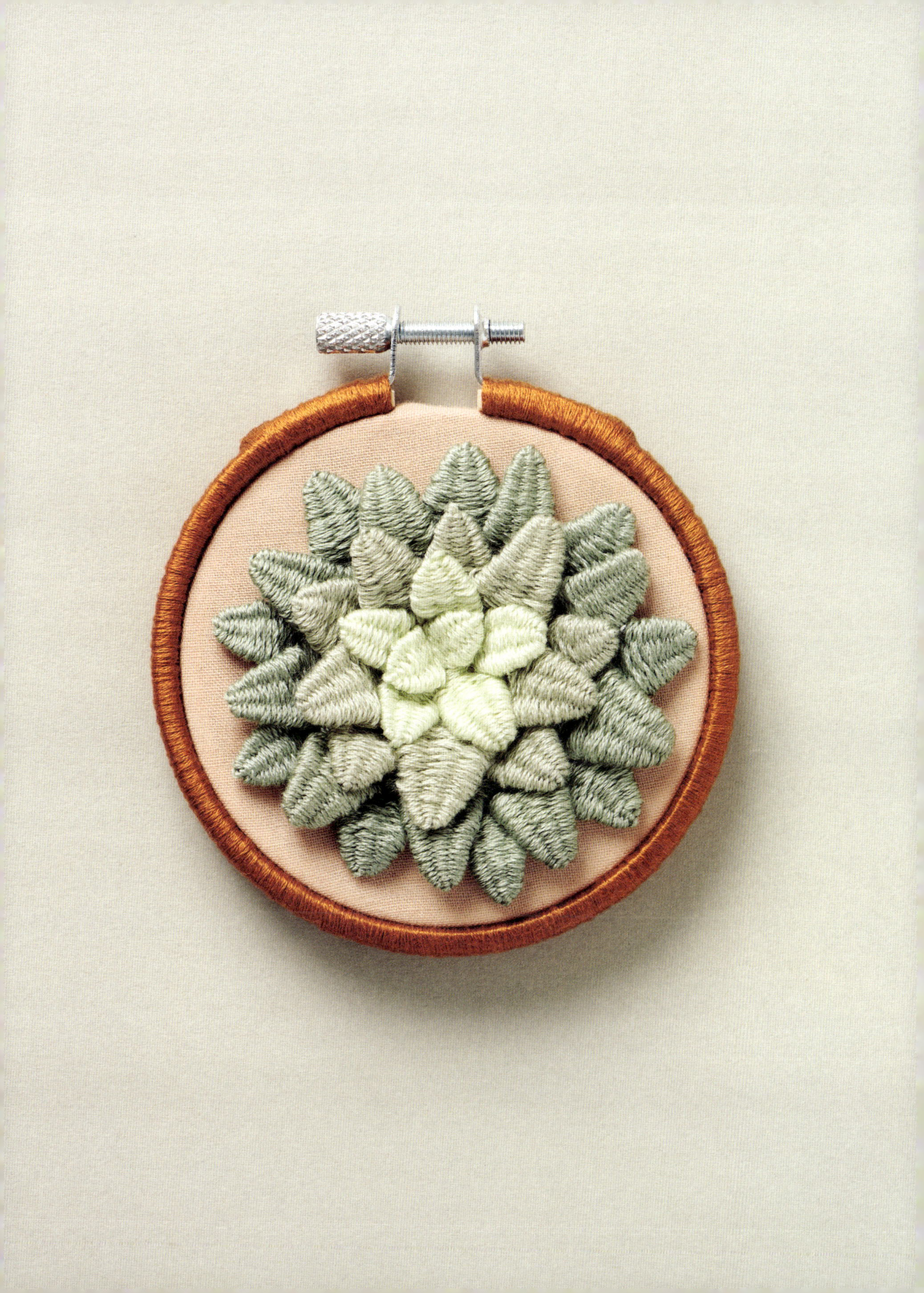

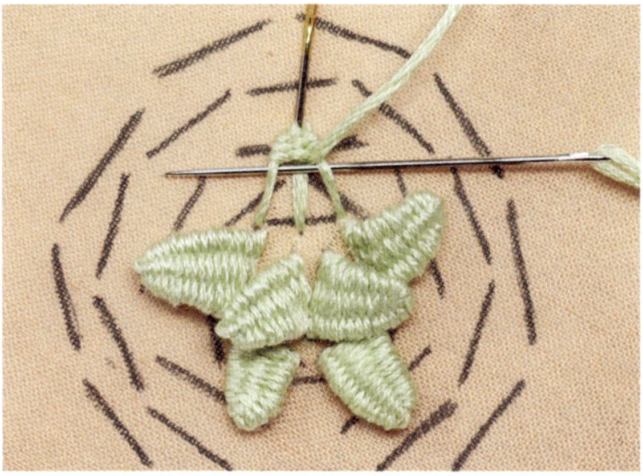

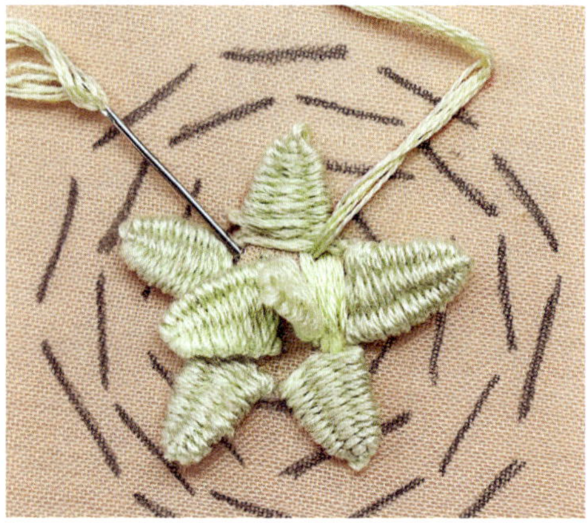

1 Das Motiv in dem größeren Stickrahmen sticken. Web-Pikots (siehe Seite 35) sticken, dabei mit den beiden inneren Blättern in hellem Gelbgrün beginnen. Die Hilfsnadel so einstechen, dass jedes Blatt etwa 1,3 cm lang wird. Dann die nächsten fünf Blätter um die beiden inneren Blätter herum anordnen, dabei die gleiche Farbe verwenden.

2 Zwischen den Blättern ist ein wenig Stoff zu sehen. Die Blätter vorsichtig zur Seite biegen und diese Flächen in hellem Gelbgrün im Plattstich (siehe Seite 20) besticken.

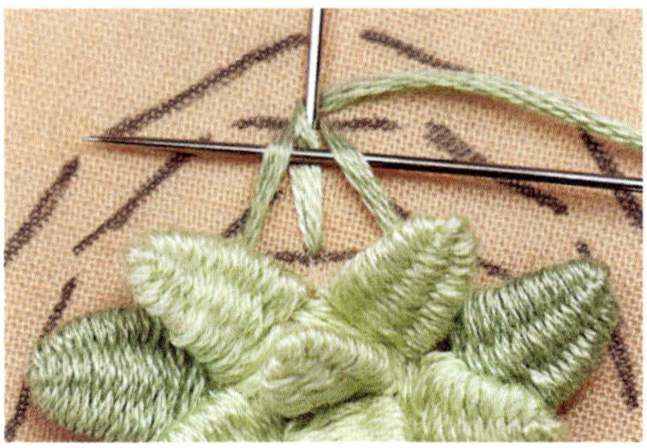

3 Die nächsten fünf Blätter als Web-Pikots in hellem Farngrün aufsticken. Die Hilfsnadel wieder so einstechen, dass jedes Blatt etwa 1,3 cm lang wird.

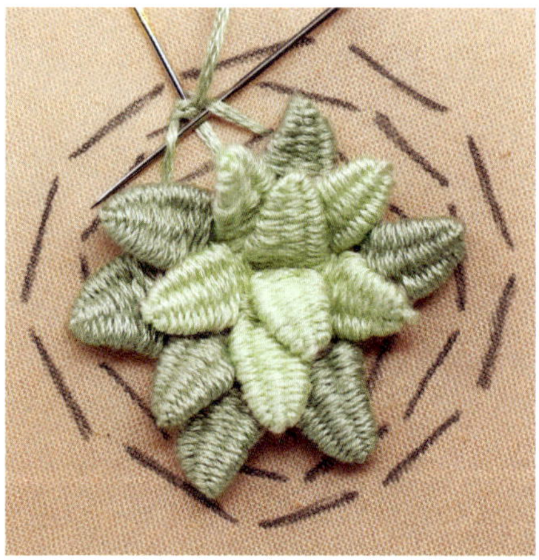

4 Nun Blätter in hellem Farngrün zwischen den vorherigen weitere fünf Blättern aufsticken; diese sind ebenfalls 1,3 cm groß. In allen Lücken zwischen den Blättern den Stoff mit Plattstich bedecken.

5 Anschließend neun Blätter in Farngrün sticken. Die Hilfsnadel so einstechen, dass jedes Blatt etwa 2 cm lang wird.

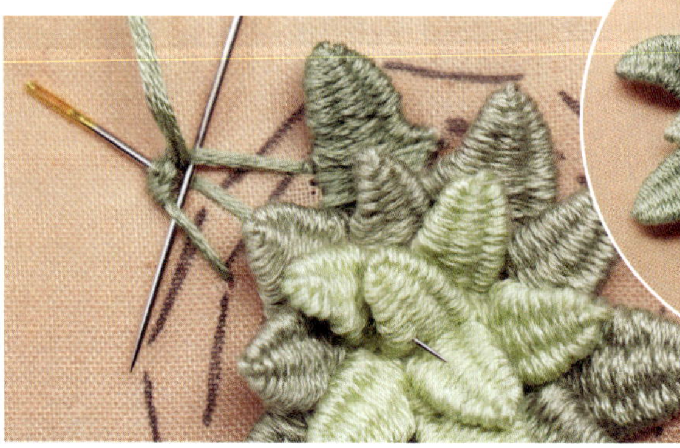

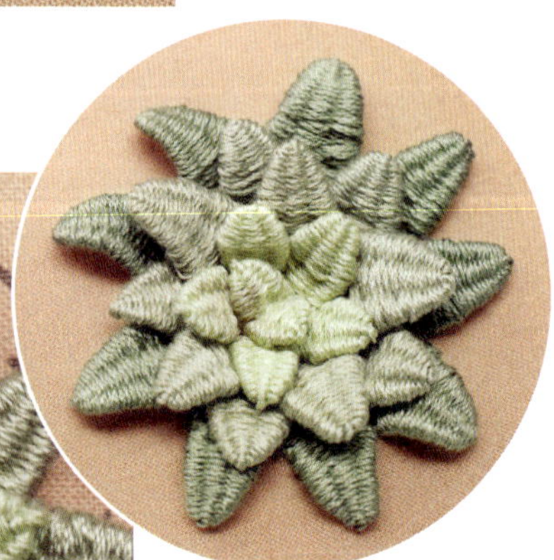

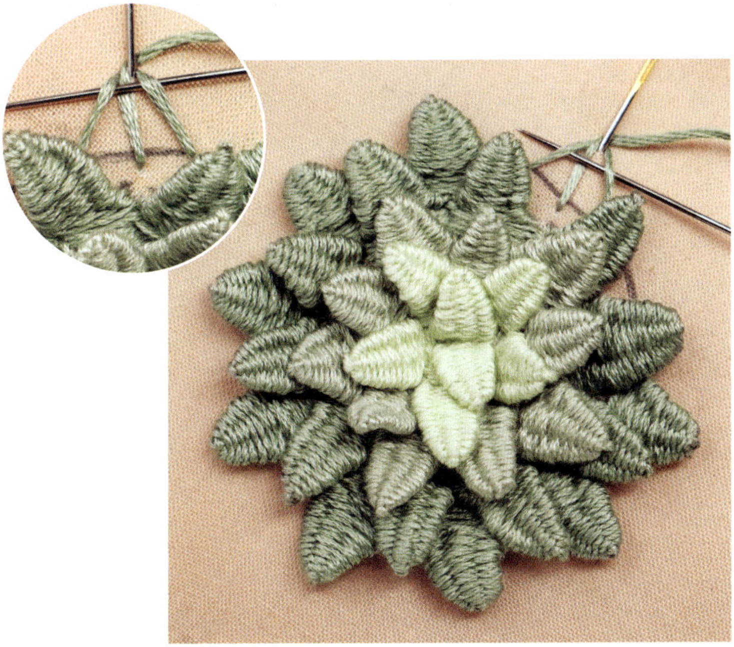

6 Die nächsten Blätter in Farngrün zwischen den vorherigen neun Blättern aufsticken; diese sind ebenfalls 2 cm groß. In allen Lücken zwischen den Blättern den Stoff mit Plattstich in derselben Farbe bedecken.

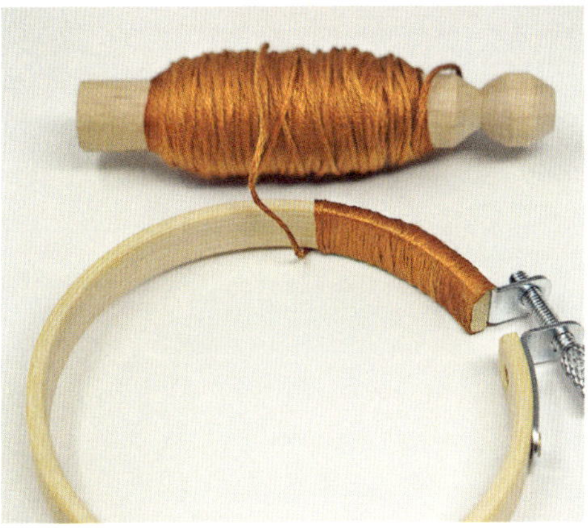

7 Den äußeren Ring des 7,5 cm großen Stickrahmens in dunklem Topas umwickeln. Den Faden nicht vom Knäuel abschneiden und das Ende des Fadens mit Holzleim an ein Ende des Rings kleben. Trocknen lassen. Den Ring ohne Lücken fest umwickeln und das andere Fadenende am anderen Ende des Rings festkleben. Trocknen lassen.

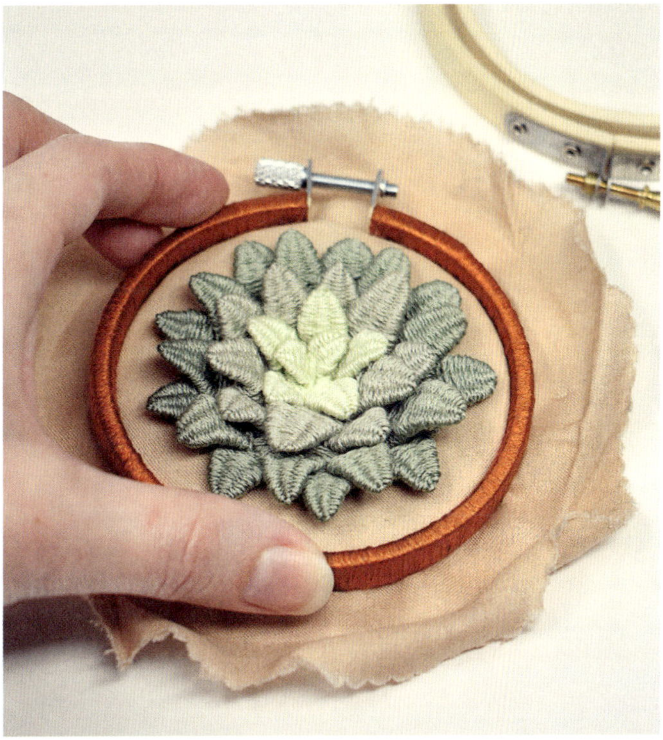

8 Den bestickten Stoff vom 10 cm großen Stickrahmen abnehmen und auf den 7,5 cm großen Stickrahmen spannen. Der umwickelte Ring soll in der Höhe etwas über den inneren Ring hinausragen, um die Illusion einer Topfpflanze zu erzeugen.

PUSTE-BLUME

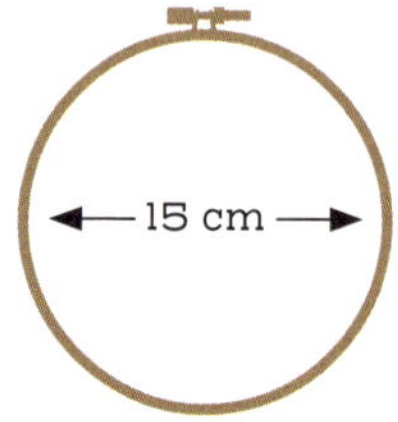

Schwierigkeitsgrad

Mit seinen flauschigen Strukturen weckt dieses Stickbild Erinnerungen an warme Sommerabende. Die Kombination aus flachen und erhöhten Stichen lässt die Pusteblume richtig echt wirken.

DMC-Farben

3031
Dunkles Mokkabraun

3013
Helles Khakigrün

ECRU
Gebrochenes Weiß

420
Dunkles Haselnussbraun

Material

- Stickrahmen, ⌀ 15 cm
- Baumwollstoff in Pfirsich, 20 cm x 20 cm
- Wasser- oder hitzelöslicher Markierstift
- Sticknadel
- Schere

Verwendete Techniken

- Stielstich (siehe Seite 19)
- Geradstich (siehe Seite 16)
- Unterlegter Schnurstich (siehe Seite 21)
- Fransenstich (siehe Seite 29)

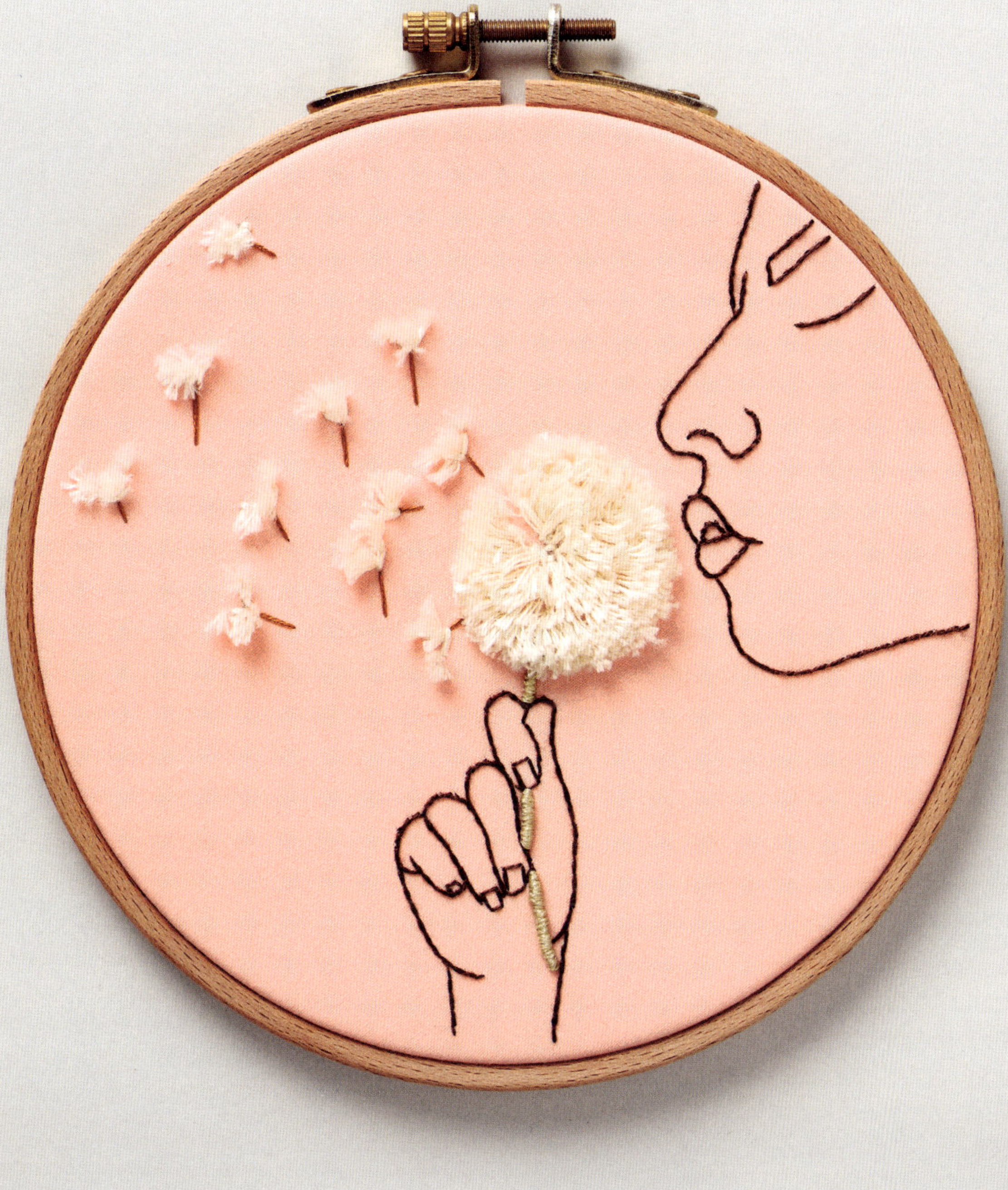

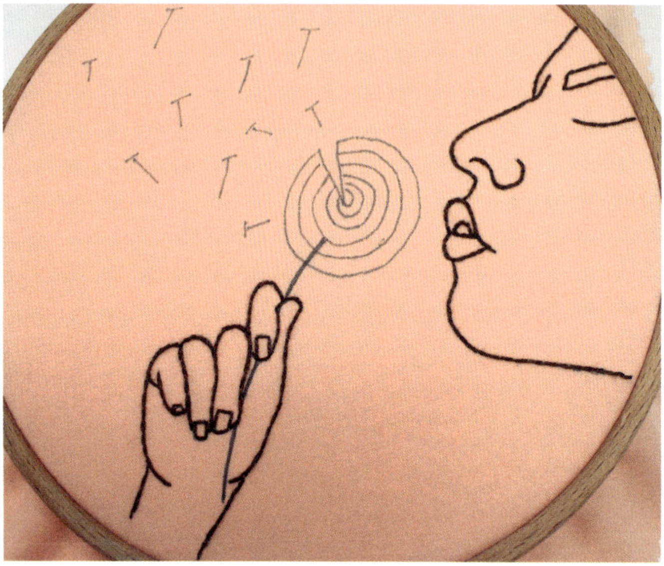

1 Die Umrisse des Gesichts und der Hand mit zwei Fäden in dunklem Mokkabraun im Stielstich (siehe Seite 19) sticken. Dort wo die Linien enger gebogen sind, kleinere Stiche arbeiten. Die Fingernägel im Geradstich (siehe Seite 16) sticken.

2 In hellem Khakigrün mit unterlegtem Schnurstich (siehe Seite 21) in allen drei Abschnitten den Stiel der Pusteblume sticken. Die Füllfäden können jede beliebige Farbe haben.

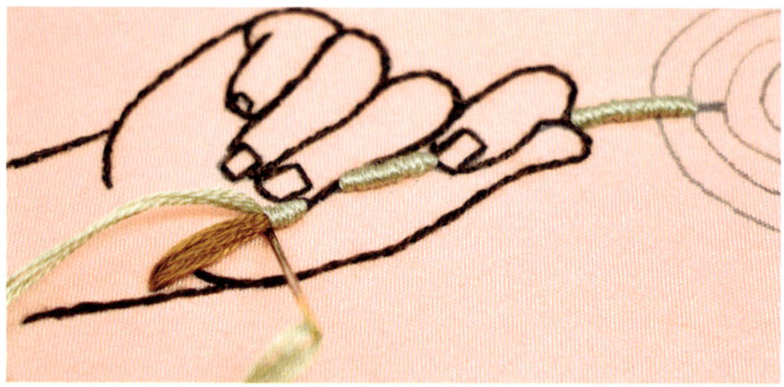

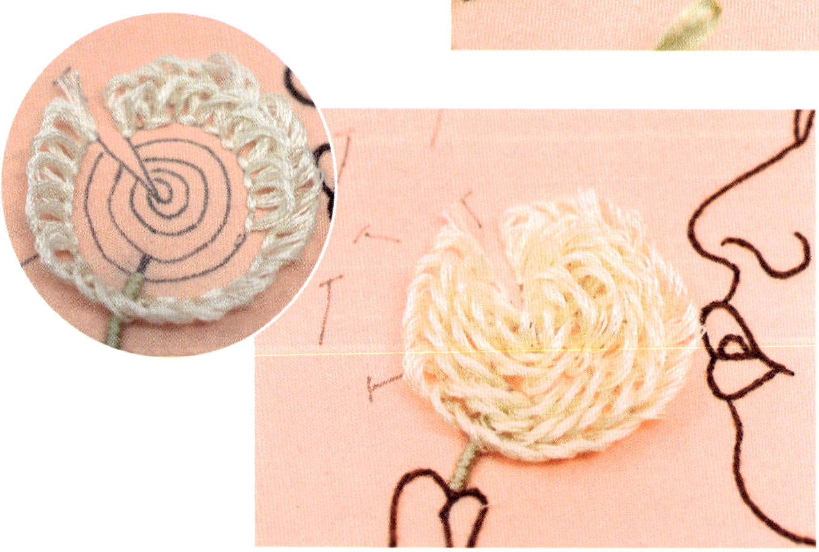

3 Die flauschige Pusteblume in gebrochenem Weiß in Reihen im Fransenstich (siehe Seite 29) arbeiten.

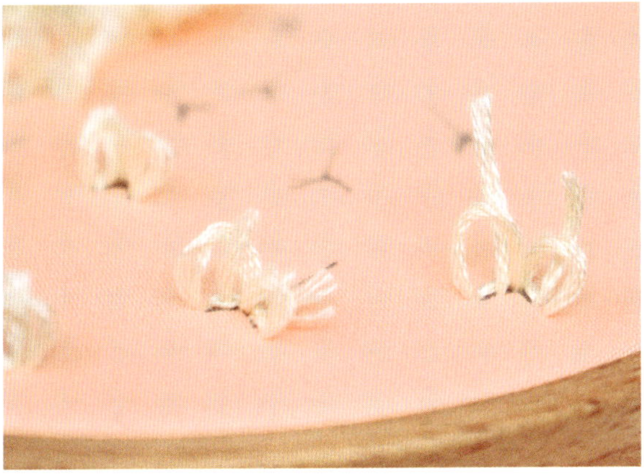

4 Die davonfliegenden Samen der Pusteblume ebenfalls im Fransenstich arbeiten. Dabei jeweils eine Fransenstichschlinge pro Samenflugkörper sticken.

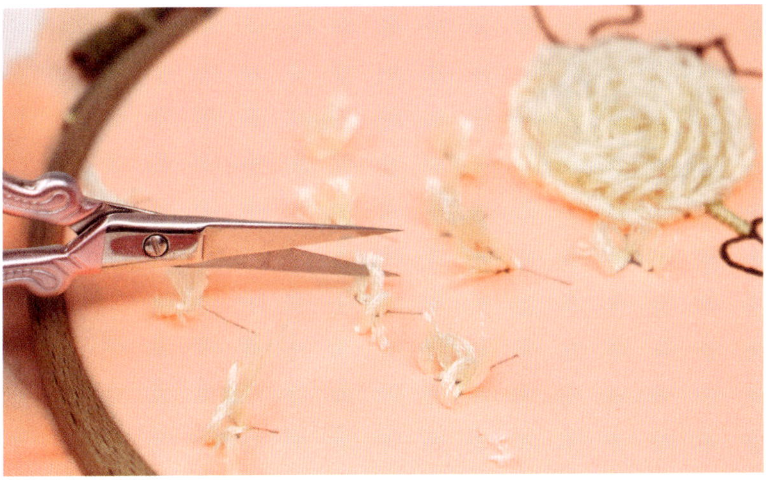

5 Die einzelnen Fransenstichschlingen sowohl an der Pusteblume als auch an den einzelnen Samen aufschneiden. Die Fäden in Form zupfen und auf eine gleichmäßige Länge kürzen.

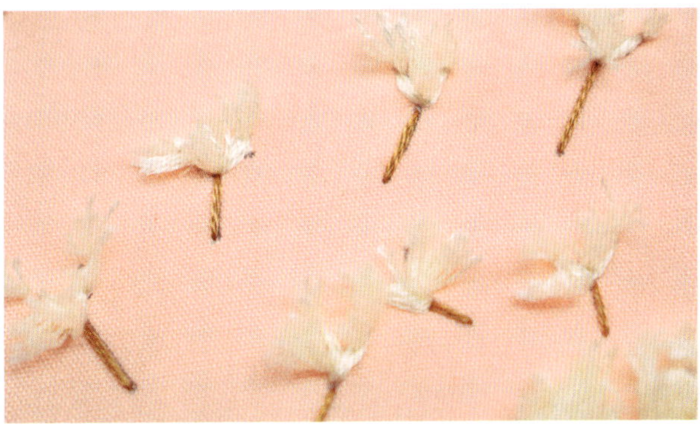

6 Zum Abschluss die Stiele der fliegenden Samen mit zwei Fäden in dunklem Haselnussbraun im Geradstich (siehe Seite 16) sticken.

BLUMEN-MUSTER

15 cm

Schwierigkeitsgrad

Das sich wiederholende Blumenmuster ist eine schöne Fleißarbeit und lässt mich beim Sticken herrlich zur Ruhe kommen. Die verstreuten Blumen sind mit erhöhten Stichen gestickt und können in den unterschiedlichsten Farbpaletten gearbeitet werden.

DMC-Farben

- 890 Sehr dunkles Pistaziengrün
- 35 Dunkles Fuchsia
- 915 Dunkles Pflaumenrot
- 550 Dunkelviolett
- 561 Dunkles Jadegrün

Material

- Stickrahmen, ø 15 cm
- Baumwollstoff in Blassrosa, 20 cm x 20 cm
- Wasser- oder hitzelöslicher Markierstift
- Sticknadel
- Schere
- Kartonstück, gefaltet etwa 6 mm breit

Verwendete Techniken

- Umwickelter Rückstich (siehe Seite 22)
- Margeritenstich (siehe Seite 28)
- Web-Rose (siehe Seite 37)
- Erhöhter Blattstich (siehe Seite 23)

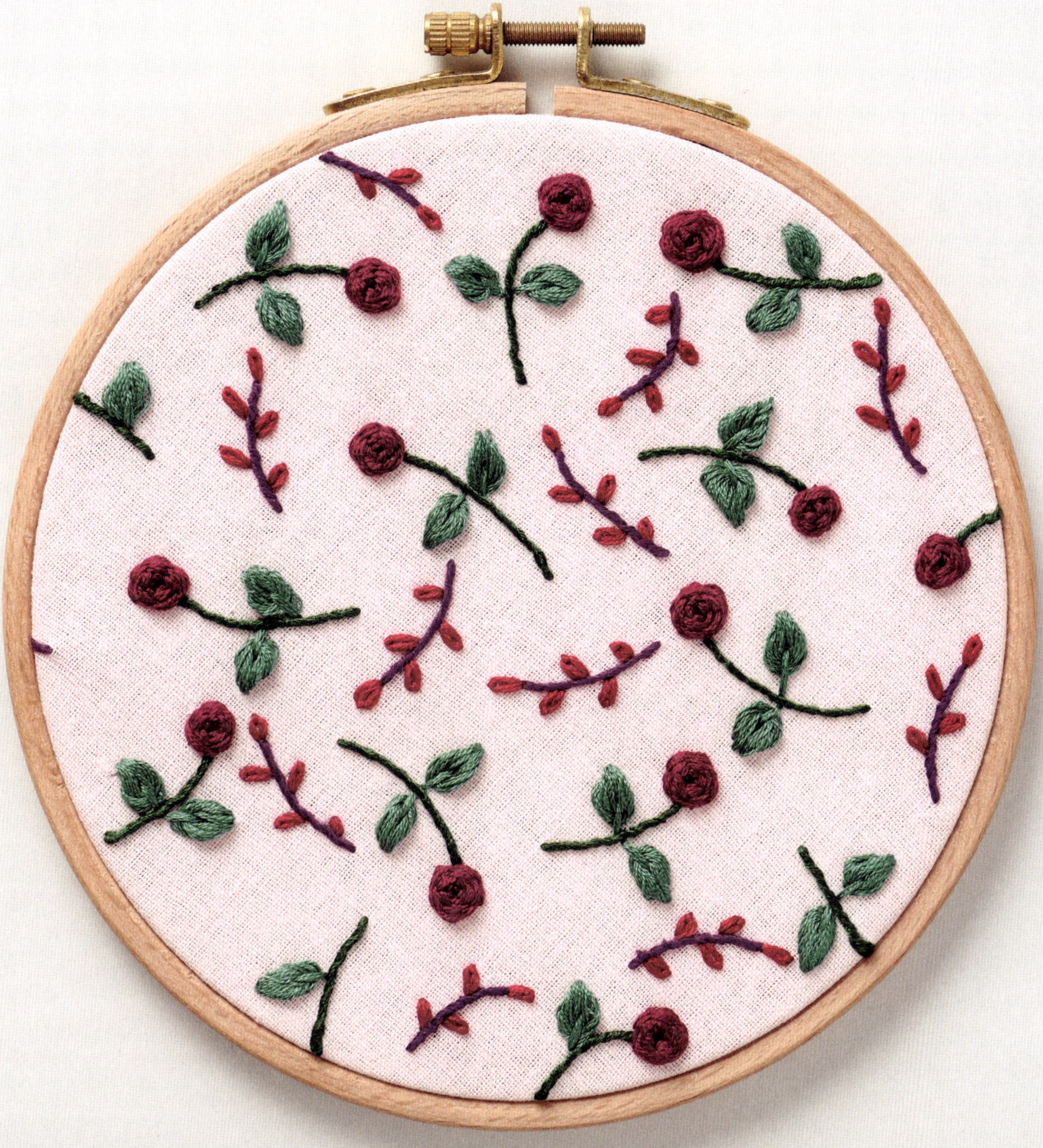

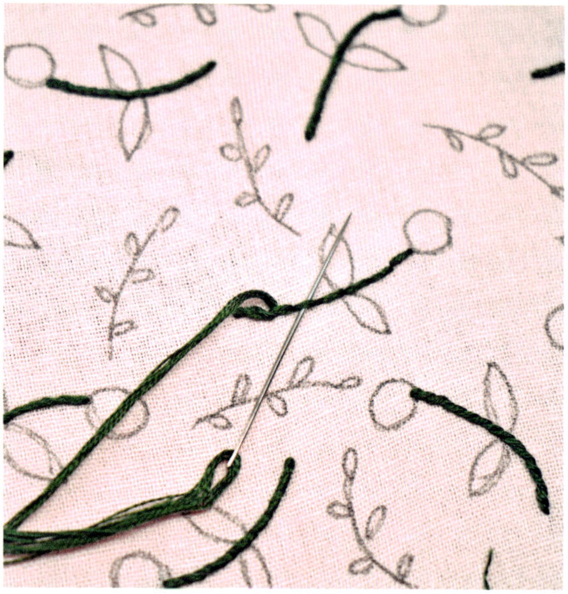

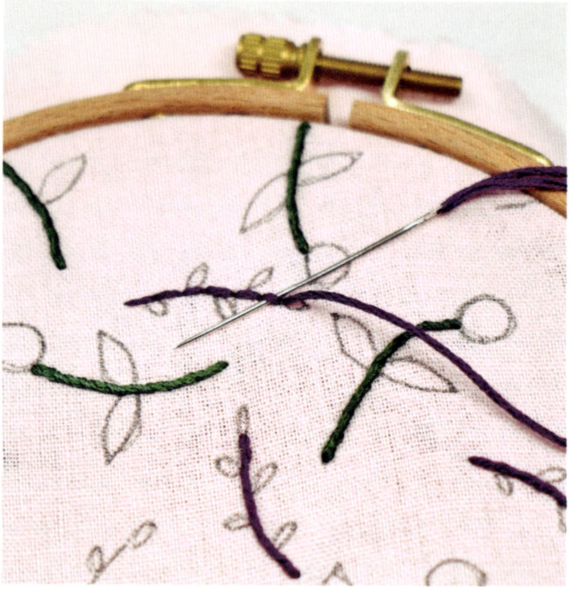

1 Die Stängel der einzelnen Blumen in sehr dunklem Pistaziengrün im umwickelten Rückstich (siehe Seite 22) sticken.

2 Die Stängel der kleinen Zweige in dunklem Fuchsia ebenfalls im umwickelten Rückstich sticken.

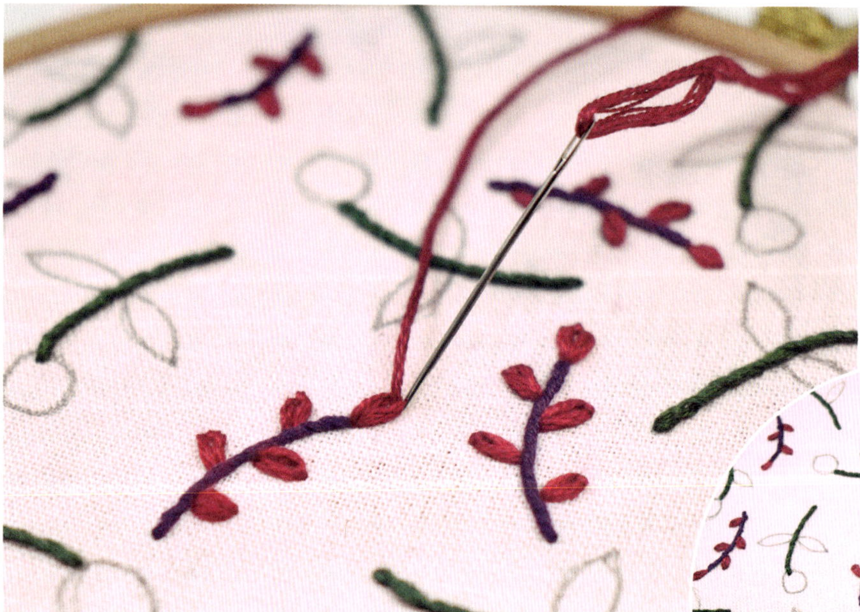

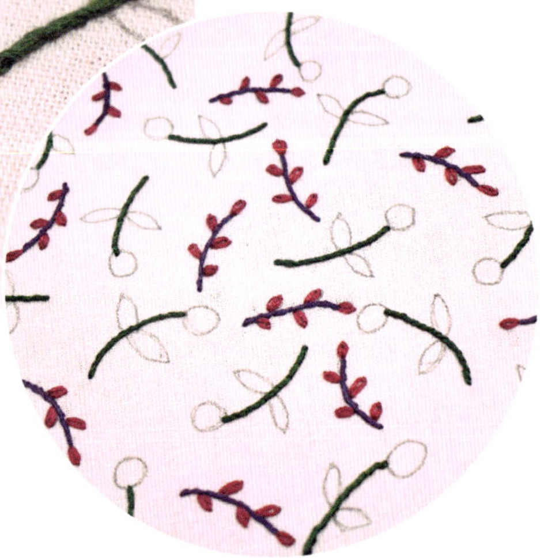

3 Die Blättchen an Zweigen in dunklem Pflaumenrot im Margeritenstich (siehe Seite 28) sticken. Dabei sollen die Blättchen nicht kreisrund werden, sondern leicht oval.

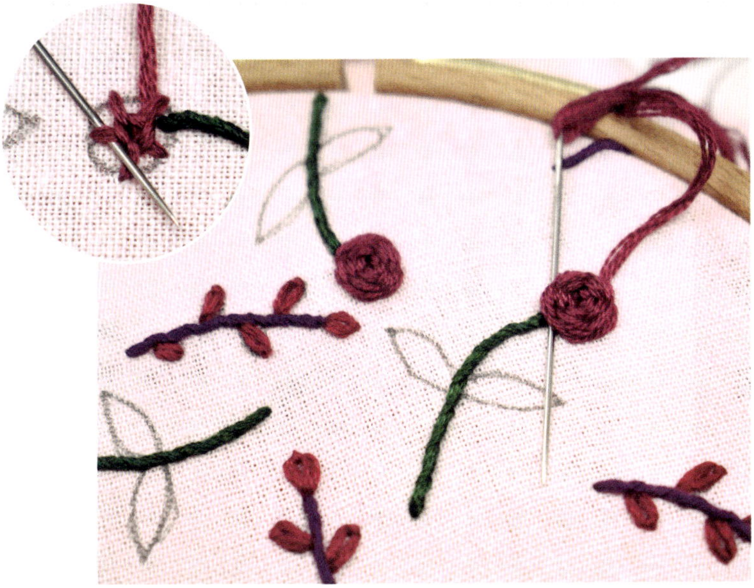

4 Die Blüten als Web-Rosen (siehe Seite 37) in Dunkelviolett sticken.

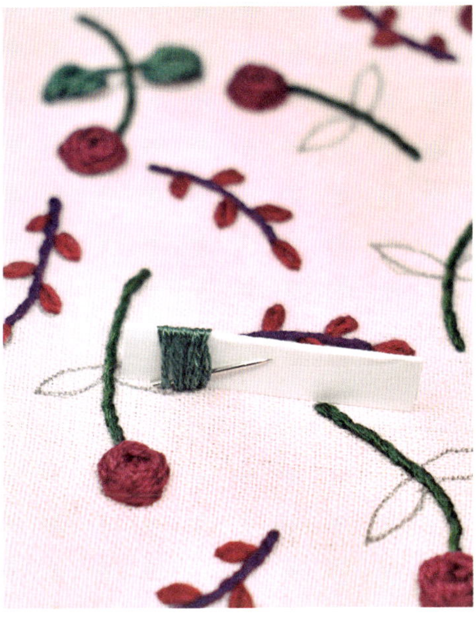

5 Die Blätter der Blumen in dunklem Jadegrün im erhhöten Blattstich (siehe Seite 23) sticken. Das Kartonstück, das gefaltet etwa 6 mm breit ist, mit einem Faden vier Mal umwickeln. Die Nadel vom Stiel weg durch die Schlingen ziehen.

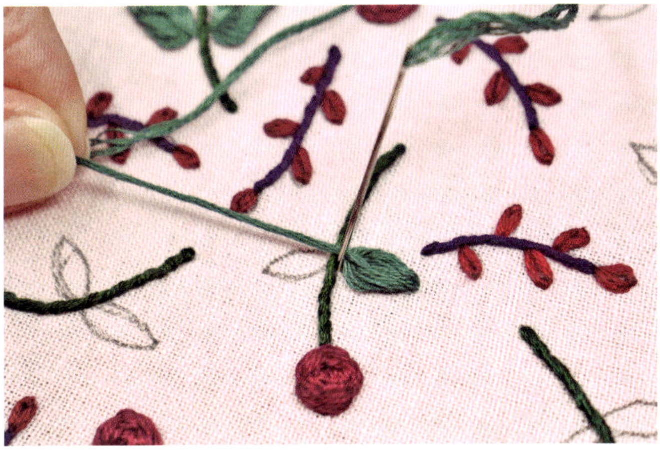

6 Dann den Arbeitsfaden festhalten und die Nadel auf der Rückseite des Fadens direkt neben dem Stiel auf die Rückseite durchstechen. Die Stiele sollten unterschiedlich lang werden, damit das Bild lebendiger aussieht.

LUFTBALLON-BÜNDEL

10 cm

Schwierigkeitsgrad

Diese gestickten Luftballons sind ein fröhlicher Hingucker auf jedem Fest. Durch die losen herabhängenden Schnüre bekommen die erhöhten Ballons einen noch ausgeprägteren 3D-Effekt.

DMC-Farben

433
Mittelbraun

23
Apfelblüte

25
Heller Lavendel

29
Aubergine

32
Dunkle Blaubeere

3064
Wüstensand

BLANC
Weiß

Material

- Stickrahmen, ø 10 cm
- Baumwollstoff in Blassrosa und Stickvlies, je 15 cm x 15 cm
- Wasser- oder hitzelöslicher Markierstift
- Sticknadel
- Schere

Verwendete Techniken

- Rückstich (siehe Seite 17)
- Erhöhter Plattstich (siehe Seite 39)
- Stielstich (siehe Seite 19)
- Geradstich (siehe Seite 16)

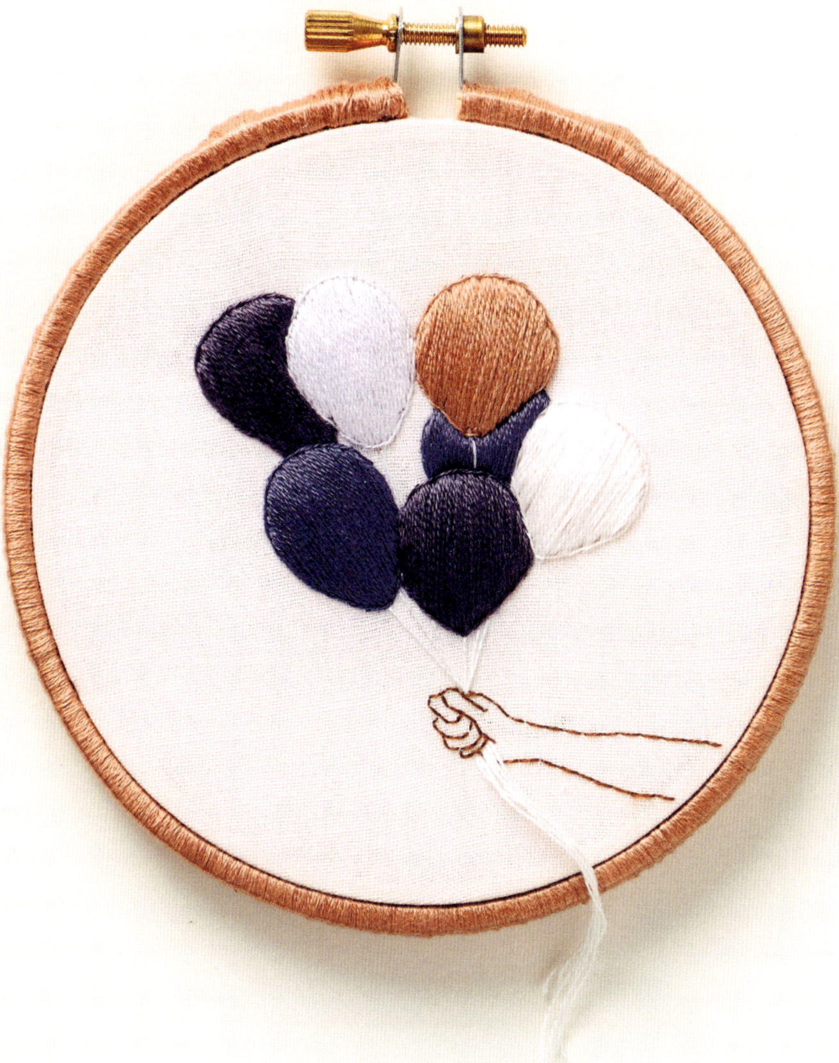

1 Den Umriss des Arms mit Rückstichen (siehe Seite 17) vorsticken. Dabei nur einen einzigen Faden in Mittelbraun verwenden. An den Fingern die stärker gebogenen Linien mit kleineren Stiche sticken.

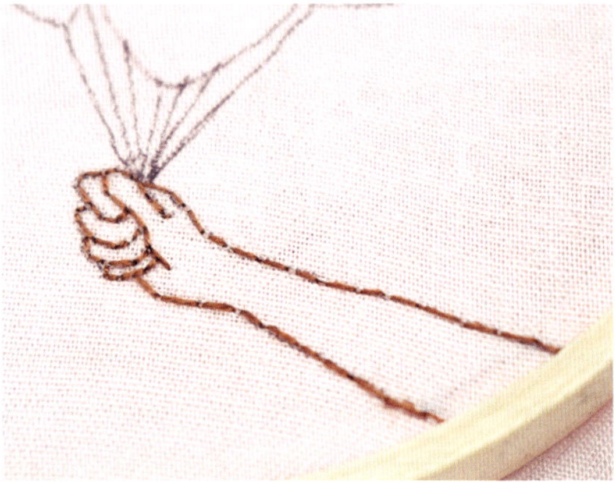

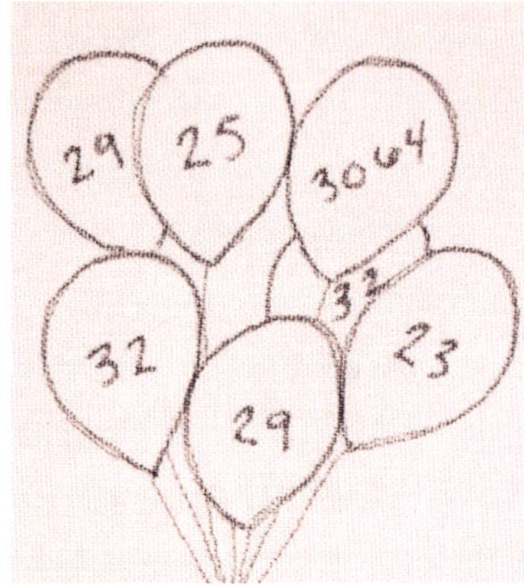

2 Planen, welche Farbe welcher Ballon bekommen soll. Diese Abbildung zeigt die in Schritt 3 verwendeten DMC-Farben.

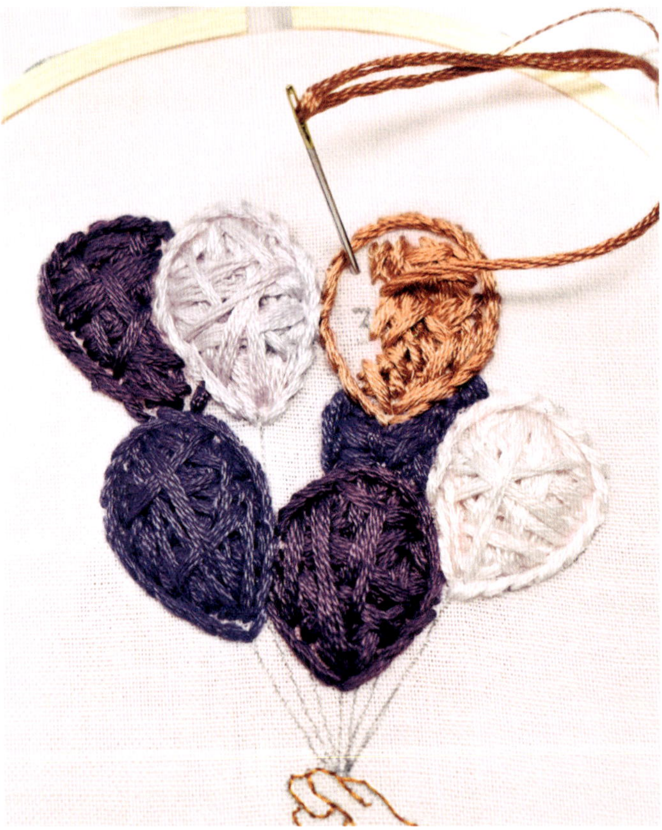

3 Alle Ballons werden im erhöhten Plattstich (siehe Seite 39) gestickt. Erst den Umriss arbeiten und dann die einzelnen Ballons ausfüllen.

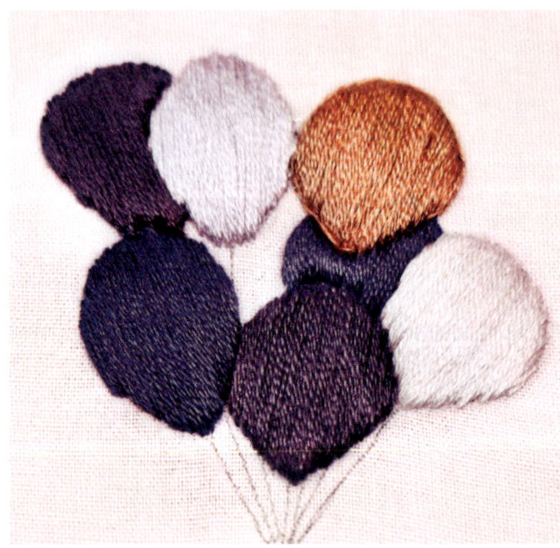

4 Anschließend in jedem Ballon die Füllung mit drei Fäden und im Plattstich verdecken. Dass zuerst die Füllung gestickt wird, verhindert ein Verziehen oder Wölben der Ballon-Oberflächen.

5 Mit einem Faden die Umrisse der Ballons im Stielstich (siehe Seite 19) nachsticken. So werden die Kanten sauber und die einzelnen Ballons treten klar hervor, dabei mit den hinten liegenden Ballons beginnen. Die vorderen Ballons werden zuletzt umstickt.

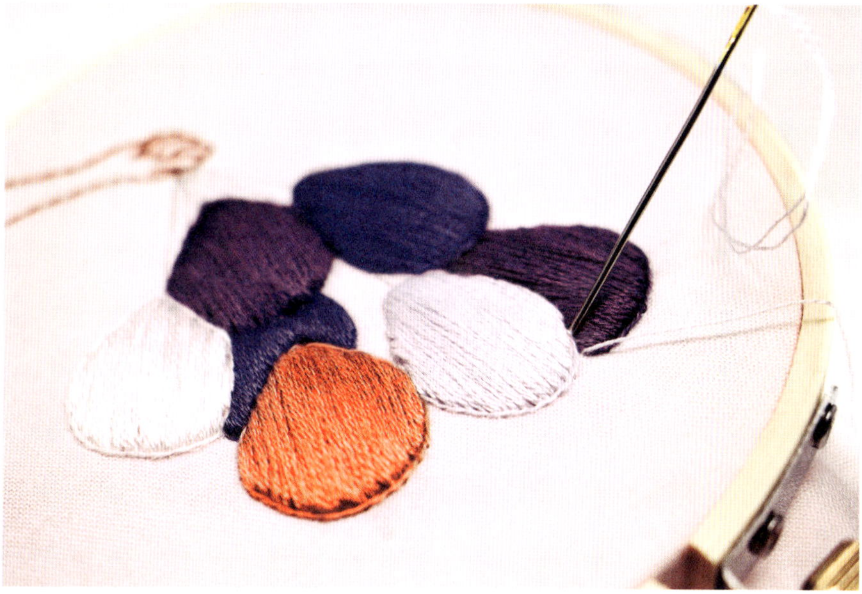

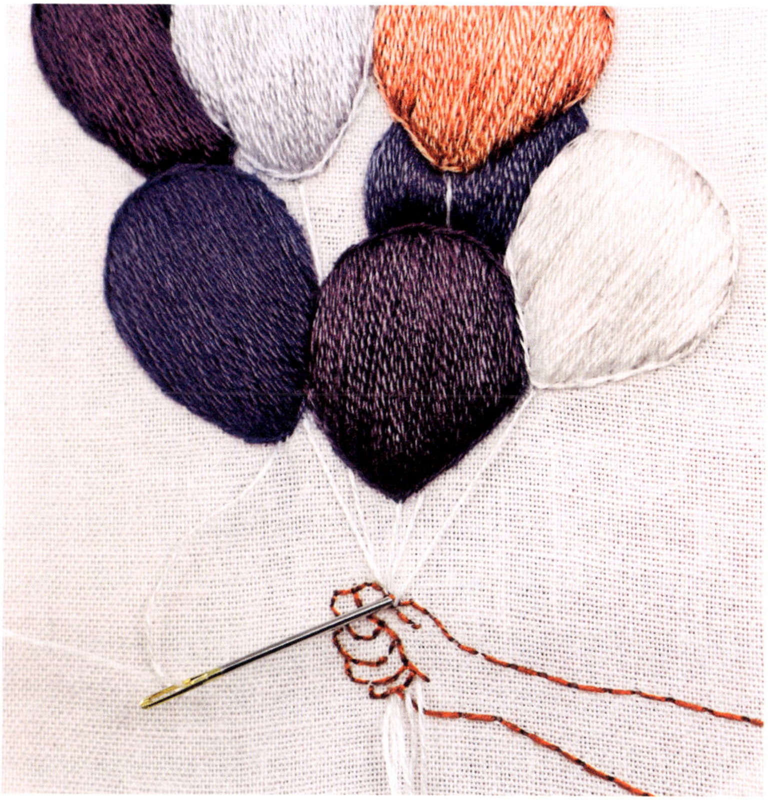

6 Abschließend mit einem weißen Faden die Ballonschnüre im Geradstich (siehe Seite 16) sticken. Jeweils am Ende eines Ballons beginnen und bis zur Oberkante der Hand sticken. Die Nadel auf die Rückseite des Stoffs führen und an der Unterkante der Hand wieder nach vorne stechen. Die Enden der Fäden auf die gewünschte Länge abschneiden.

STRAUSS IM GLAS

15 cm

Schwierigkeitsgrad

Dieses minimalistische Design zeigt einige frisch gepflückte Zweige. Die flachen Stiche, mit denen das Glas gestickt wurde, bilden einen schönen Kontrast zu den erhöhten Stichen der Blumen.

DMC-Farben

828
Blasses Hellblau

830
Dunkles Goldoliv

371
Senf

3045
Dunkles Gelbbeige

3022
Braungrau

3771
Blasses Terrakotta

ECRU
Gebrochenes Weiß

Material

- Stickrahmen, ø 15 cm
- Baumwollstoff in Beige, 20 cm x 20 cm
- Ausreißbares Stickvlies, 20 cm x 20 cm
- Wasser- oder hitzelöslicher Markierstift
- Sticknadel
- Schere

Verwendete Techniken

- Rückstich (siehe Seite 17)
- Stielstich (siehe Seite 19)
- Geradstich (siehe Seite 16)
- Erhöhter Fischgrätenstich (siehe Seite 36)
- Wickelstich (siehe Seite 26)
- Quastenstich (siehe Seite 30)

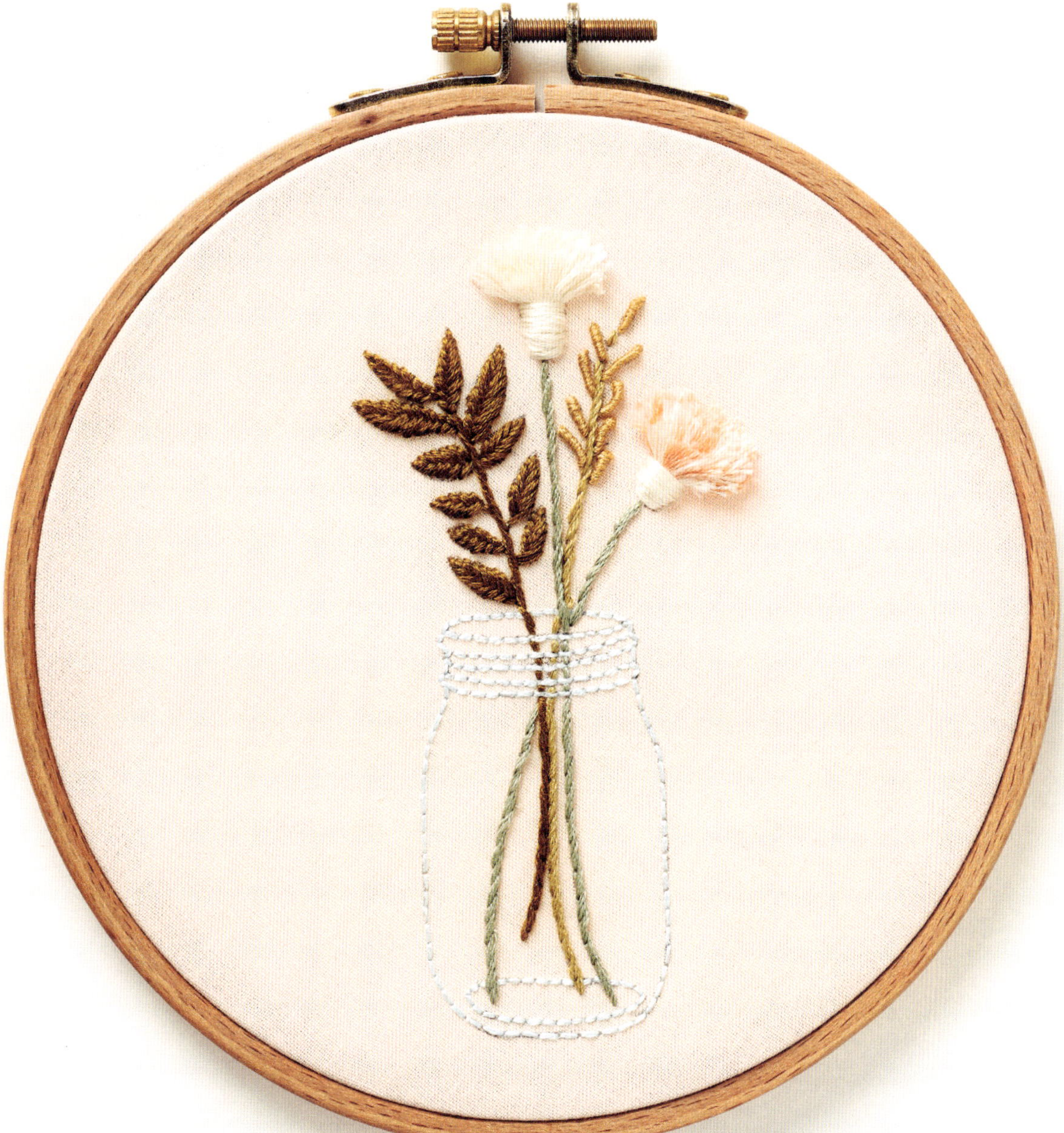

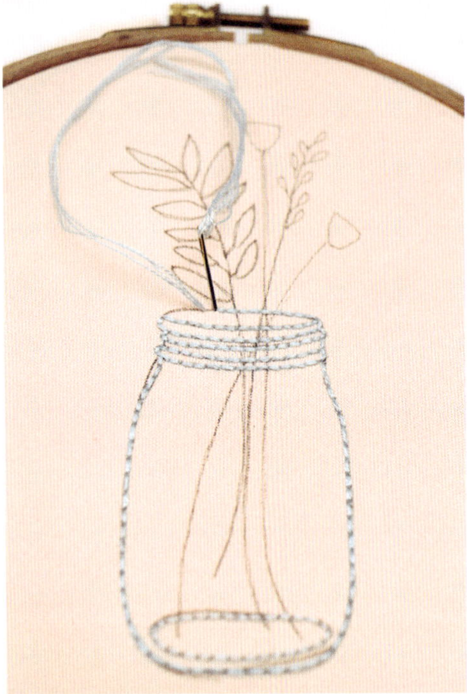

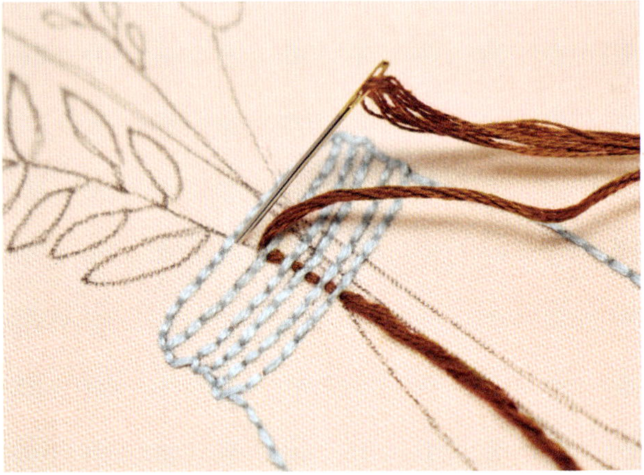

2 Den Stiel der Pflanze ganz links mit dunklem Goldoliv im Stielstich (siehe Seite 19) arbeiten. Zwischen den Schraubverschlusslinien am oberen Rand des Glases einfache Geradstiche (siehe Seite 16) sticken.

1 Mit drei Fäden in blassem Hellblau den Umriss des Glases im Rückstich (siehe Seite 17) sticken.

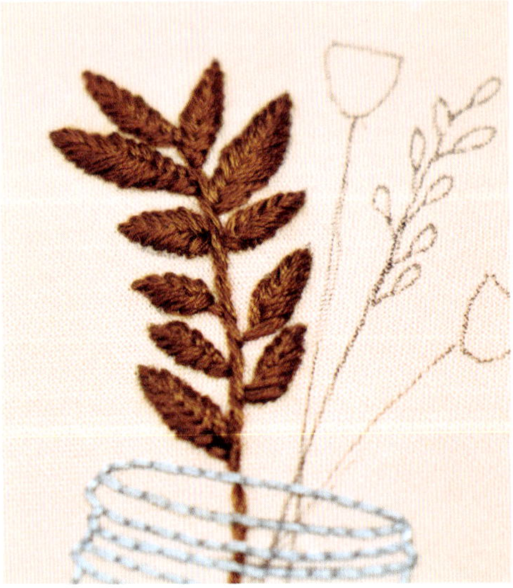

3 Die Blätter in dunklem Goldoliv im erhöhten Grätenstich (siehe Seite 36) sticken.

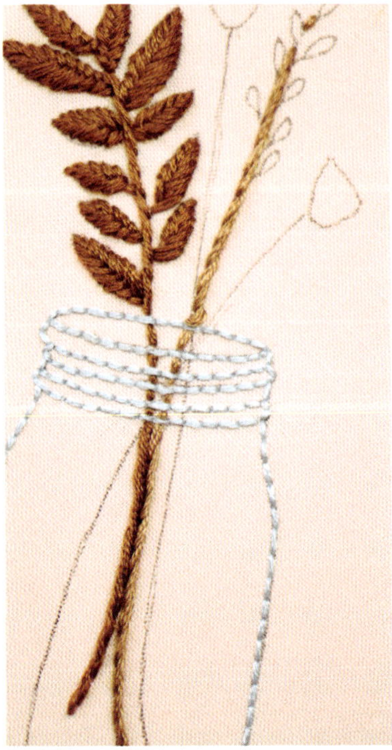

4 Den vorletzten Stängel des Blumenstraußes in Senf im Stielstich sticken. Auch hier wieder Geradstiche zwischen den Schraubverschlusslinien arbeiten.

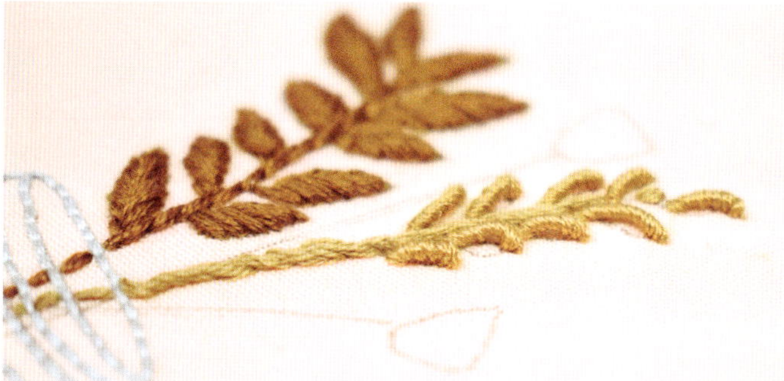

5 Die Blätter am Stiel aus Schritt 4 mit Wickelstichen (siehe Seite 26) in dunklem Gelbbeige arbeiten.

6 Die restlichen beiden Stiele im Glas in Braungrau und Stielstichen (siehe Seite 19) sticken. Auch hier wieder mit Geradstichen zwischen den Schraubverschlusslinien arbeiten.

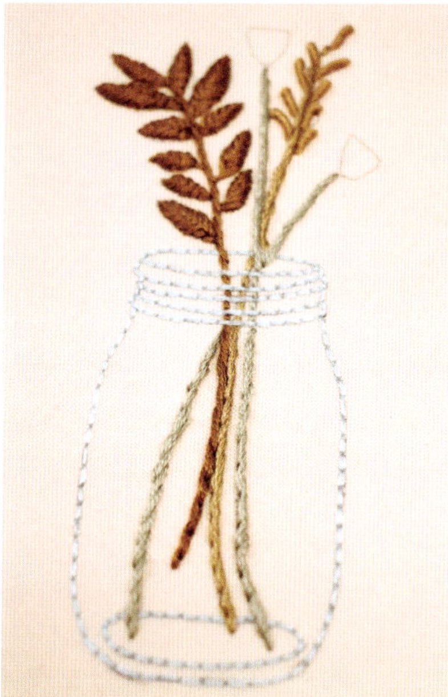

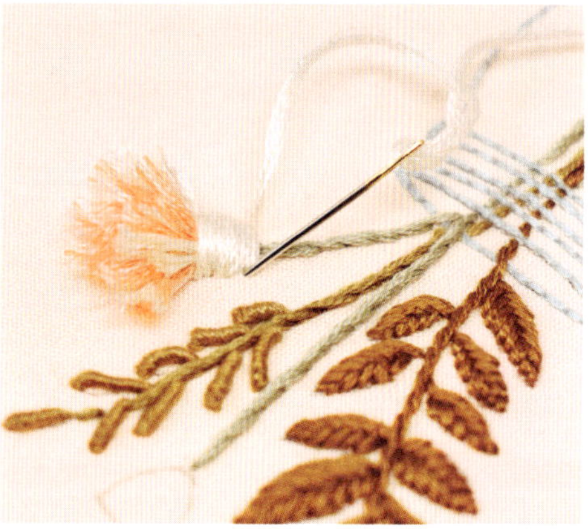

7 Die Blume ganz rechts bekommt eine Blüte aus einem Quastenstich (siehe Seite 30). Für die Quaste je einen kompletten Faden in blassem Terrakotta und gebrochenem Weiß zusammennehmen. Diese Fäden fünf Mal um zwei Finger wickeln. Die Quaste mit gebrochenem Weiß fixieren.

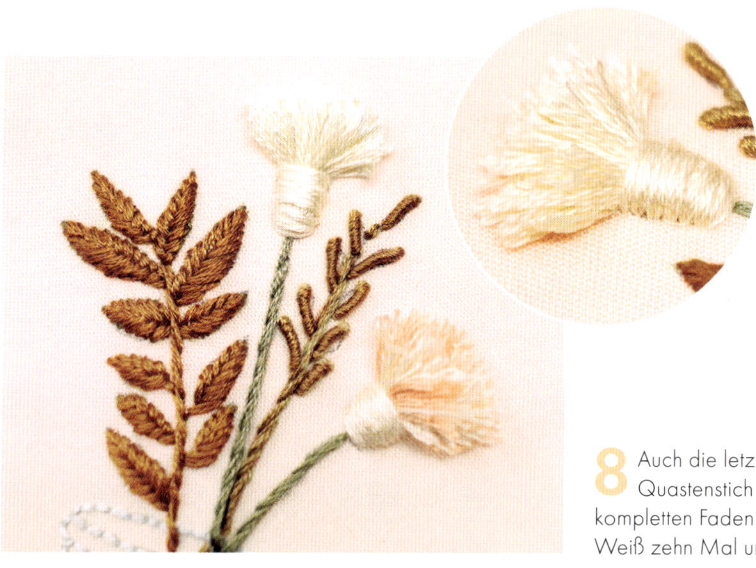

8 Auch die letzte Blüte mit einem Quastenstich sticken. Dazu einen kompletten Faden in gebrochenem Weiß zehn Mal um zwei Finger wickeln.

PFERDE-SCHWANZ

15 cm

Schwierigkeitsgrad

Gestalte bei dieser Alltagsszene dreidimensionale Schichten mit unglaublich flauschigen Strukturen. Für dieses Stickbild setzen wir den Fransenstich auf drei verschiedene Arten ein.

DMC-Farben

- 3371 Schwarzbraun
- 967 Helles Apricot
- 524 Helles Farngrün
- 167 Sehr dunkles Gelbbeige

Material

- Stickrahmen, ø 15 cm
- Baumwollstoff in Blassgrün, 20 cm x 20 cm
- Wasser- oder hitzelöslicher Markierstift
- Sticknadel
- Schere

Verwendete Techniken

- Stielstich (siehe Seite 19)
- Fransenstich (siehe Seite 29)
- Versetzter Plattstich (siehe Seite 18)
- Plattstich (siehe Seite 20)

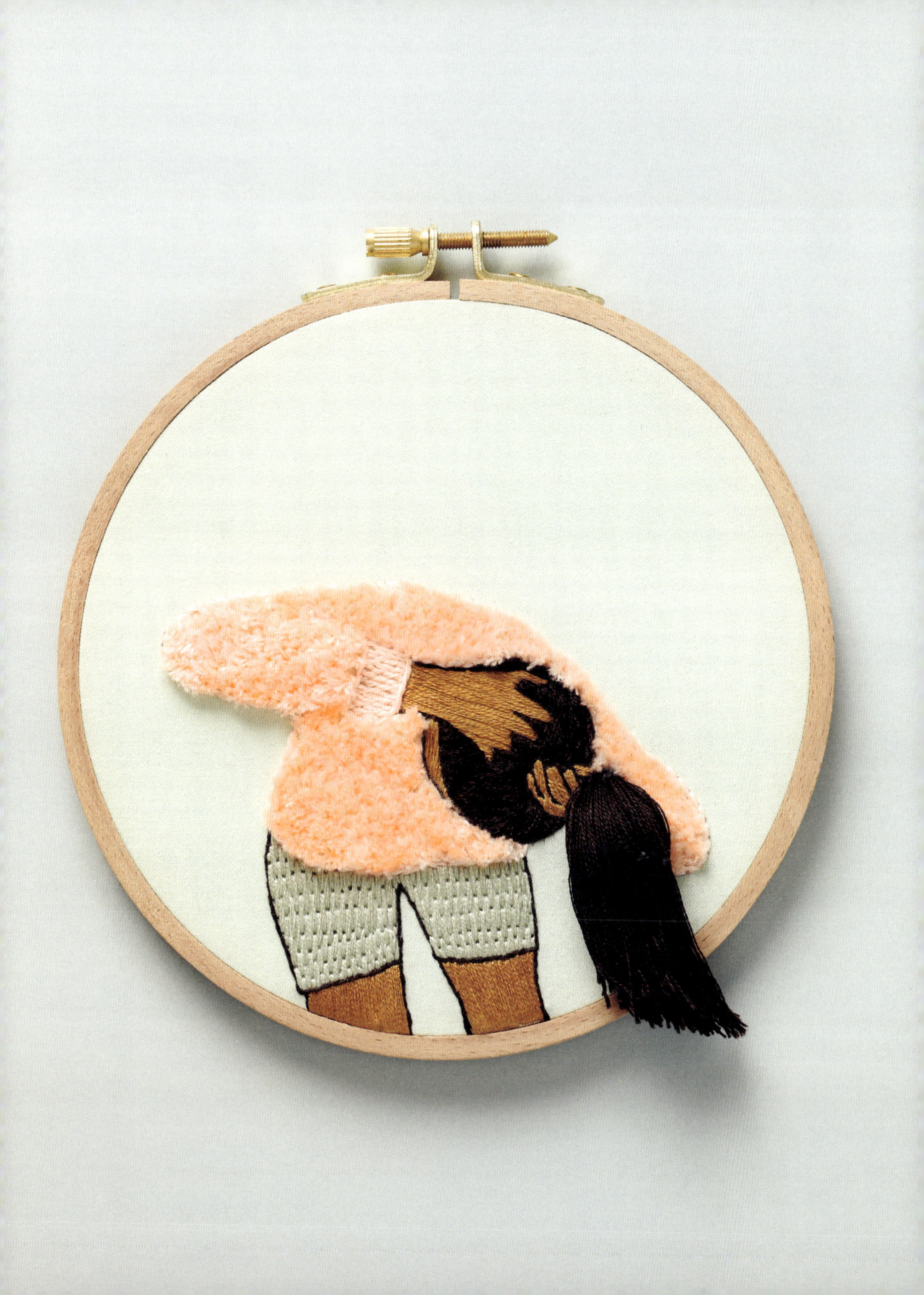

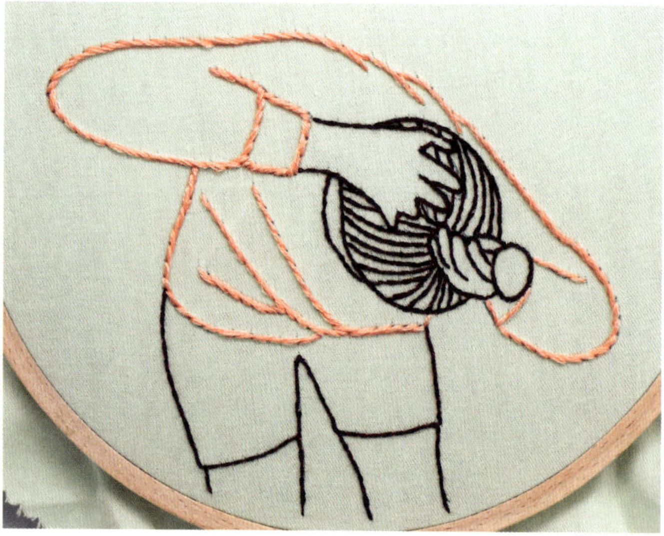

1 Mit zwei Fäden in Schwarzbraun im Stielstich (siehe Seite 19) alle Umrisse sticken, mit Ausnahme der Linien des Pullovers. Diese Konturen im Stielstich mit sechs Fäden in hellem Apricot sticken.

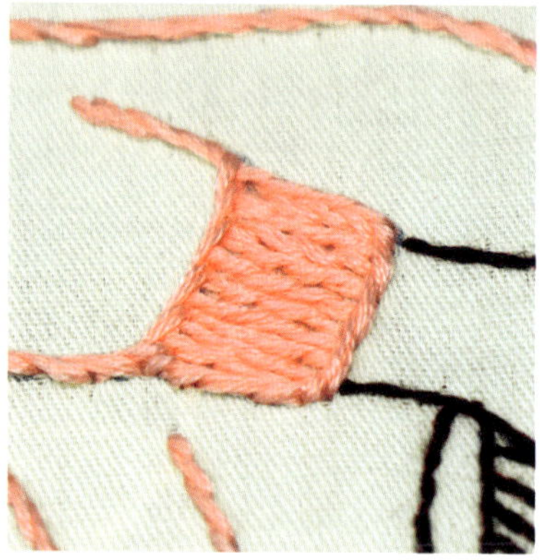

2 Die Ärmelbündchen mit dicht nebeneinanderliegenden Reihen im Stielstich mit sechs Fäden in hellem Apricot arbeiten.

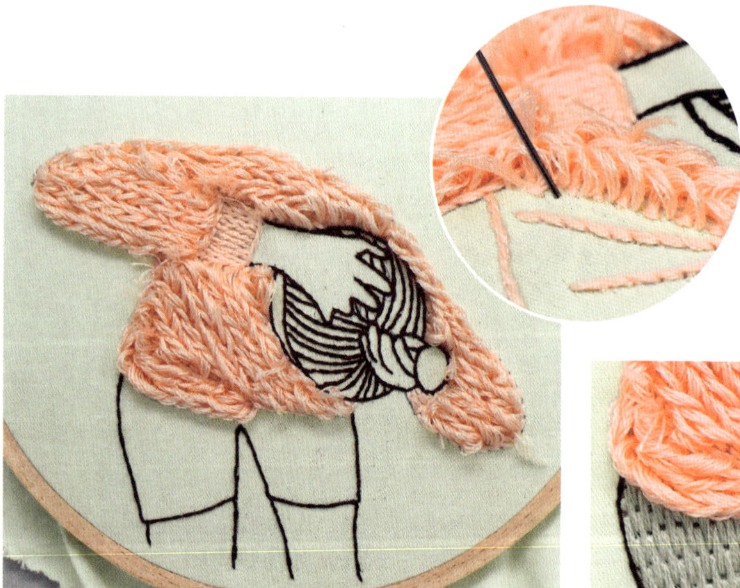

3 Den Pullover in Fransenstichreihen (siehe Seite 29) mit sechs Fäden in hellem Apricot arbeiten. Je enger die einzelnen Stiche nebeneinanderliegen, umso flauschiger wird der Pullover, nachdem du die Fäden aufgeschnitten hast.

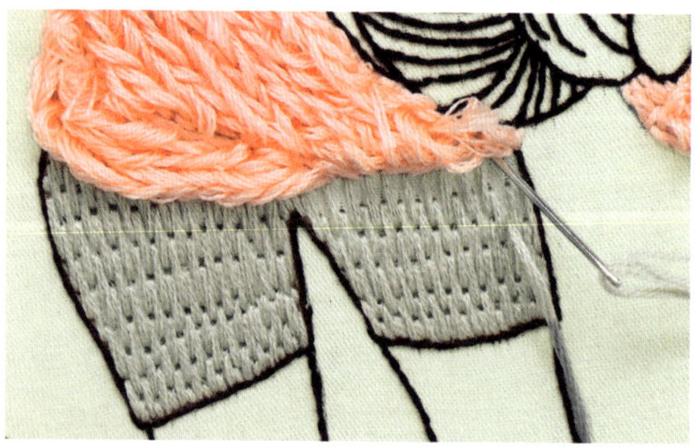

4 Die Shorts im versetzten Plattstich (siehe Seite 18) mit sechs Fäden in hellem Farngrün sticken. Dabei unten beginnen und in Reihen nach oben sticken.

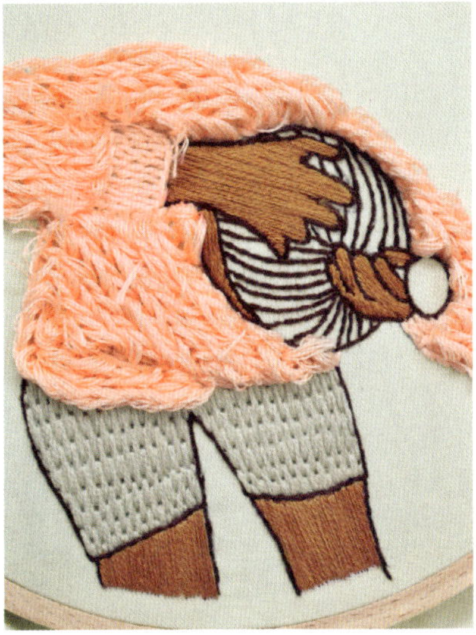

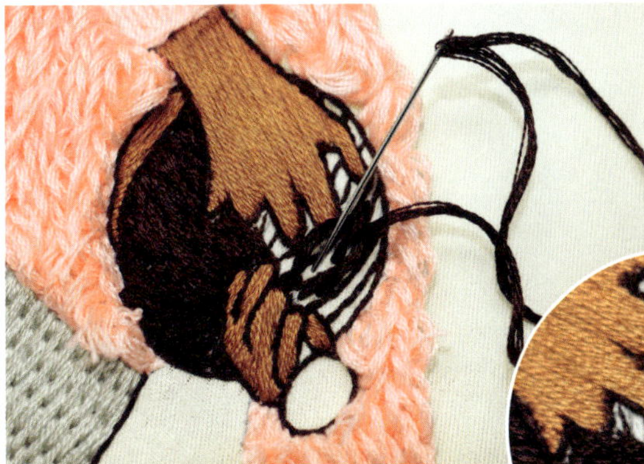

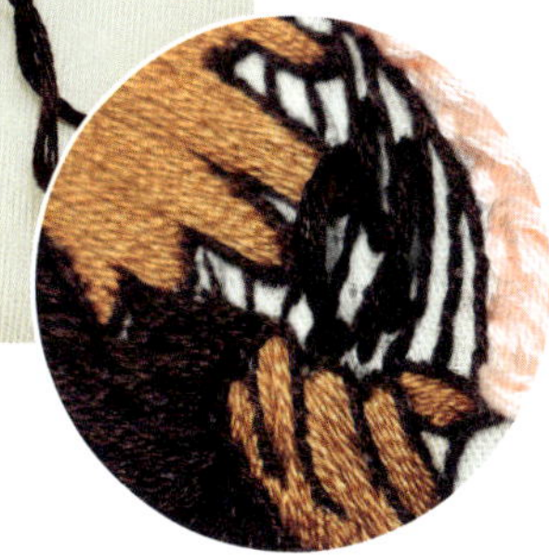

5 Mit zwei Fäden in sehr dunklem Gelbbeige die Beine, Hände und das Gesicht im Plattstich (siehe Seite 20) arbeiten – dabei müssen die Umrisse nicht noch einmal gestickt werden.

6 Die Haare am Kopf im Fransenstich mit vier Fäden in Schwarzbraun arbeiten. Die Schlingen der Stiche breit arbeiten, sie sollen näher am Stoff liegen. Beim Ausfüllen der einzelnen Abschnitte überlappen sich die einzelnen Stiche und unterscheiden sich in Länge und Höhe.

7 Den Pferdeschwanz mit sechs Fäden in Schwarzbraun im Fransenstich (siehe Seite 29) arbeiten. Hier liegen die Stiche sehr eng zusammen. Die Länge der Schlingen bestimmt, wie lang der Pferdeschwanz wird.

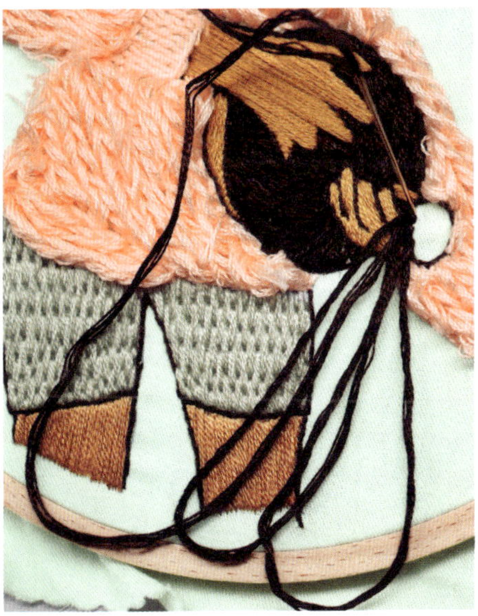

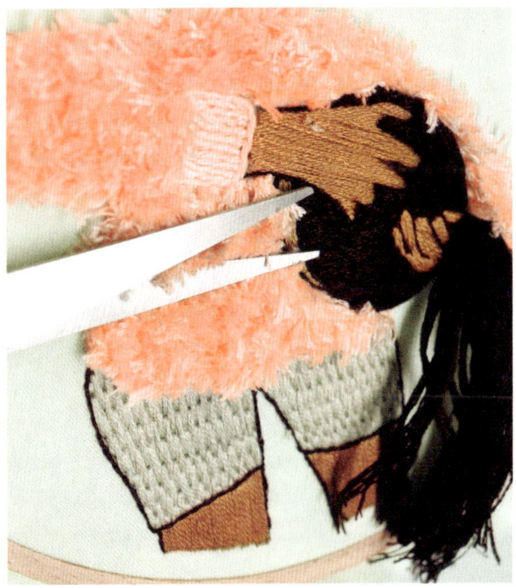

8 Mit einer Schere die Schlingen am Pullover und am Pferdeschwanz aufschneiden. Danach die Fäden mit der Öse der Sticknadel oder einem Kamm ausbürsten. Anschließend die Fäden des Pullovers auf eine gleichmäßige Länge kürzen. Für einen zusätzlichen 3D-Effekt lass die Fransen am Arm etwas länger als am restlichen Pullover.

TOPF-PFLANZEN

15 cm

Schwierigkeitsgrad

Diese beiden Topfpflanzen werden mit flachen und erhöhten Stichen gestickt, sie bringen üppiges Grün in jeden Raum. Die riesigen Monstera-Blätter werden im erhöhten Blattstich und besonders groß gearbeitet.

DMC-Farben

- 400 Mahagonibraun
- 167 Sehr dunkles Gelbbeige
- 935 Dunkles Avocadogrün
- 367 Dunkles Pistaziengrün
- 3371 Schwarzbraun
- 371 Senf

Material

- Stickrahmen, ø 15 cm
- Baumwollstoff in Olivgrün, 20 cm x 20 cm
- Wasser- oder hitzelöslicher Markierstift
- Sticknadel
- Schere
- Kartonstreifen, 13 cm breit

Verwendete Techniken

- Versetzter Plattstich (siehe Seite 18)
- Webstich (siehe Seite 33)
- Plattstich (siehe Seite 20)
- Erhöhtes Fadenband (siehe Seite 32)
- Webstich-Steg (siehe Seite 34)
- Knötchenstich (siehe Seite 24)
- Erhöhter Blattstich (siehe Seite 23)

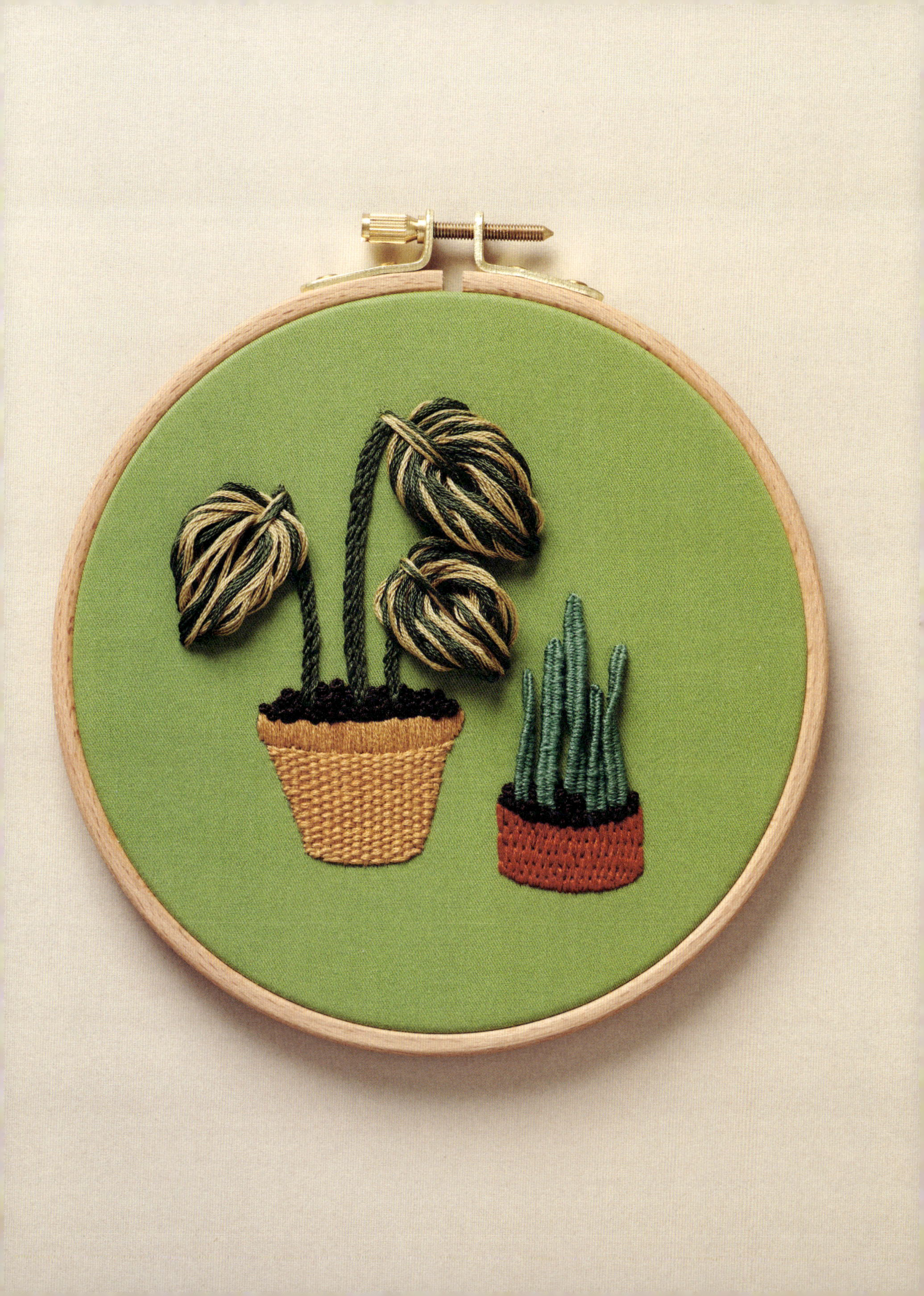

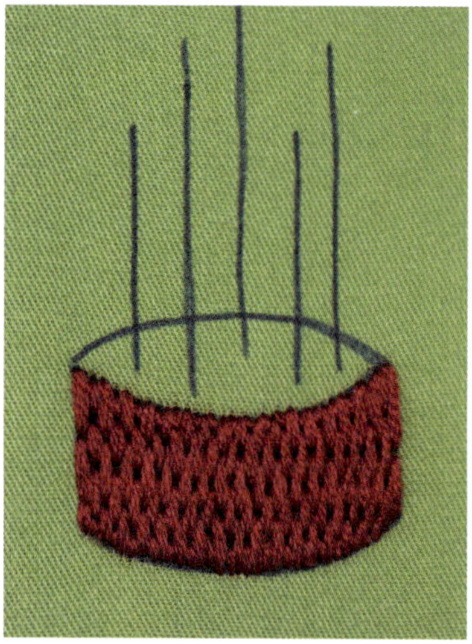

1 Den kleinen Topf rechts mit sechs Fäden in Mahagonibraun im versetzten Plattstich (siehe Seite 18) sticken.

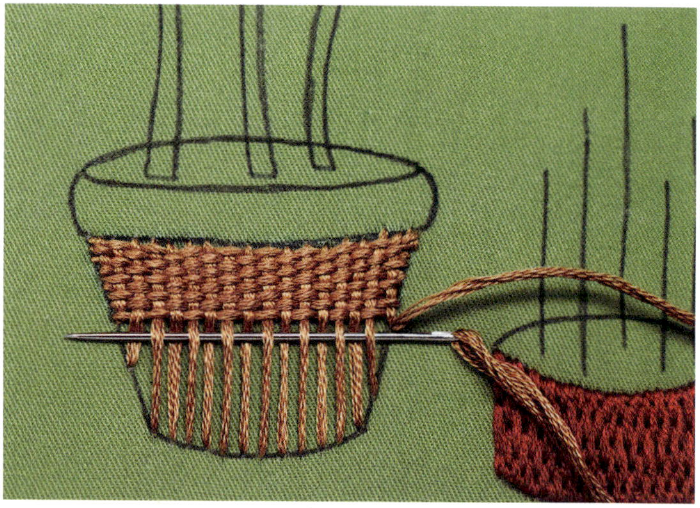

2 Den Topf links mit sechs Fäden in sehr dunklem Gelbbeige im Webstich (siehe Seite 33) arbeiten. Den Rand des Topfs ebenfalls mit sechs Fäden in sehr dunklem Gelbbeige im Plattstich (siehe Seite 20) sticken.

3 Die Stiele der Pflanze links als erhöhtes Fadenband (siehe Seite 32) arbeiten. Dazu sechs Fäden in dunklem Avocadogrün verwenden.

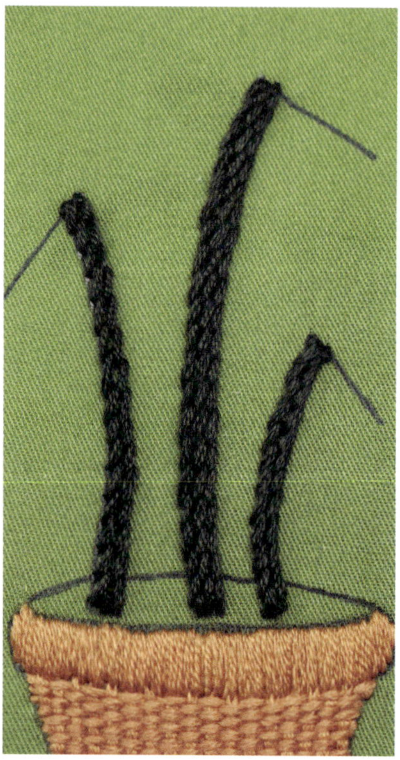

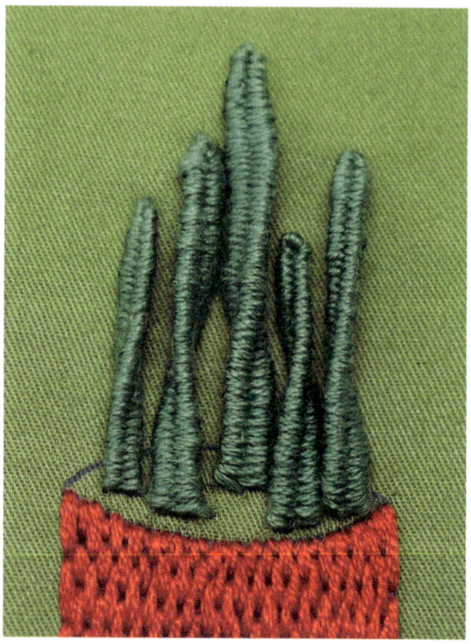

4 Die langen Blätter der rechten Pflanze mit sechs Fäden in dunklem Pistaziengrün als Webstich-Stege (siehe Seite 34) arbeiten. Bevor du die Webstich-Stege am Stoff fixierst, drehst du sie ein wenig, damit sie lebendiger wirken und mehr an eine Pflanze erinnern.

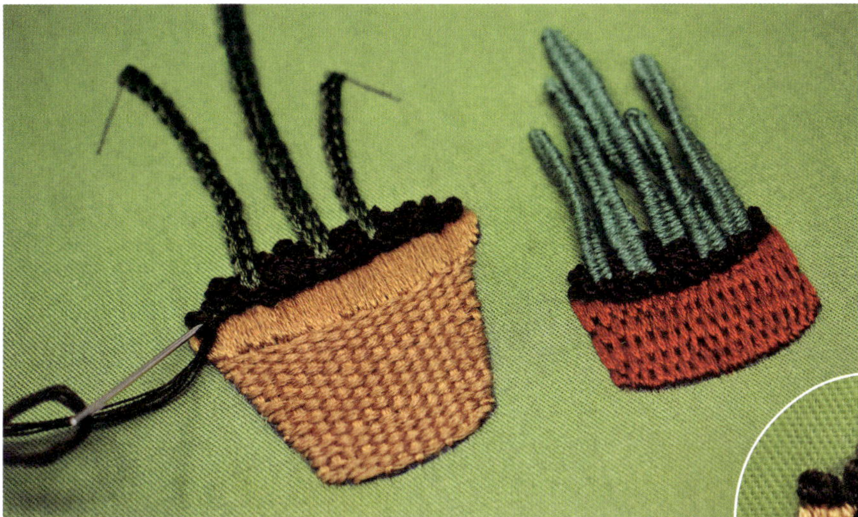

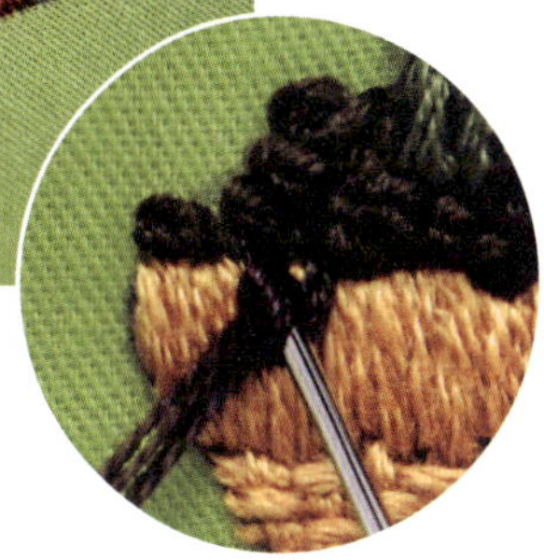

5 Die Erde in beiden Blumentöpfen mit sechs Fäden in Schwarzbraun im Knötchenstich (siehe Seite 24) darstellen.

6 Die Blätter der linken Pflanze werden im erhöhten Blattstich (siehe Seite 23) gearbeitet. Den 13 cm breiten Kartonstreifen halb falten, sodass er 6,5 cm breit ist. Dann je sechs Fäden in dunklem Avocadogrün und Senf zusammengefasst etwa zehn bis zwölf Mal – oder genauso lang wie die Linie ab dem Stiel – um den Kartonstreifen wickeln.

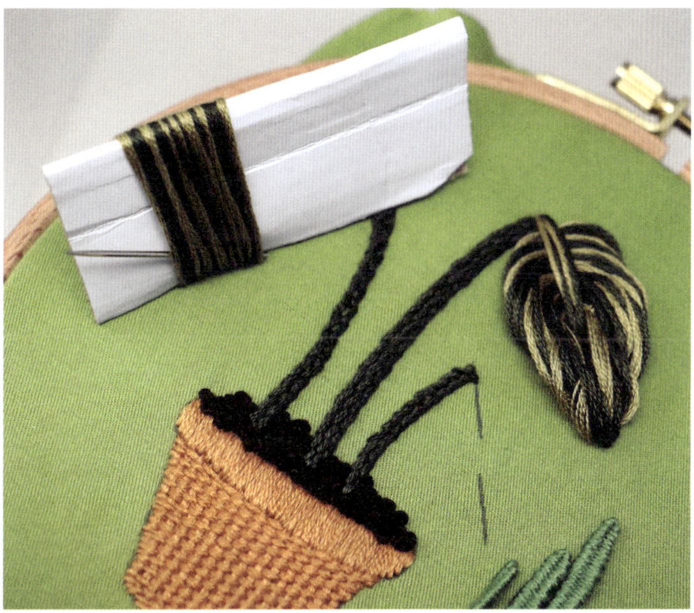

ABSTRAKTE WÜSTE

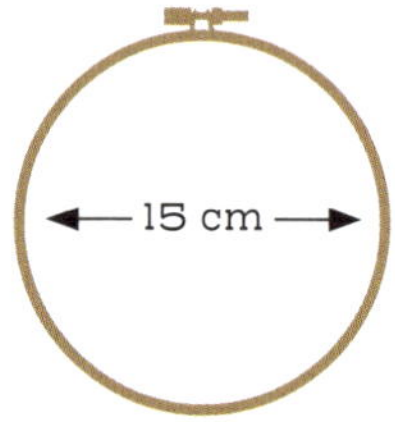

Schwierigkeitsgrad

Bei diesem Motiv lassen sich viele unterschiedliche Stiche üben, und zugleich entsteht ein wunderschönes Bild. Die abstrakten Elemente stellen Palmen, Kakteen, Wasserspiegelungen und kleine Regentropfen dar.

DMC-Farben

- 926 Mittleres Graugrün
- 400 Mahagonibraun
- 936 Avocadogrün
- 436 Beige
- 433 Mittelbraun
- 3052 Mittleres Grüngrau
- 3064 Wüstensand

Material

- Stickrahmen, ø 15 cm
- Baumwollstoff in Limettengrün, 20 cm x 20 cm
- Wasser- oder hitzelöslicher Markierstift
- Sticknadel
- Schere

Verwendete Techniken

- Fingerwickelknoten (siehe Seite 25)
- Knötchenstich (siehe Seite 24)
- Quastenstich (siehe Seite 30)
- Wickelstich (siehe Seite 26)
- Umschlungener Leiterstich (siehe Seite 27)
- Umwickelter Steg (siehe Seite 31)
- Rückstich (siehe Seite 17)

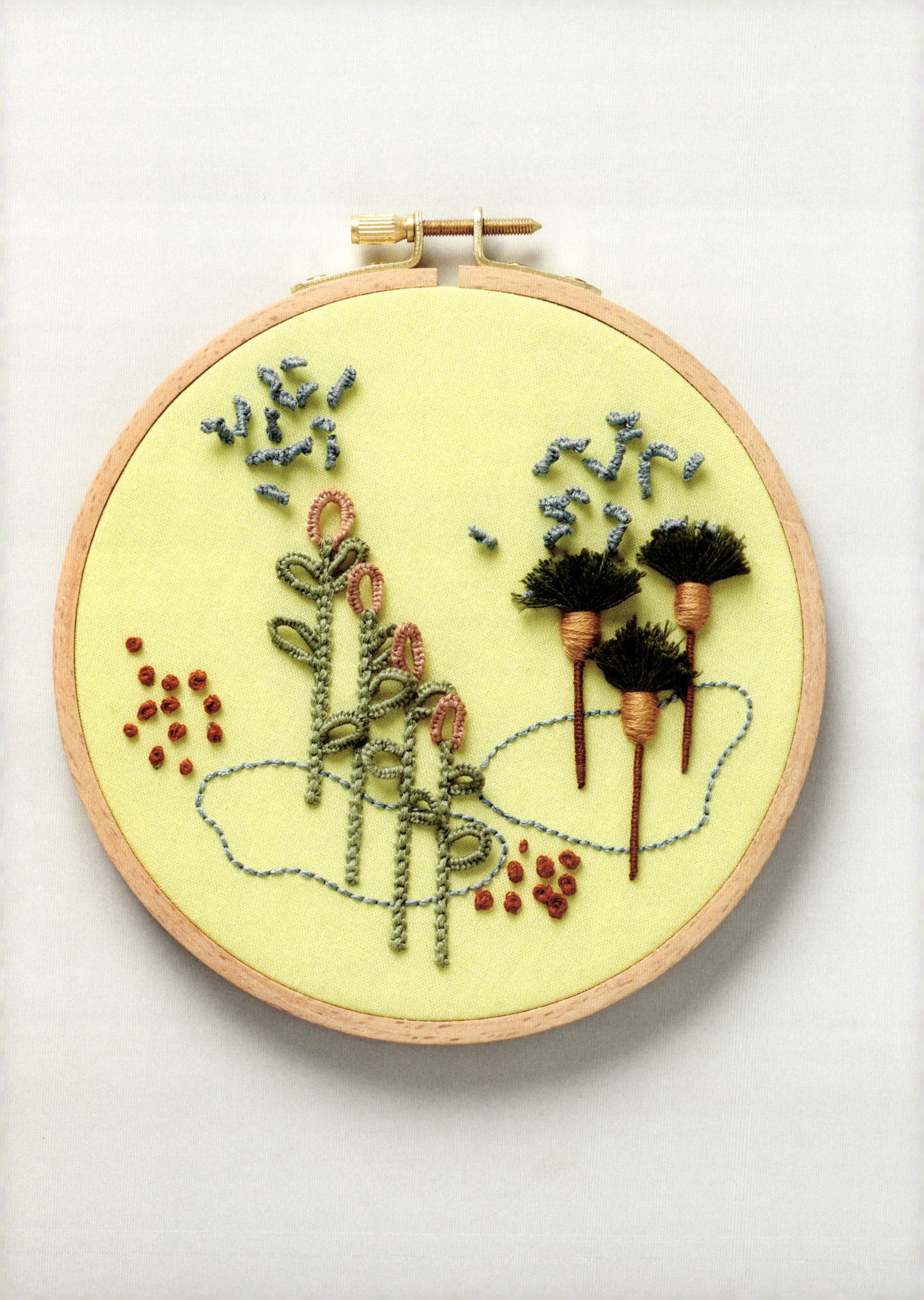

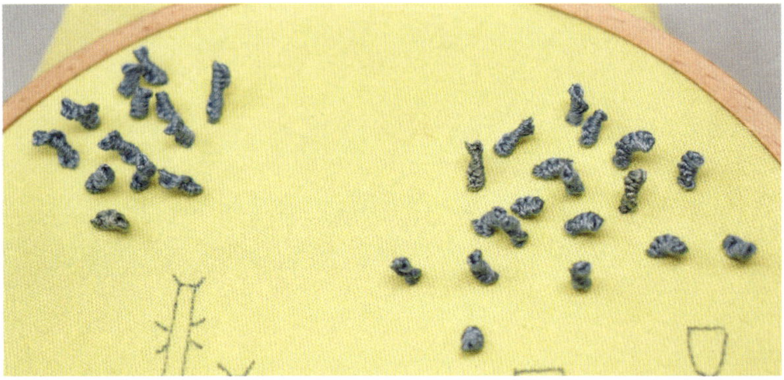

1 Mit sechs Fäden in mittlerem Graugrün auf jedem Punkt in den beiden Bereichen ganz oben jeweils einen Fingerwickelknoten (siehe Seite 25) arbeiten.

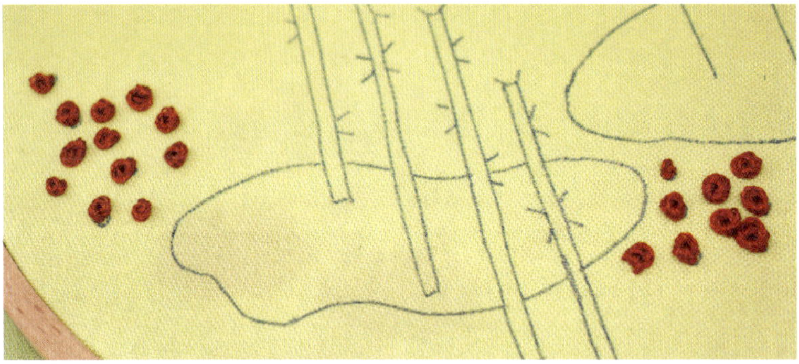

2 Anschließend mit sechs Fäden in Mahagonibraun einen Fingerwickelknoten (siehe Seite 25) auf jedem Punkt in den beiden Bereichen unten arbeiten. Den Faden locker halten, während du die Nadel hindurchziehst, damit die Knoten locker bleiben.

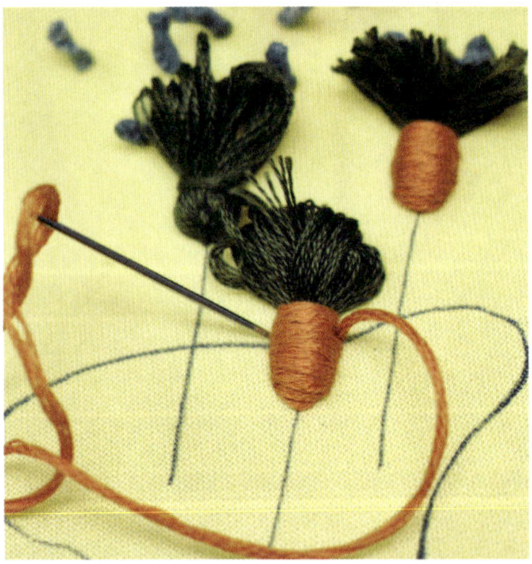

3 Die drei kelchförmigen Formen rechts im Bild im Quastenstich (siehe Seite 30) ausfüllen. Dazu sechs Fäden in Avocadogrün verwenden und den Faden zehn Mal um zwei Finger wickeln. Dann die Quasten mit sechs Fäden in Beige am Stoff fixieren.

4 Unter den Quasten lange Wickelstiche (siehe Seite 26) mit sechs Fäden in Mittelbraun sticken. Wenn du den Faden um die Nadel wickelst, darauf achten, dass der Wickelstich die gesamte Länge der Linie abdeckt.

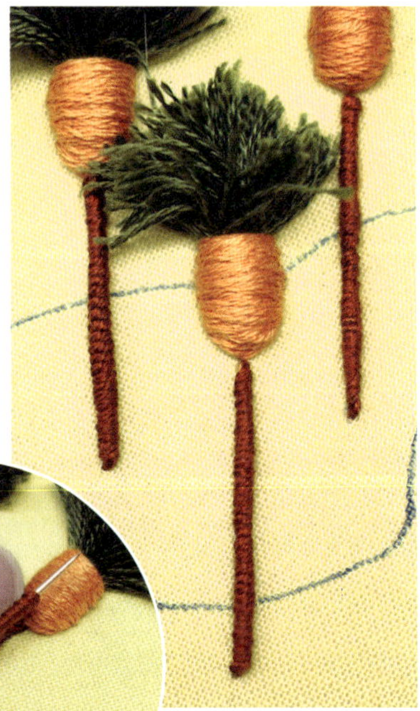

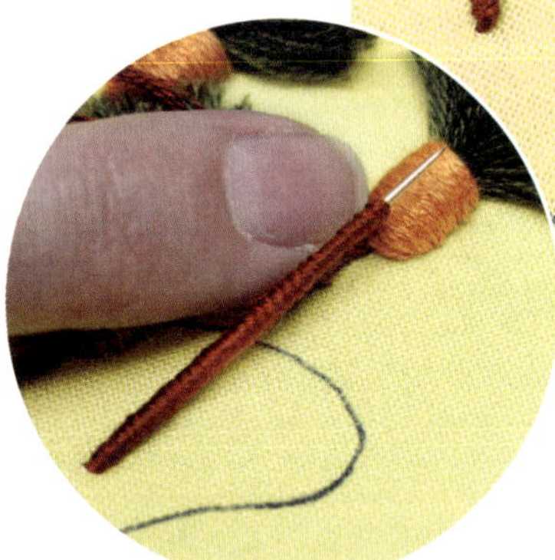

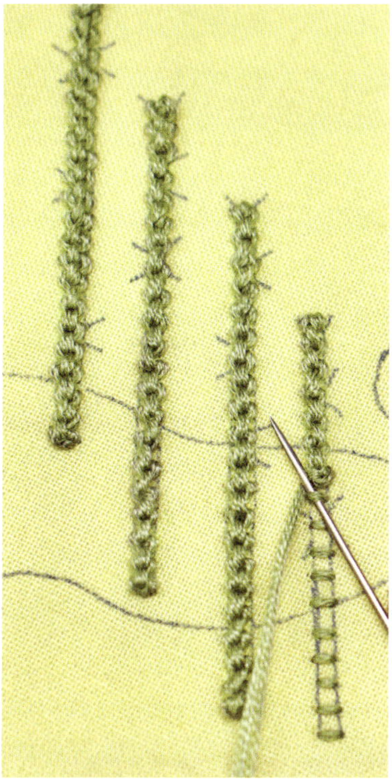

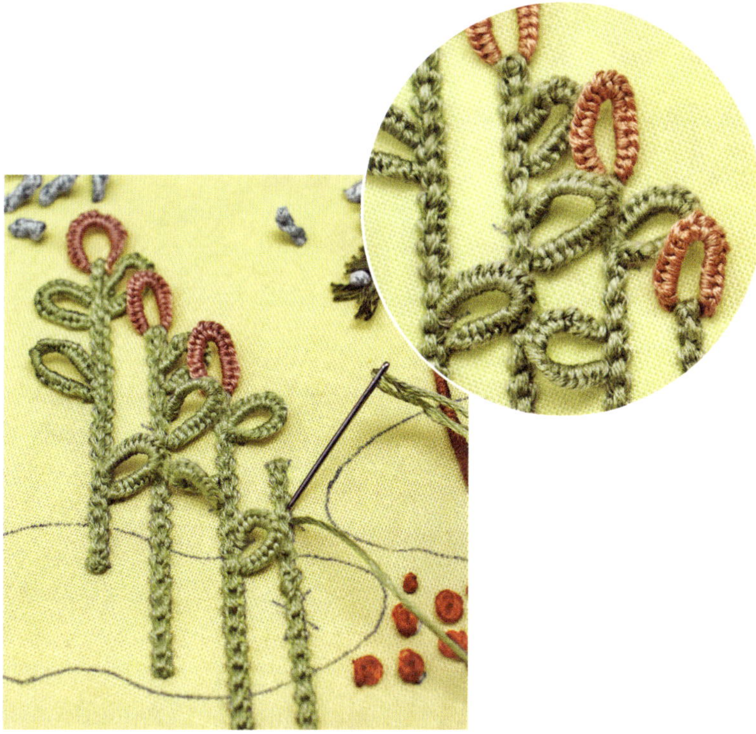

5 Alle vier rechteckigen Felder links auf dem Bild mit sechs Fäden in mittlerem Grüngrau im umschlungenen Leiterstich (siehe Seite 27) sticken.

6 Anschließend umwickelte Stege (siehe Seite 31) als Schlingen an die Stämme knüpfen. Dabei für die seitlichen Schlingen sechs Fäden in mittlerem Grüngrau verwenden. Für die Schlinge oben auf jedem Stamm sechs Fäden in Wüstensand verwenden.

7 Zum Abschluss die Umrisse der beiden runden Formen unten im Bild mit sechs Fäden in mittlerem Graugrün im Rückstich (siehe Seite 17) nachsticken.

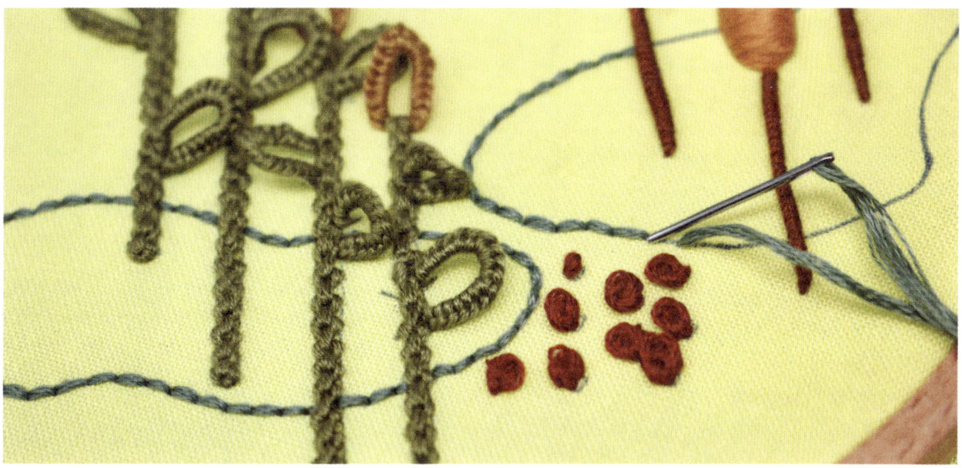

GUTEN-MORGEN-KAFFEE

15 cm

Schwierigkeitsgrad

Genieße eine herrlich wärmende Tasse Kaffee, während du dein Lieblingsgetränk mit diesem Stickbild feierst. Die Kombination aus drei flachen und drei erhöhten Stichen bildet unterschiedliche Strukturen und sieht interessant aus.

DMC-Farben

- 310 Schwarz
- 3778 Helles Terrakotta
- 433 Mittelbraun
- BLANC Weiß
- 422 Helles Haselnussbraun
- 167 Sehr dunkles Gelbbeige
- 504 Helles Blaugrün
- 948 Heller Pfirsich

Material

- Stickrahmen, ø 15 cm
- Baumwollstoff in Blaugrün, 20 cm x 20 cm
- Wasser- oder hitzelöslicher Markierstift
- Sticknadel
- Schere

Verwendete Techniken

- Stielstich (siehe Seite 19)
- Plattstich (siehe Seite 20)
- Rückstich (siehe Seite 17)
- Schalenstich (siehe Seite 38)
- Erhöhter Plattstich (siehe Seite 39)
- Fransenstich (siehe Seite 29)

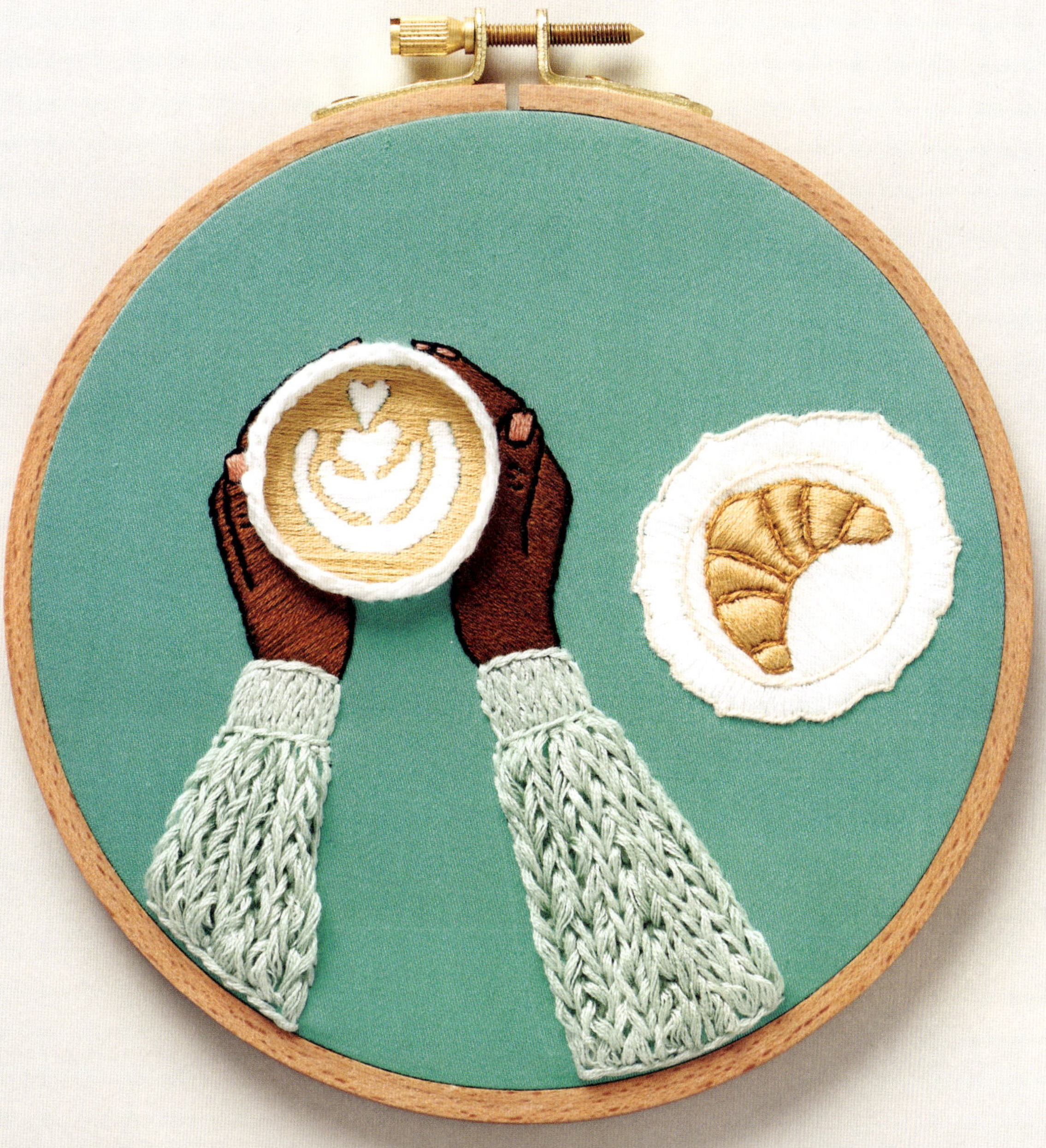

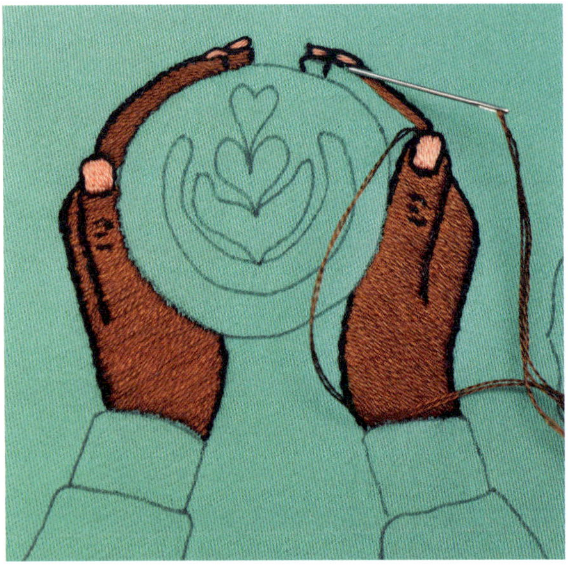

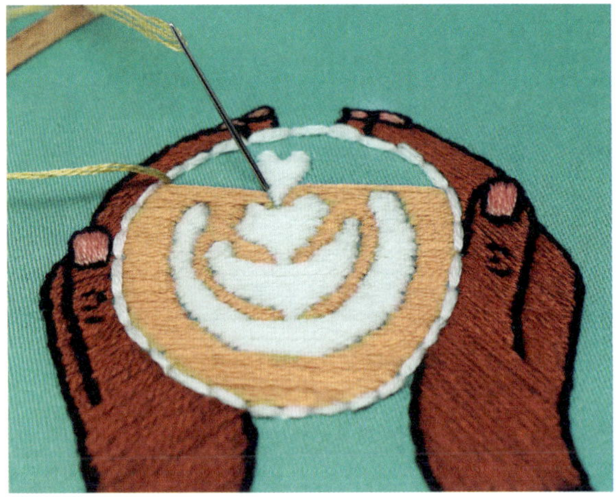

1 Die Umrisse der Hände mit zwei Fäden in Schwarz im Stielstich (siehe Seite 19) vorsticken. Die Fingernägel mit zwei Fäden in hellem Terrakotta im Plattstich (siehe Seite 20) ausfüllen. Anschließend die Hände im Plattstich mit zwei Fäden in Mittelbraun sticken.

2 Den Umriss der Kaffeetasse mit sechs Fäden in Weiß im Rückstich (siehe Seite 17) arbeiten. Danach den Schaum mit drei Fäden in Weiß im Plattstich sticken. Den Kaffee mit drei Fäden in hellem Haselnussbraun im Plattstich sticken.

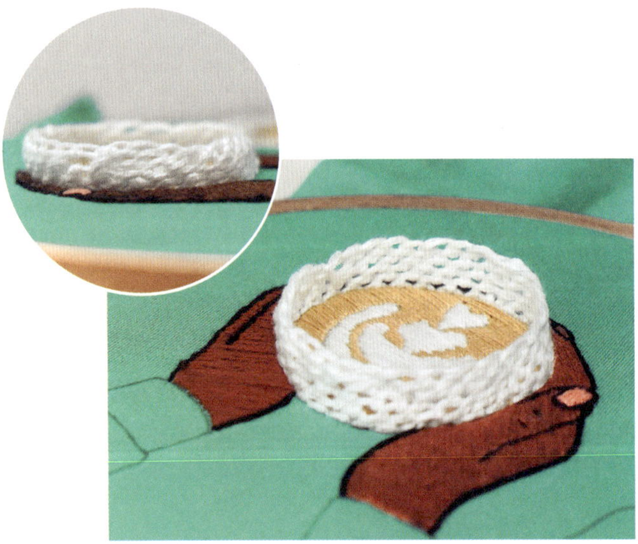

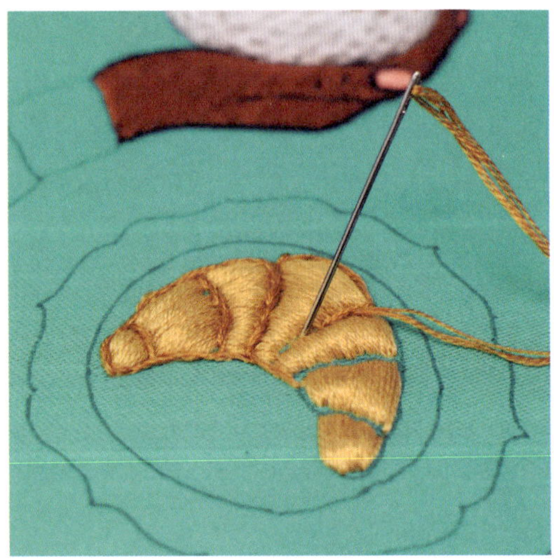

3 Die Kaffeetasse mit dem Schalenstich (siehe Seite 38) aufbauen. Mit sechs Fäden in Weiß mindestens fünf Runden rund um die Tasse arbeiten. Alle Stiche mit einer möglichst gleichmäßigen Spannung arbeiten.

4 Das Croissant mit sechs Fäden in hellem Haselnussbraun im erhöhten Plattstich (siehe Seite 39) sticken. Dabei, wie abgebildet, jedes Segment zuerst separat sticken. Anschließend die Umrisse mit drei Fäden in sehr dunklem Gelbbeige im Stielstich arbeiten.

5 Die Umrisse der Ärmel mit drei Fäden in hellem Blaugrün im Stielstich arbeiten. Anschließend die Ärmelbündchen in dicht nebeneinanderliegenden Reihen im Stielstich sticken.

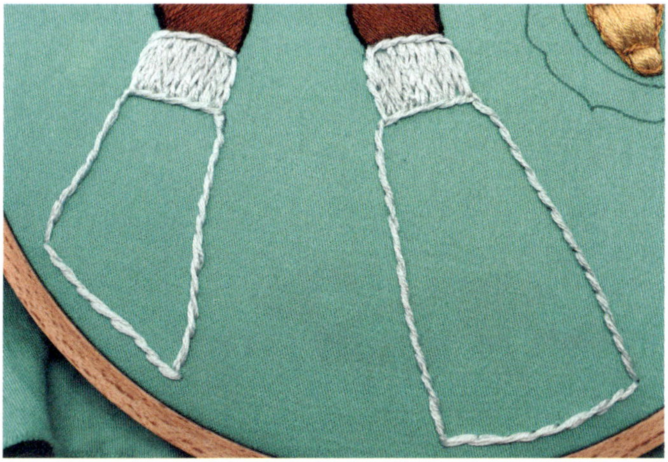

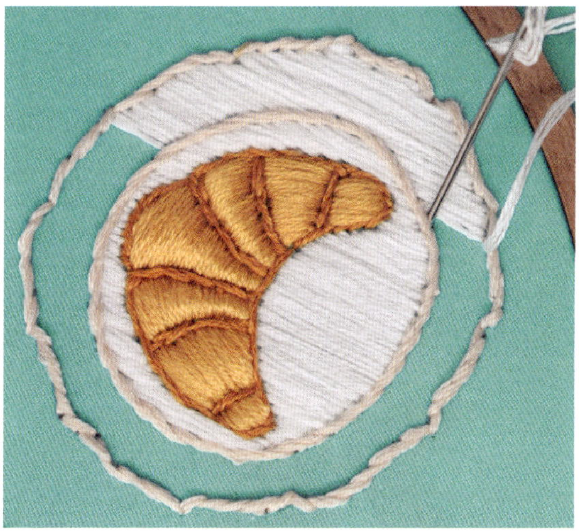

6 Die Konturen des Tellers mit vier Fäden in hellem Pfirsich im Stielstich arbeiten. Danach den Teller mit vier Fäden in Weiß im Plattstich ausfüllen.

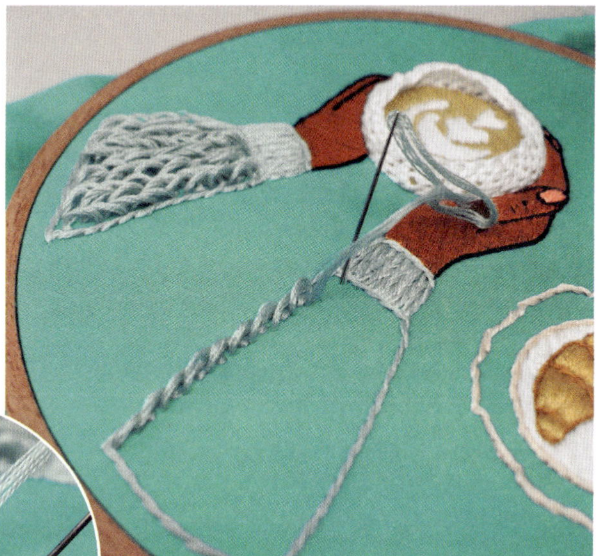

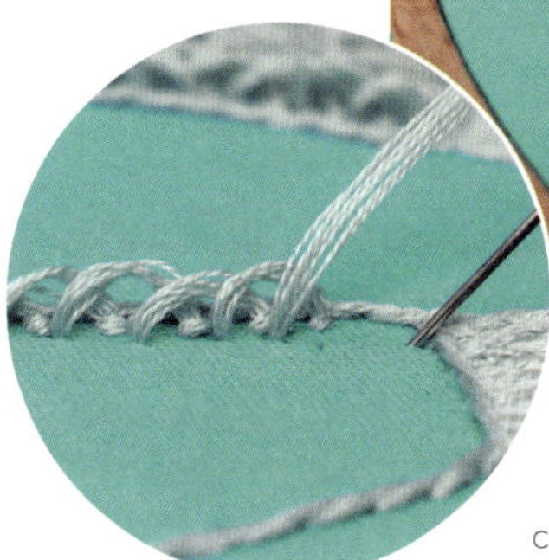

7 Die Ärmel des Pullovers in Fransenstichreihen (siehe Seite 29) mit sechs Fäden in hellem Blaugrün arbeiten. Dabei von unten bis zu den Bündchen arbeiten, bis die Ärmel vollständig ausgefüllt sind, hier jedoch die Fransenstich-Schlingen nicht aufschneiden.

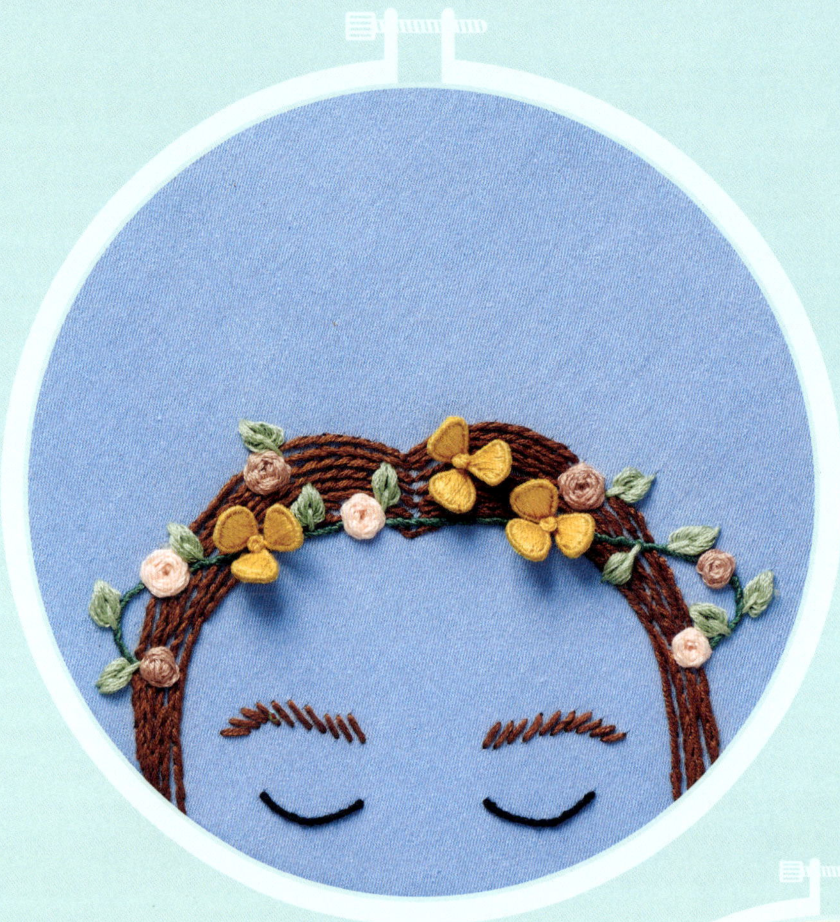

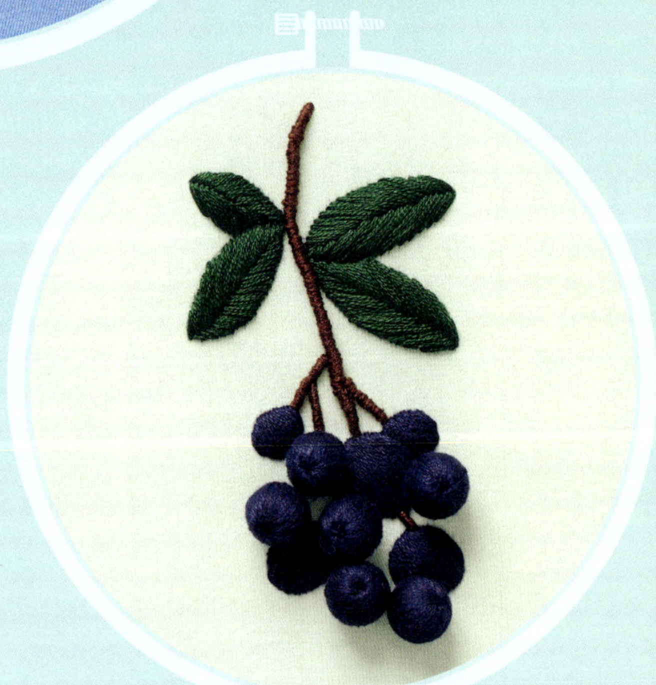

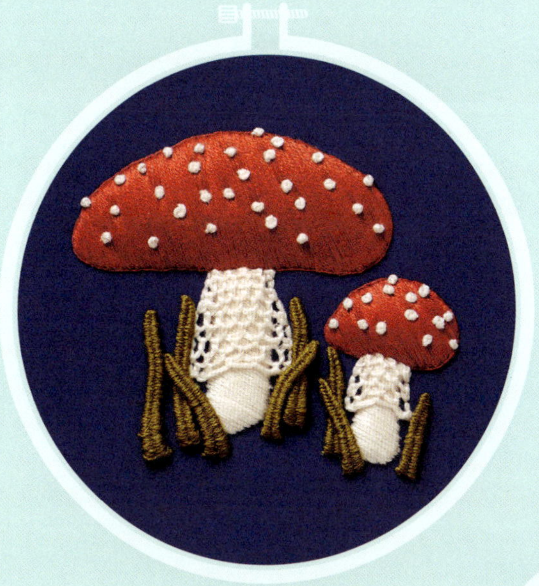

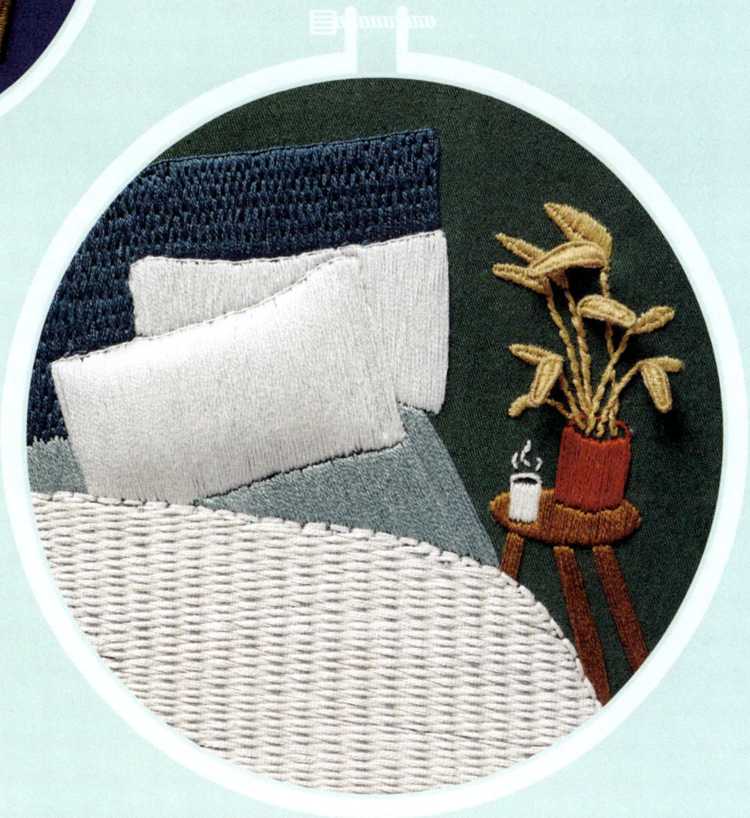

DIE PROJEKTE:

WEITER MIT 3D-TECHNIKEN

GERNE ETWAS SÜSSES

15 cm

Schwierigkeitsgrad

Lasse dich von diesem wunderschönen Garn in den Farben wilder Blumen zu einer süßen Sommerleckerei inspirieren. Da du für den Lutscher Makrameegarn unterlegst, wirkt er sehr echt.

DMC-Farben

4501
Wildblumen-Bunt

3778
Helles Terrakotta

758
Sehr helles Terrakotta

948
Heller Pfirsich

BLANC
Weiß

Material

- Stickrahmen, ø 15 cm
- Baumwollstoff in Blassgrün, 20 cm x 20 cm
- Wasser- oder hitzelöslicher Markierstift
- Makramee-Garn, ø 6 mm, 40 cm lang
- Sticknadel
- Schere

Verwendete Techniken

- Unterlegter Schnurstich (siehe Seite 21)
- Rückstich (siehe Seite 17)
- Versetzter Plattstich (siehe Seite 18)
- Erhöhtes Fadenband (siehe Seite 32)
- Geradstich (siehe Seite 16)

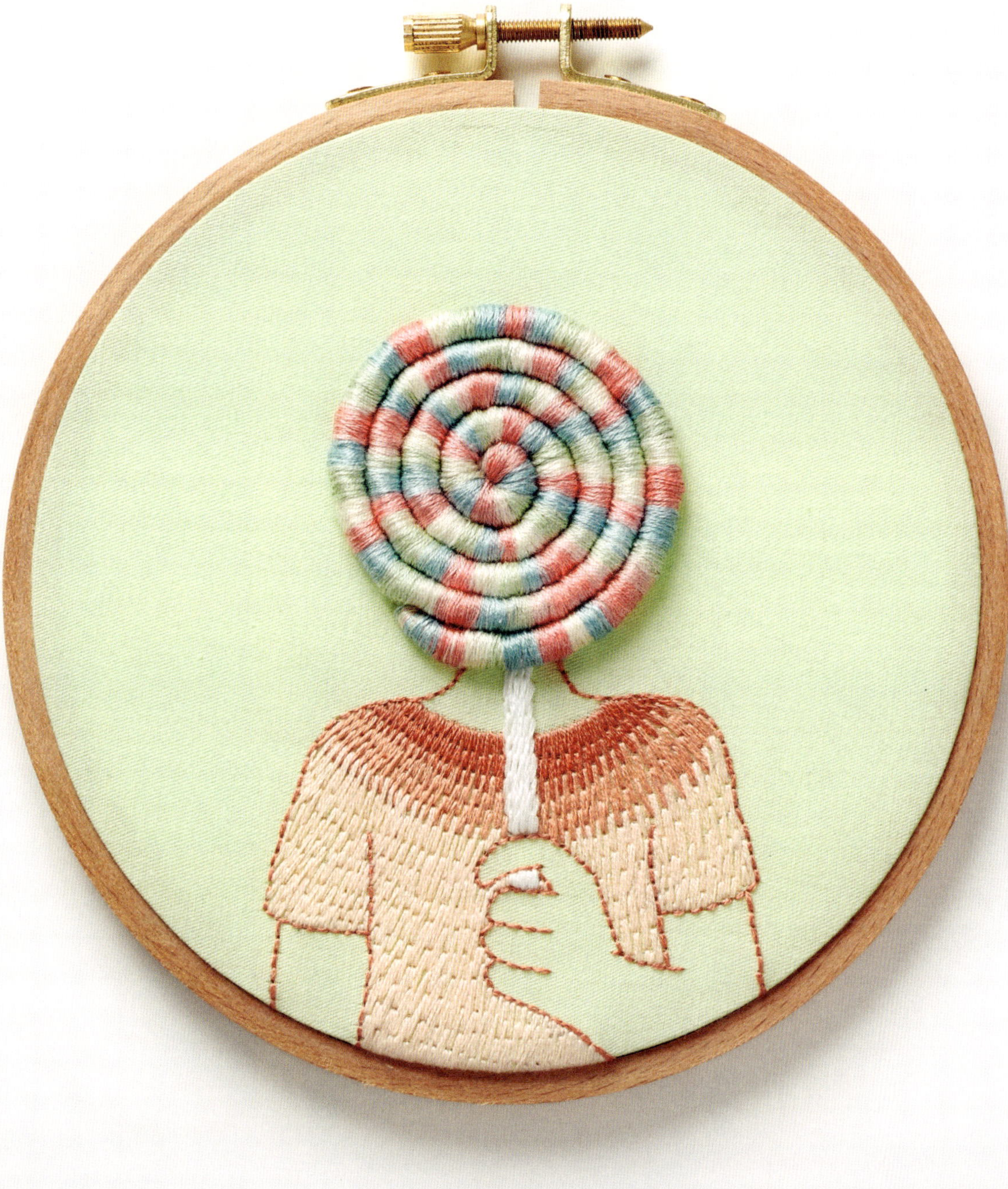

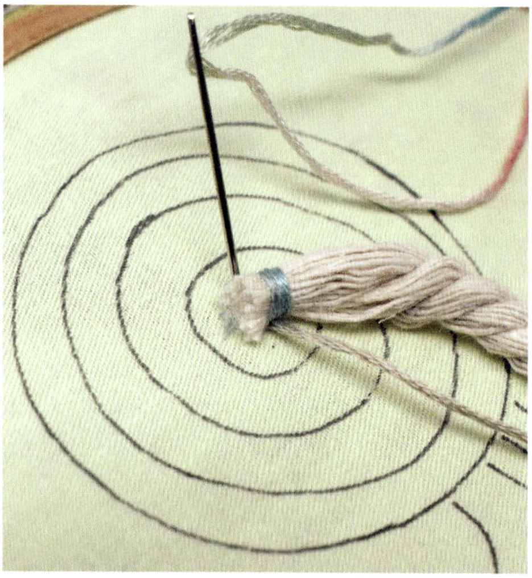

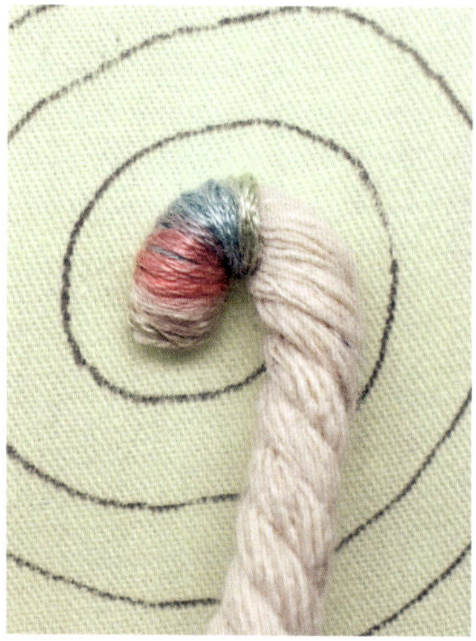

2 Weiter in Wildblumen-Bunt im unterlegten Schnurstich (siehe Seite 21) um das Makramee-Garn sticken. Der Anfang des Makramee-Garns muss vollständig verdeckt sein. Weiter um das Makramee-Garn herumsticken.

1 Ein Ende des Makramee-Garns mit sechs Fäden in Wildblumen-Bunt in der Mitte der Lutscher-Spirale fixieren.

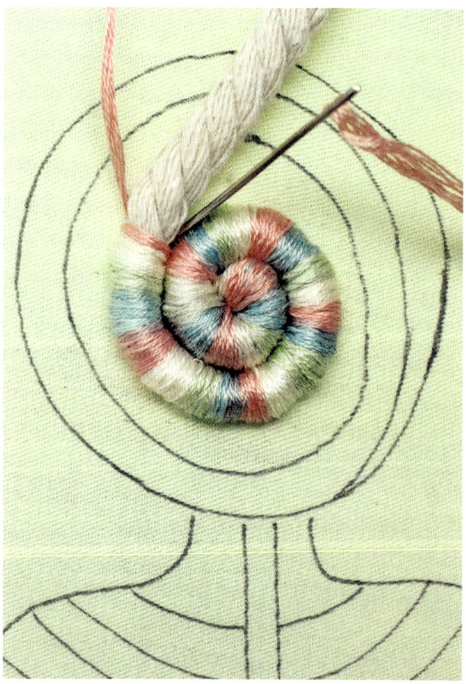

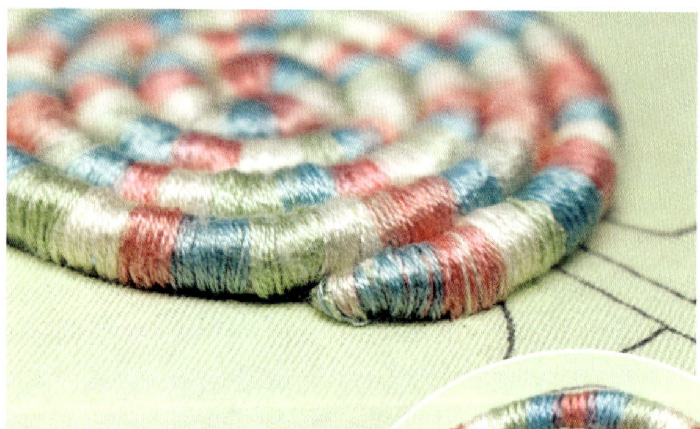

4 Am Ende der Spirale das Ende des Makramee-Garns ebenfalls vollständig verdecken.

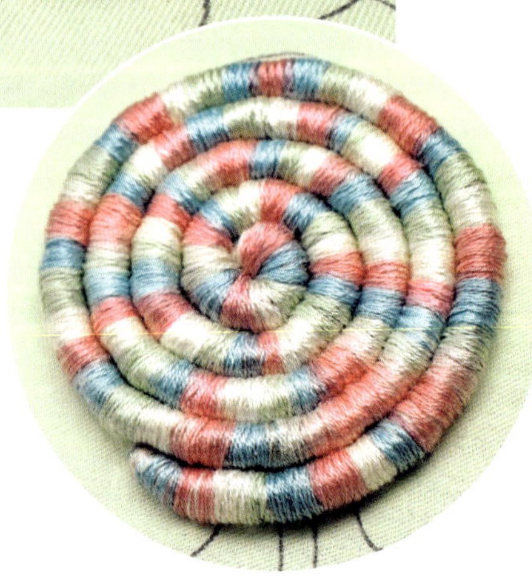

3 Dabei das Makramee-Garn entlang der Spirallinie führen und beim Umsticken am Stoff fixieren.

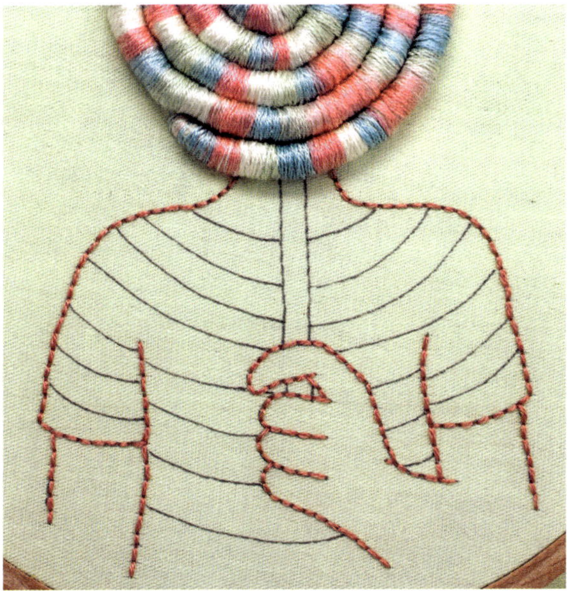

5 Anschließend die Umrisse von Shirt, Hals und Armen mit drei Fäden in hellem Terrakotta im Rückstich (siehe Seite 17) sticken.

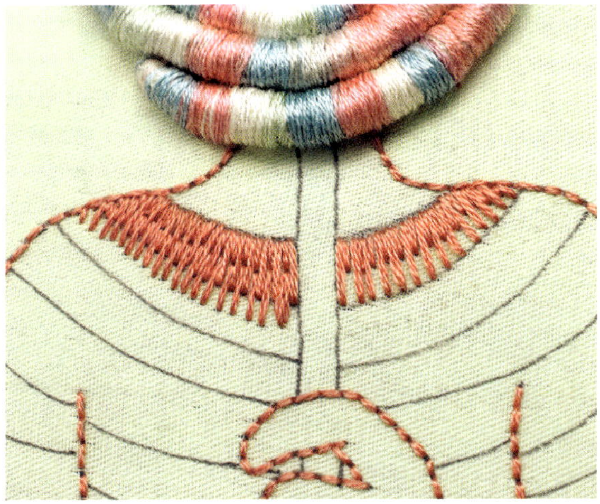

6 Den oberen Streifen des Shirts mit drei Fäden in hellem Terrakotta im versetzten Plattstich (siehe Seite 18) arbeiten. Der längere Stich ist so lang wie ein Streifen, wie es oben in der rechten Hälfte des Shirts abgebildet ist. Eine dritte Reihe aus langen Stichen ausarbeiten, wie es auf der linken Hälfte des Shirts abgebildet ist. Diese Stiche reichen zur Hälfte in den zweiten Streifen hinein. Beide Hälften des Shirts gleich arbeiten.

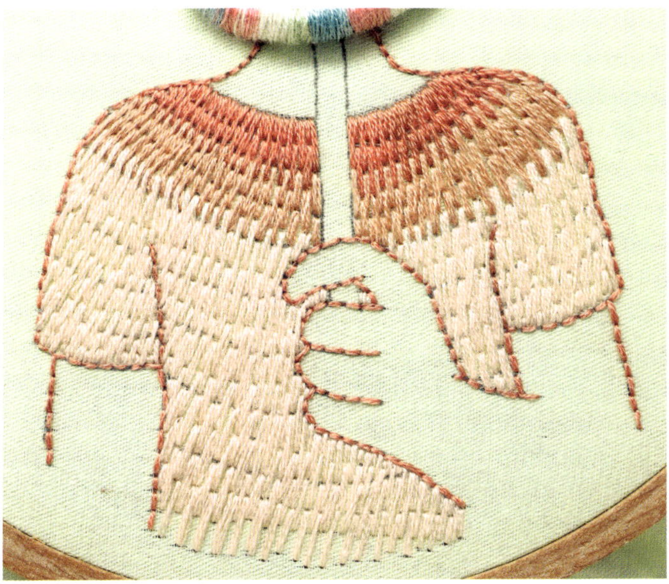

7 Ebenfalls im versetzten Plattstich, wie in Schritt 6 beschrieben, drei weitere Reihen mit drei Fäden in sehr hellem Terrakotta sticken. Nach diesen drei Reihen die restlichen Streifen des Shirts in hellem Pfirsich füllen. Die Streifenlinien helfen dir dabei, gleichgroße Stiche zu setzen.

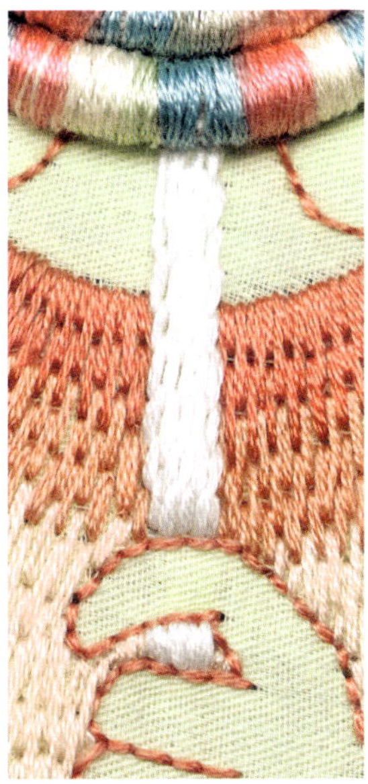

8 Zum Abschluss den Stiel des Lutschers in Weiß als erhöhtes Fadenband (siehe Seite 32) sticken. Die kleine Lücke zwischen den Fingern im Geradstich (siehe Seite 16) ausfüllen.

BLAUBEER-ZWEIG

15 cm

Schwierigkeitsgrad

Dieser Blaubeerzweig sieht aus, als sei er frisch vom Strauch gepflückt worden. Die verwendete Technik mit umwickelten Perlen lädt gerade dazu ein, eine dieser süßen, fruchtigen Beeren zu naschen.

DMC-Farben

- 938
  Dunkles Kaffeebraun
- 890
  Sehr dunkles Pistaziengrün
- 823
  Dunkles Navy-Blau

Material

- Stickrahmen, ø 15 cm
- Baumwollstoff in Mintgrün, 20 cm x 20 cm
- Wasser- oder hitzelöslicher Markierstift
- Sticknadel
- Schere
- Holzperlen, ø 1 cm

Verwendete Techniken

- Unterlegter Schnurstich (siehe Seite 21)
- Erhöhter Fischgrätenstich (siehe Seite 36)
- Erhöhter Plattstich (siehe Seite 39)
- Umwickelte Perlen (siehe Seite 44)

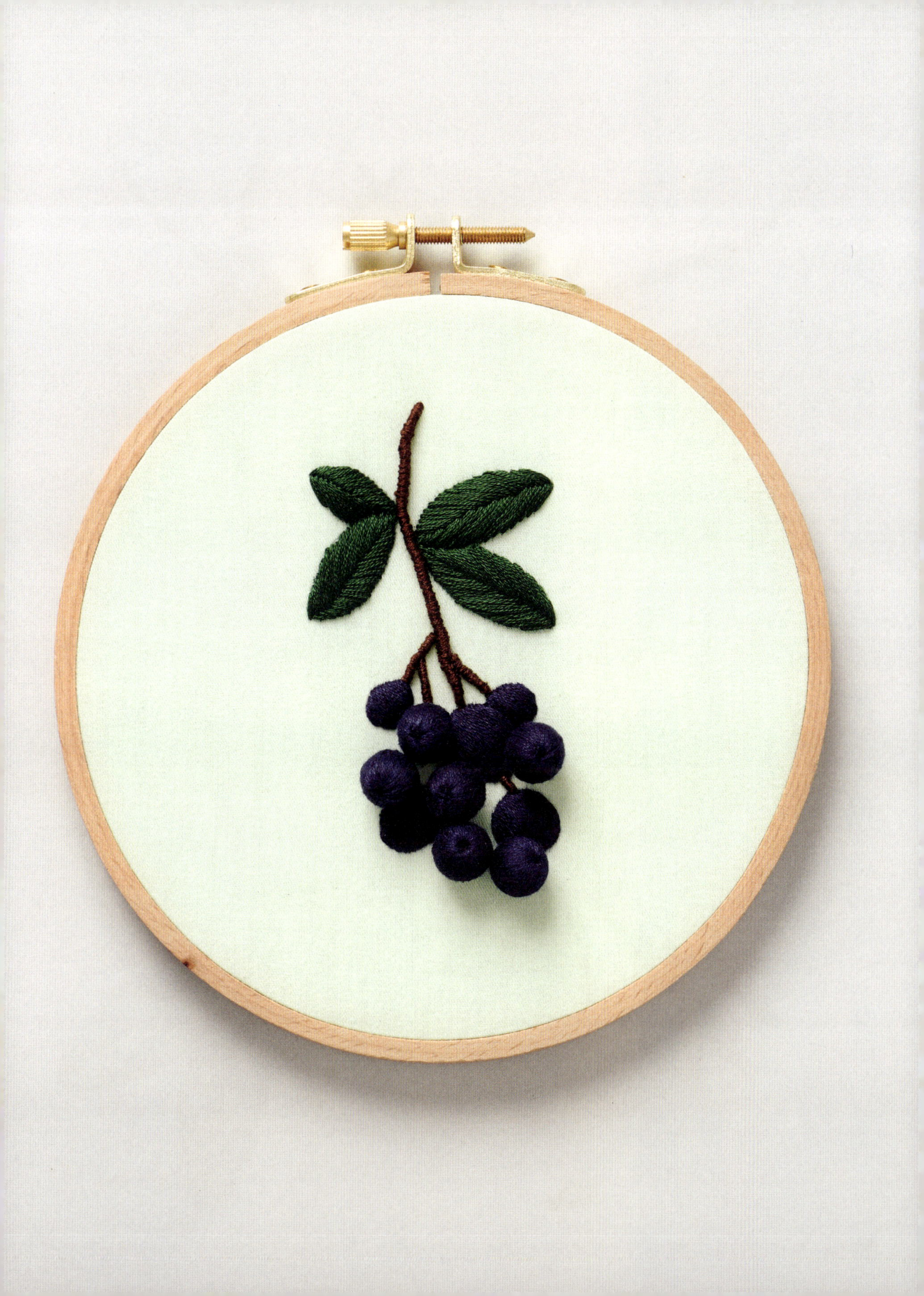

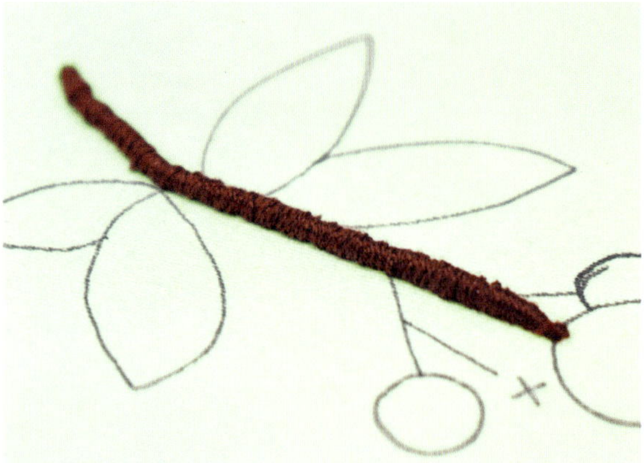

1 Den Hauptzweig mit sechs Fäden in dunklem Kaffeebraun im unterlegten Schnurstich (siehe Seite 21) sticken. Als Füllfäden nimmst du vier Fäden einer beliebigen Farbe.

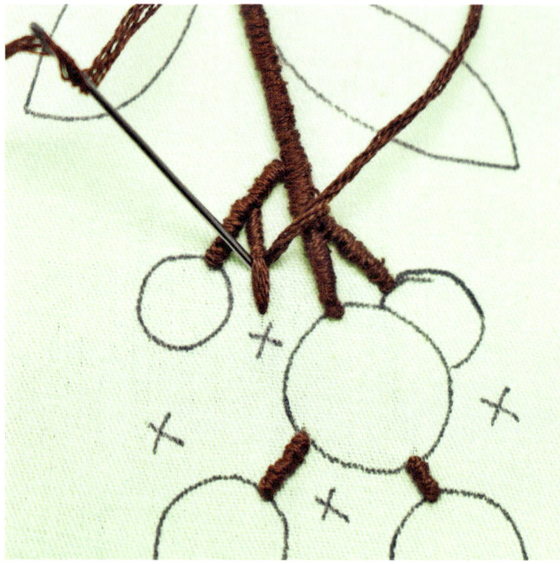

2 Anschließend die kleineren Zweige mit sechs Fäden in dunklem Kaffeebraun ebenfalls im unterlegten Schnurstich sticken. Als Füllfäden nimmst du hier nur zwei Fäden einer beliebigen Farbe.

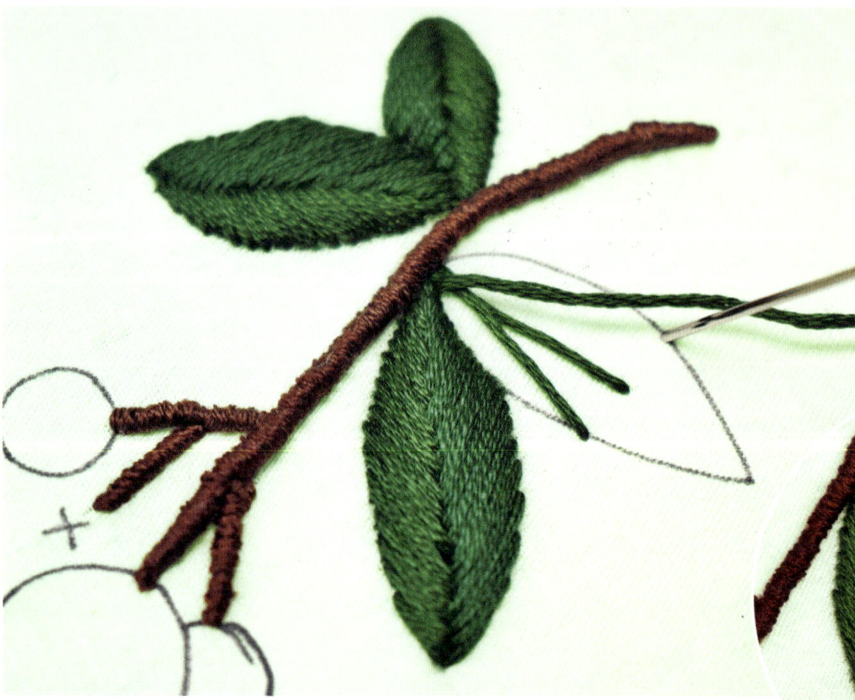

3 Alle vier Blätter werden mit sechs Fäden in sehr dunklem Pistaziengrün im erhöhten Fischgrätenstich (siehe Seite 36) gestickt. Zuerst die beiden Blätter im Hintergrund arbeiten, danach die beiden Blätter weiter vorne.

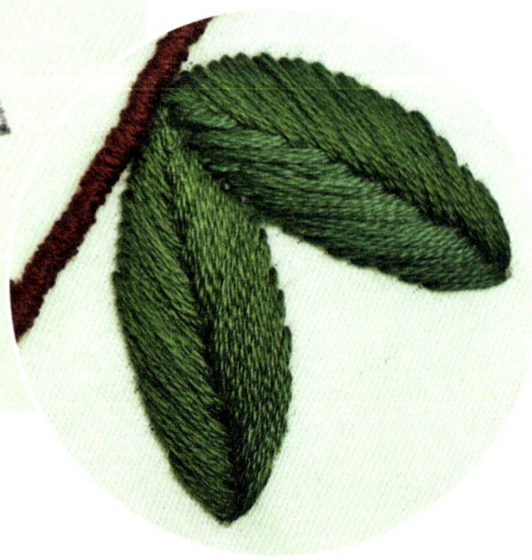

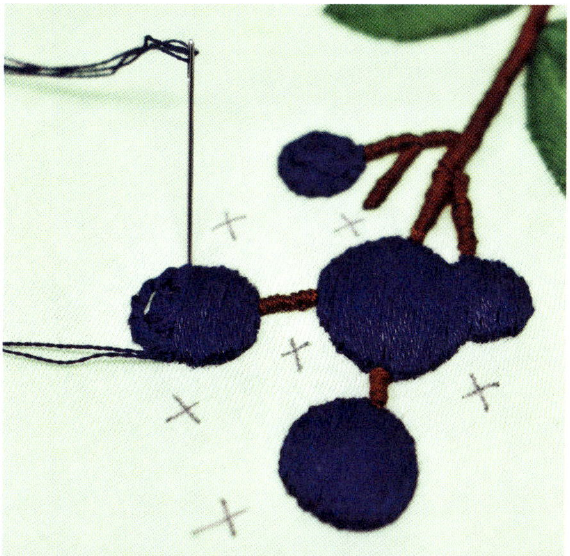

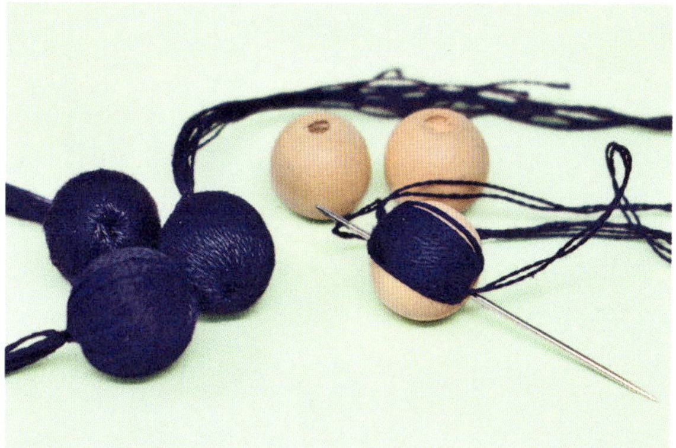

4 Die als Kreise eingezeichneten Blaubeeren im erhöhten Plattstich (siehe Seite 39) in dunklem Navy-Blau sticken. Dabei sechs Fäden für die Füllung und zwei Fäden zum Sticken des Plattstichs verwenden.

5 Die Holzperlen nach der Technik der umwickelten Perlen (siehe Seite 44) vorbereiten. Dabei zwei Fäden in dunklem Navy-Blau für jede Perle verwenden.

6 Die Blaubeeren als umwickelte Perlen an die mit X markierten Stellen sticken.

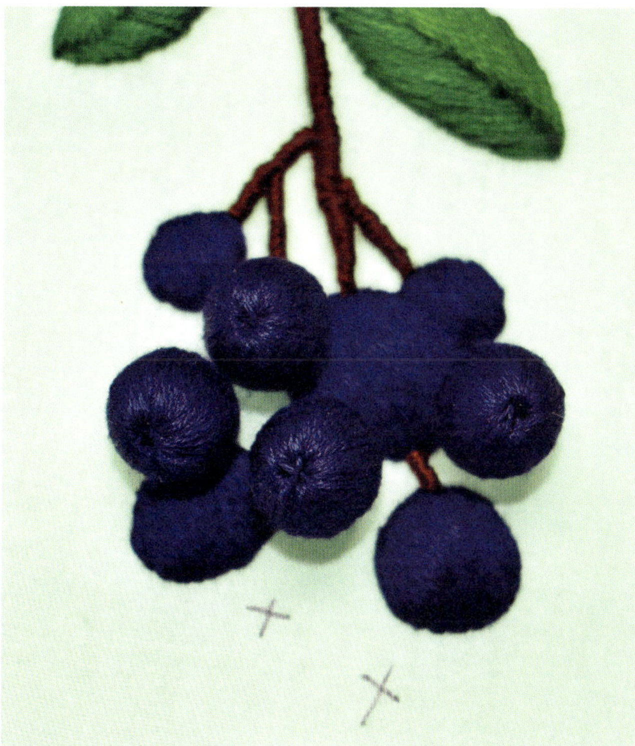

QUALLE

Für diese Qualle wurden Plastiktüten wiederverwendeten: So bekommt Abfall ein zweites Leben und erinnert uns daran, mit der Erde und ihren Ressourcen bedacht umzugehen. Das Relief der Qualle entsteht durch eine Füllung aus geschichteten Filzstückchen und Garnresten.

10 cm

Schwierigkeitsgrad

DMC-Farben

- 20 Garnelenrosa
- 3778 Helles Terrakotta
- 543 Sehr helles Beige
- 3810 Dunkles Türkis
- 3811 Helles Türkis

Material

- Stickrahmen, ø 10 cm
- Baumwollstoff in Blaugrün, 20 cm x 20 cm
- Wasser- oder hitzelöslicher Markierstift
- Bastelfilz, 20 cm x 20 cm
- Schere
- Garnreste
- Plastiktüte
- Sticknadel
- Sticknadel mit großem Öhr
- Alleskleber

Verwendete Techniken

- Filzeinlage (siehe Seite 41)
- Geradstich (siehe Seite 16)
- Stielstich (siehe Seite 19)
- Umwickelter Rückstich (siehe Seite 22)
- Webstich-Steg (siehe Seite 34)

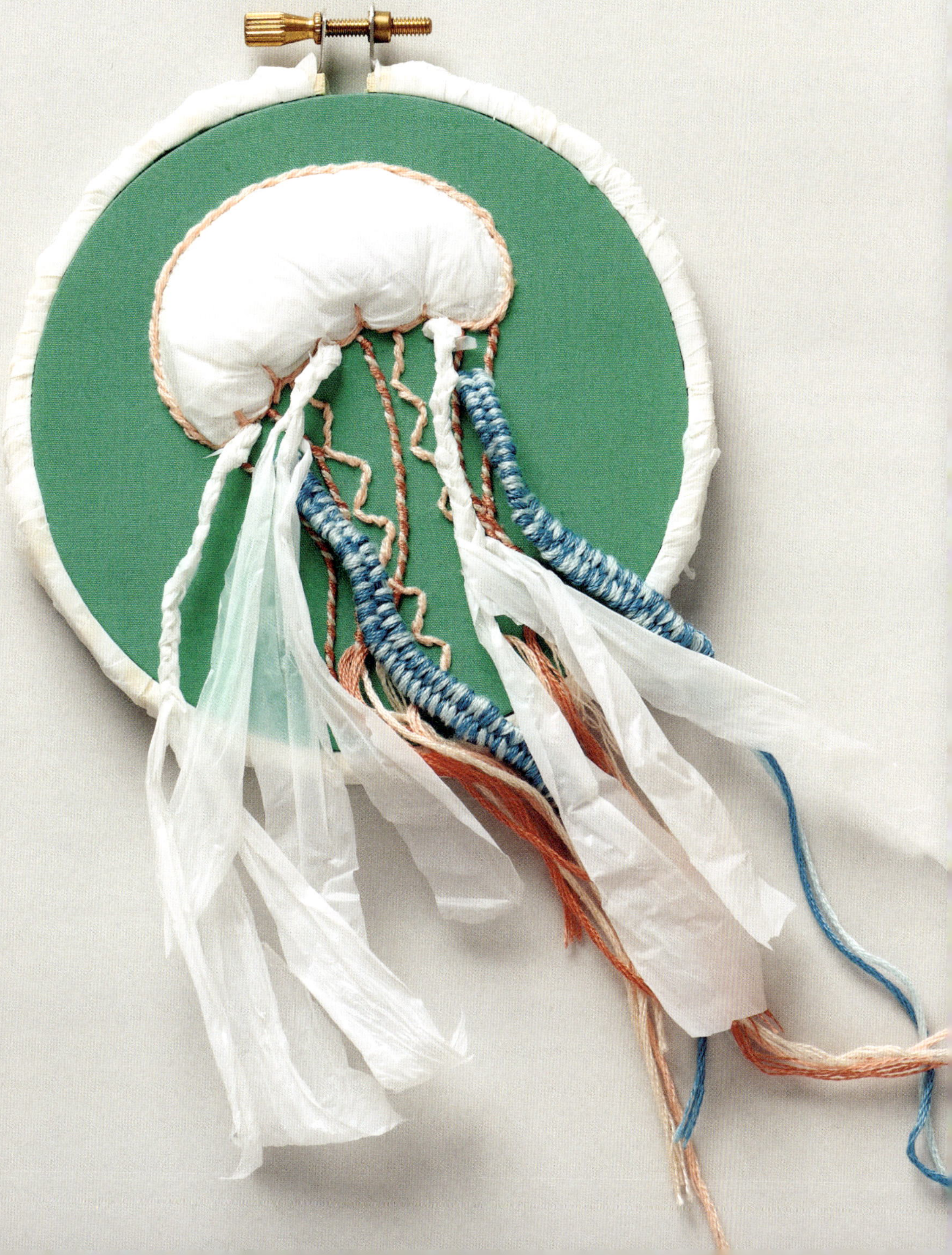

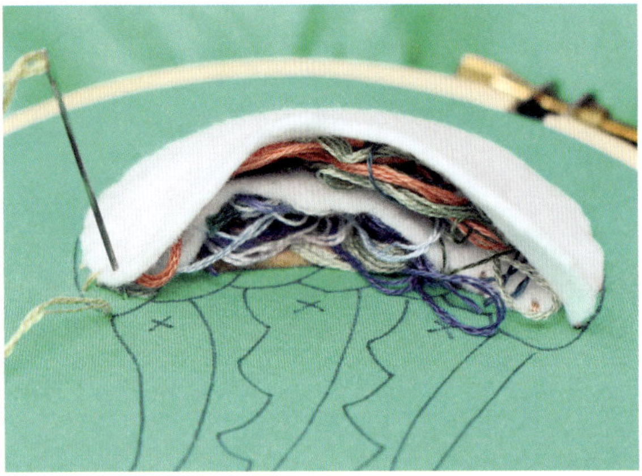

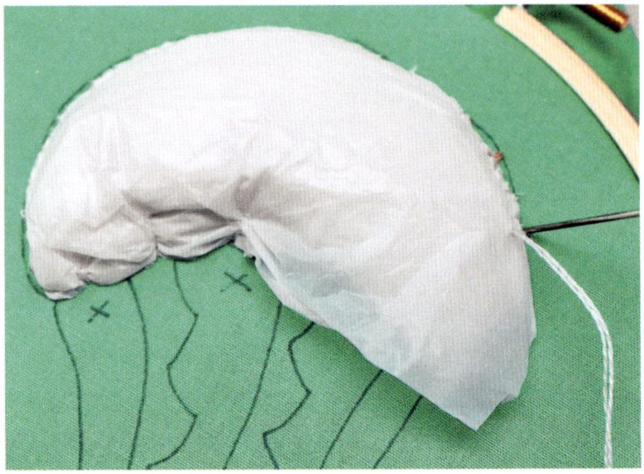

1 Den Körper der Qualle mit einer Filzeinlage arbeiten. Dazu in der Körperform drei sich verjüngende Stücke Filz ausschneiden und schichten. Damit der Quallenkörper noch voluminöser wird, kannst du Garnreste zwischen die einzelnen Filzschichten legen.

2 Aus der Plastiktüte ein etwas größeres Stück ausschneiden, das in etwa die Form der Filzschichten hat. Die Folie mit zwei Fäden in beliebiger Farbe im Geradstich (siehe Seite 16) entlang der Körperkontur auf den Stoff sticken. Dabei die Ränder der Folie nach innen falten, damit eine saubere Kante entsteht. Die Stiche am oberen Körperrand sollten kurz sein und dicht nebeneinanderliegen – am unteren Körperrand nur fünf bis sieben große Stiche arbeiten.

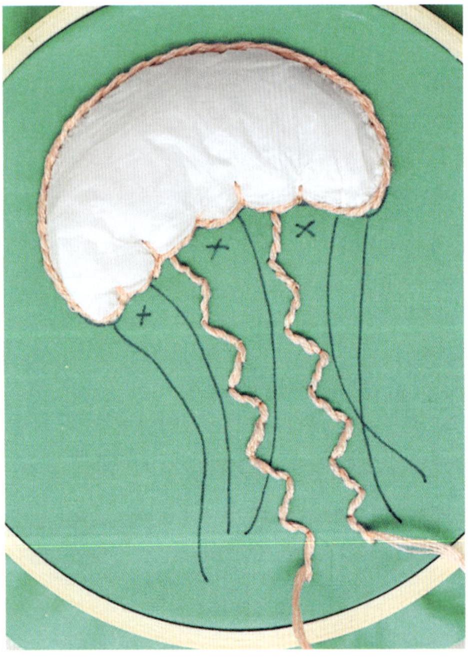

3 Die Körperkontur und die zickzackförmigen Tentakel mit sechs Fäden in Garnelenrosa im Stielstich (siehe Seite 19) sticken. Wenn du das Ende der Zickzack-Linie erreicht hast, den Faden auf die Vorderseite des Stoffs führen, ein Stück lose hängen lassen und abschneiden.

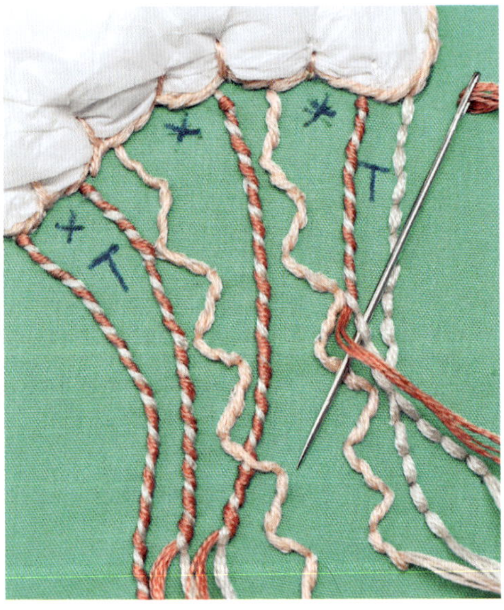

4 Die fünf anderen Tentakel mit sechs Fäden in hellem Terrakotta und sehr hellem Beige im umwickelten Rückstich (siehe Seite 22) sticken. Dabei die Rückstiche in sehr hellem Beige arbeiten und die Stiche mit hellem Terrakotta umwickeln. Am Ende der einzelnen Linien den Faden auf die Vorderseite des Stoffs führen, ein Stück lose hängen lassen und abschneiden.

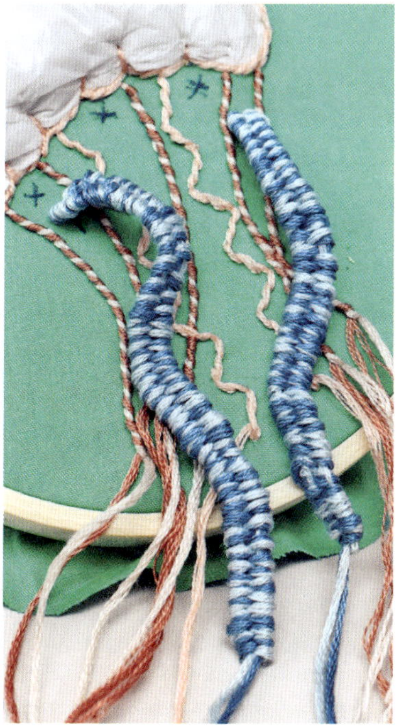

5 Ab den beiden T-Markierungen frei hängende Tentakel mit Webstich-Stegen (siehe Seite 34) ausarbeiten. Dabei jeweils sechs Einzelfäden in dunklem und hellem Türkis zusammen einfädeln und wie üblich arbeiten. Die Fäden am Ende des Stegs verknoten, ein Stück lose hängen lassen und abschneiden.

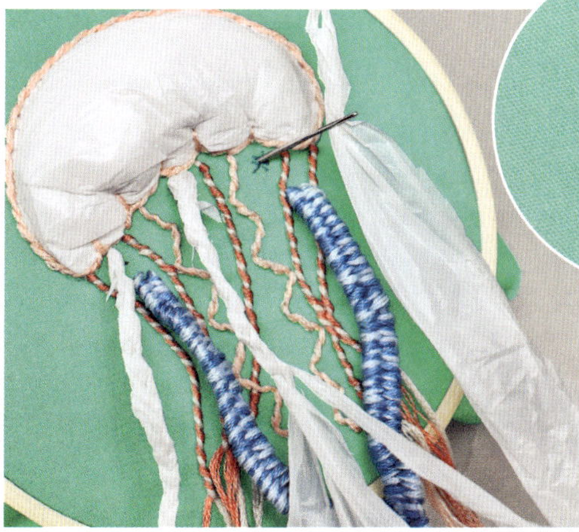

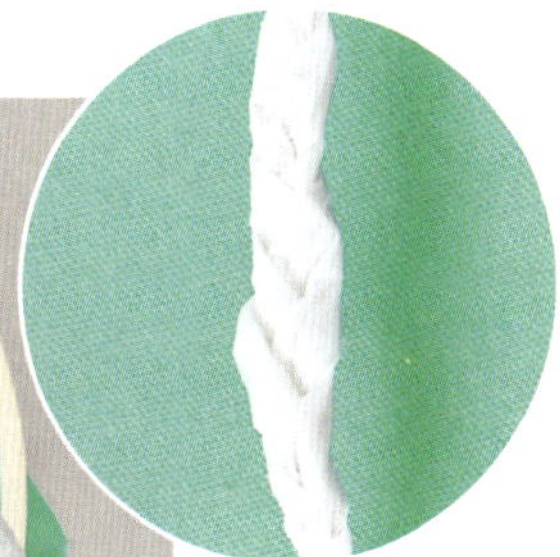

6 Aus der Plastiktüte drei etwa 5 cm breite Streifen schneiden, in die Sticknadel mit großem Öhr einfädeln und jeweils bei den X-Markierungen ein Stück weit durch den Stoff ziehen. Auf der Vorderseite jeden Streifen in drei schmale Streifen schneiden und zum Zopf flechten. Die Enden der geflochtenen Streifen frei hängen lassen.

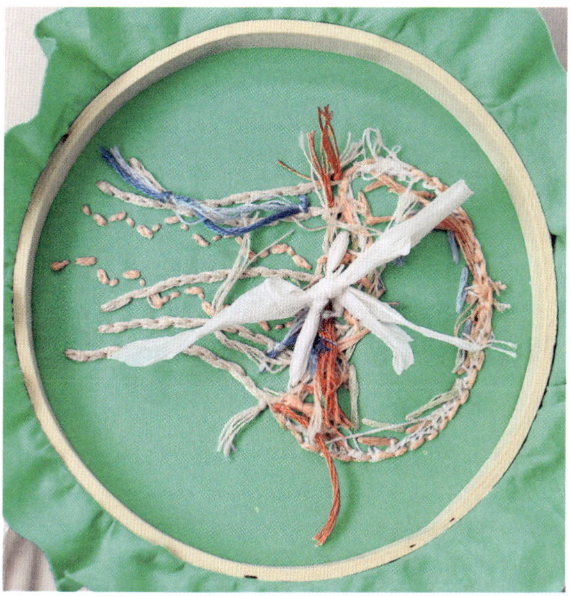

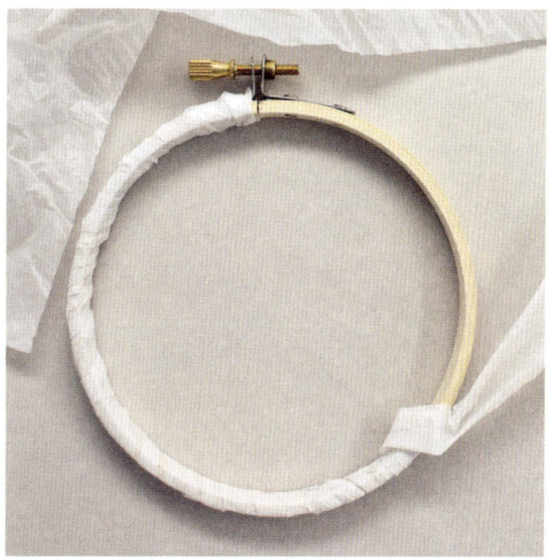

7 Auf der Rückseite des Stoffs die drei Plastikstreifen verknoten, damit sie nicht verrutschen können.

8 Jetzt den 10 cm großen Stickrahmen verzieren: Aus der Plastiktüte möglichst lange und etwa 5 cm breite Streifen schneiden und damit den äußeren Rahmen umwickeln. Dabei die Technik „Mit Garn umwickeln" verwenden (siehe Seite 10). Die Plastikstreifen in regelmäßigen Abständen festkleben.

GEMÜTLICHES BETT

15 cm

Schwierigkeitsgrad

Sieht das nicht herrlich zum Reinkuscheln aus? Bei diesem Stickbild werden weiche Strukturen im Webstich und mit flachen Stichen gestaltet. Zudem sind auch erhöhte Techniken, wie Filzeinlagen und Patches mit Draht, mit einbezogen.

DMC-Farben

- 371 Senf
- 830 Dunkles Goldoliv
- 400 Mahagonibraun
- 02 Silber
- 924 Dunkles Graugrün
- 168 Hellgrau
- 926 Mittleres Graugrün

Material

- Stickrahmen, ø 15 cm
- Baumwollstoff in Dunkelgrün, 20 cm x 20 cm
- Wasser- oder hitzelöslicher Markierstift
- Sticknadel
- Schere
- Bastelfilz
- Draht, ø 0,5 mm, 60 cm lang

Verwendete Techniken

- Stielstich (siehe Seite 19)
- Plattstich (siehe Seite 20)
- Rückstich (siehe Seite 17)
- Versetzter Plattstich (siehe Seite 18)
- Unterfütterter Plattstich (siehe Seite 40)
- Filzeinlage (siehe Seite 41)
- Webstich (siehe Seite 33)
- Patch mit Draht (siehe Seite 43)

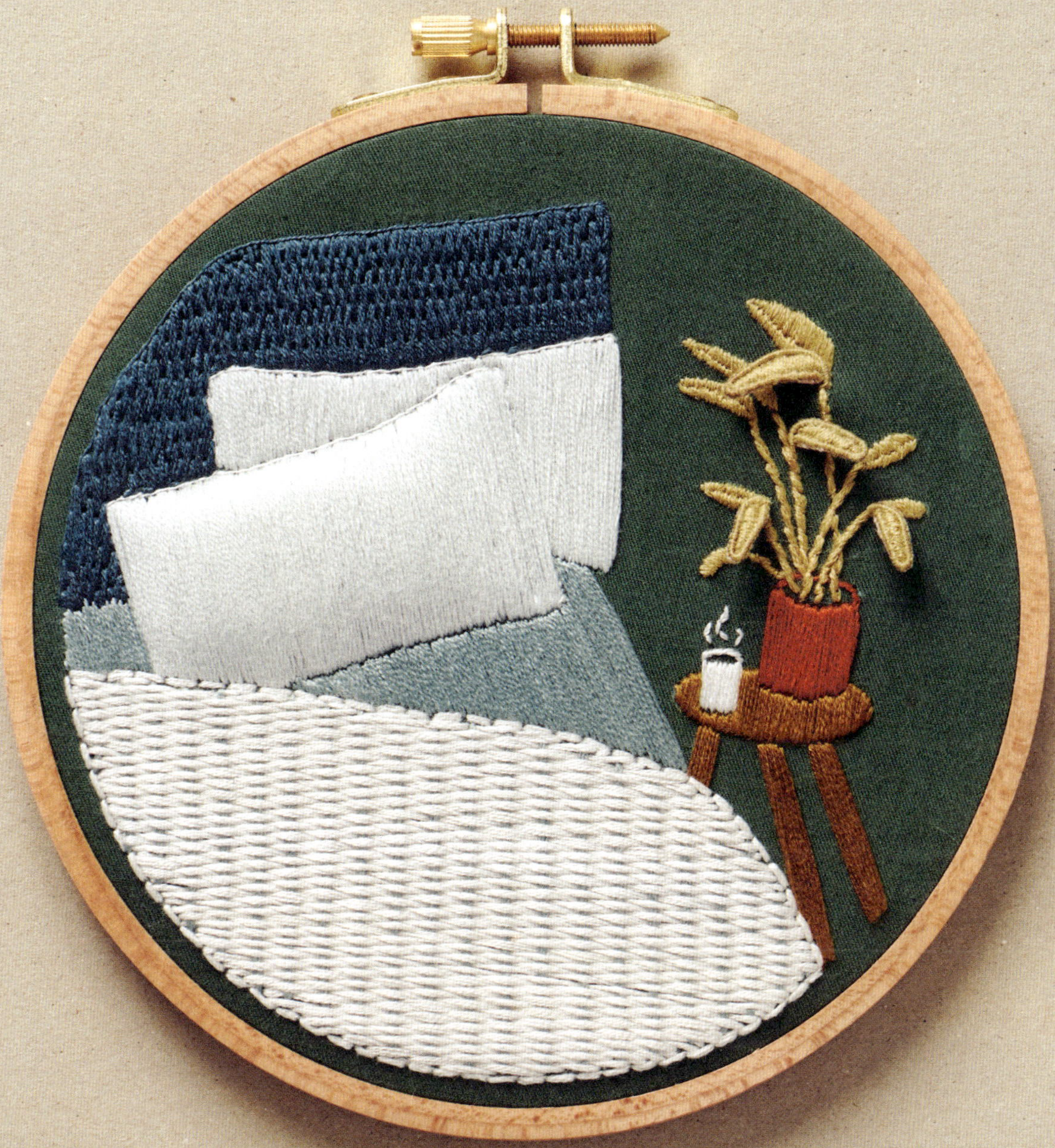

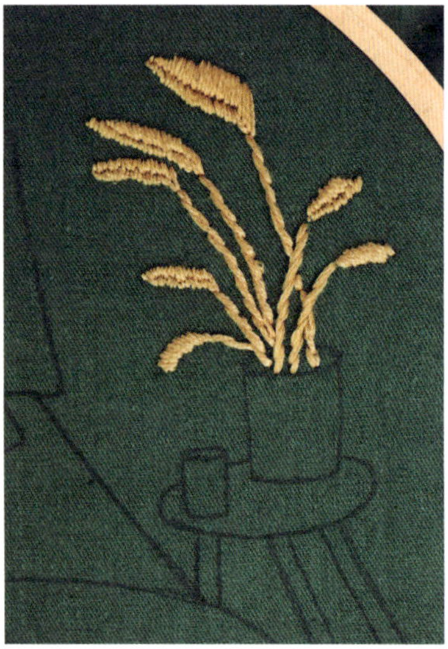

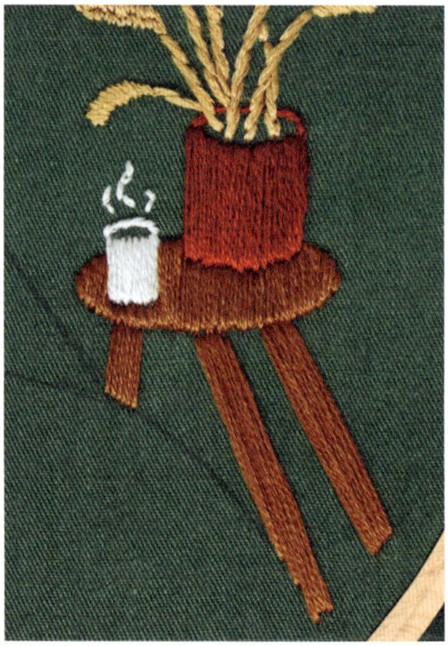

2 Tisch, Teetasse und Pflanztopf sind jeweils mit drei Fäden im Plattstich gearbeitet. Der Tisch wird in dunklem Goldoliv gearbeitet, der Pflanztopf in Mahagonibraun und die Teetasse in Silber. Den aufsteigenden Dampf über der Teetasse mit drei Fäden in Silber im Rückstich (siehe Seite 17) sticken.

1 Die Stängel der Pflanze mit sechs Fäden in Senf im Stielstich (siehe Seite 19) sticken. Anschließend die Blätter der Pflanze mit drei Fäden in Senf im Plattstich (siehe Seite 20) sticken.

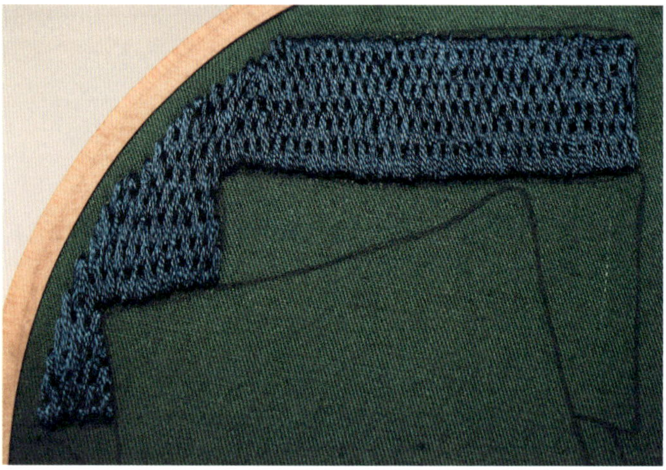

3 Den Kopfteil des Betts mit sechs Fäden in dunklem Graugrün im versetzten Plattstich (siehe Seite 18) sticken.

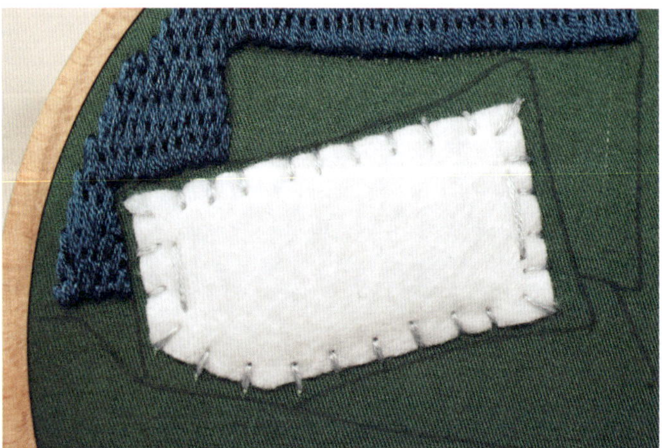

4 Das vordere Kissen wird im unterfütterten Plattstich (siehe Seite 40) gestickt. Zunächst eine Schicht Filz auflegen und am Stoff fixieren. Damit das Kissen noch voluminöser wird, kannst du weitere Filzeinlagen verwenden (siehe Seite 41).

5 Danach das vordere und die hinteren Kissen im Plattstich sticken. Beide Kissen werden jeweils mit sechs Fäden in Hellgrau gearbeitet.

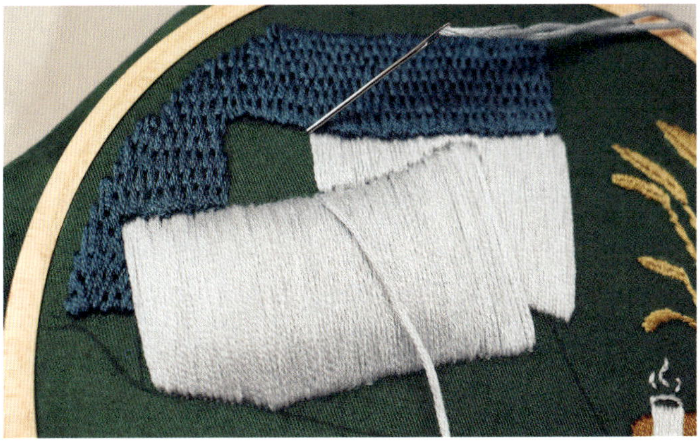

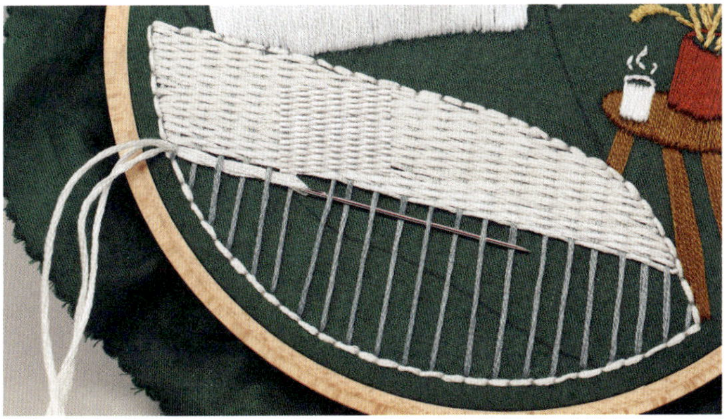

6 Den Umriss der Decke mit sechs Fäden in Silber im Rückstich sticken. Die Decke im Webstich (siehe Seite 33) ausfüllen. Die senkrechten Stiche mit sechs Fäden in mittlerem Graugrün arbeiten und die gewebten Reihen mit sechs Fäden in Silber.

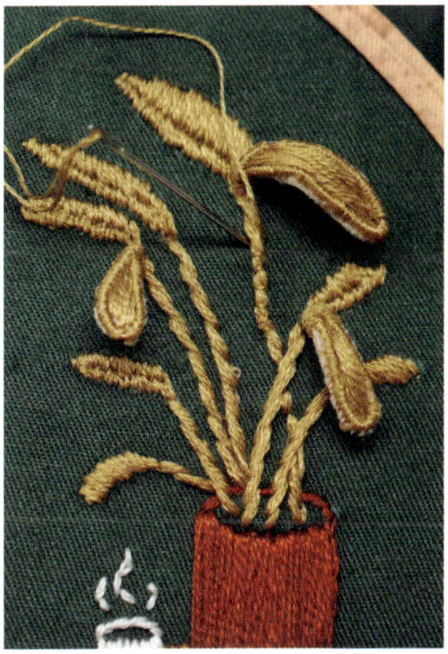

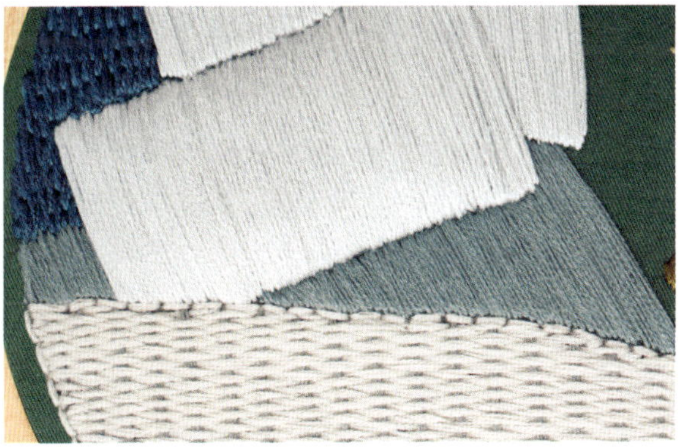

7 Das Bettlaken mit drei Fäden in mittlerem Graugrün im Plattstich sticken.

8 Zum Abschluss drei bis vier Blätter der Pflanze als Patch mit Draht (siehe Seite 43) arbeiten. Diese Blätter werden mit drei Fäden in Senf im Plattstich gearbeitet. Die Drahtenden jeweils auf der Rückseite bündig mit einem der Stängel legen, dann mit einem Faden in Senf um den Stängel sticken, um das Blatt unsichtbar zu befestigen.

AM STRAND

Dieses Motiv weckt Erinnerungen an herrliche Sommertage am Strand. Die erhöhten Stiche und der Patch mit umgenähter Kante lassen die Flipflops und den Strohhut richtig echt wirken.

15 cm

Schwierigkeitsgrad

DMC-Farben

- 437 Hellbeige
- 310 Schwarz
- 17 Helles Pflaumengelb
- BLANC Weiß
- 351 Koralle

Material

- Stickrahmen, ø 10 cm
- Aida-Stoff, 15 cm x 15 cm
- Stickrahmen, ø 15 cm
- Baumwollstoff in Hellblau, 20 cm x 20 cm
- Wasser- oder hitzelöslicher Markierstift
- Sticknadel
- Schere

Verwendete Techniken

- Patch mit umgenähter Kante (siehe Seite 42)
- Rückstich (siehe Seite 17)
- Plattstich (siehe Seite 20)
- Umwickelter Steg (siehe Seite 31)
- Geradstich (siehe Seite 16)

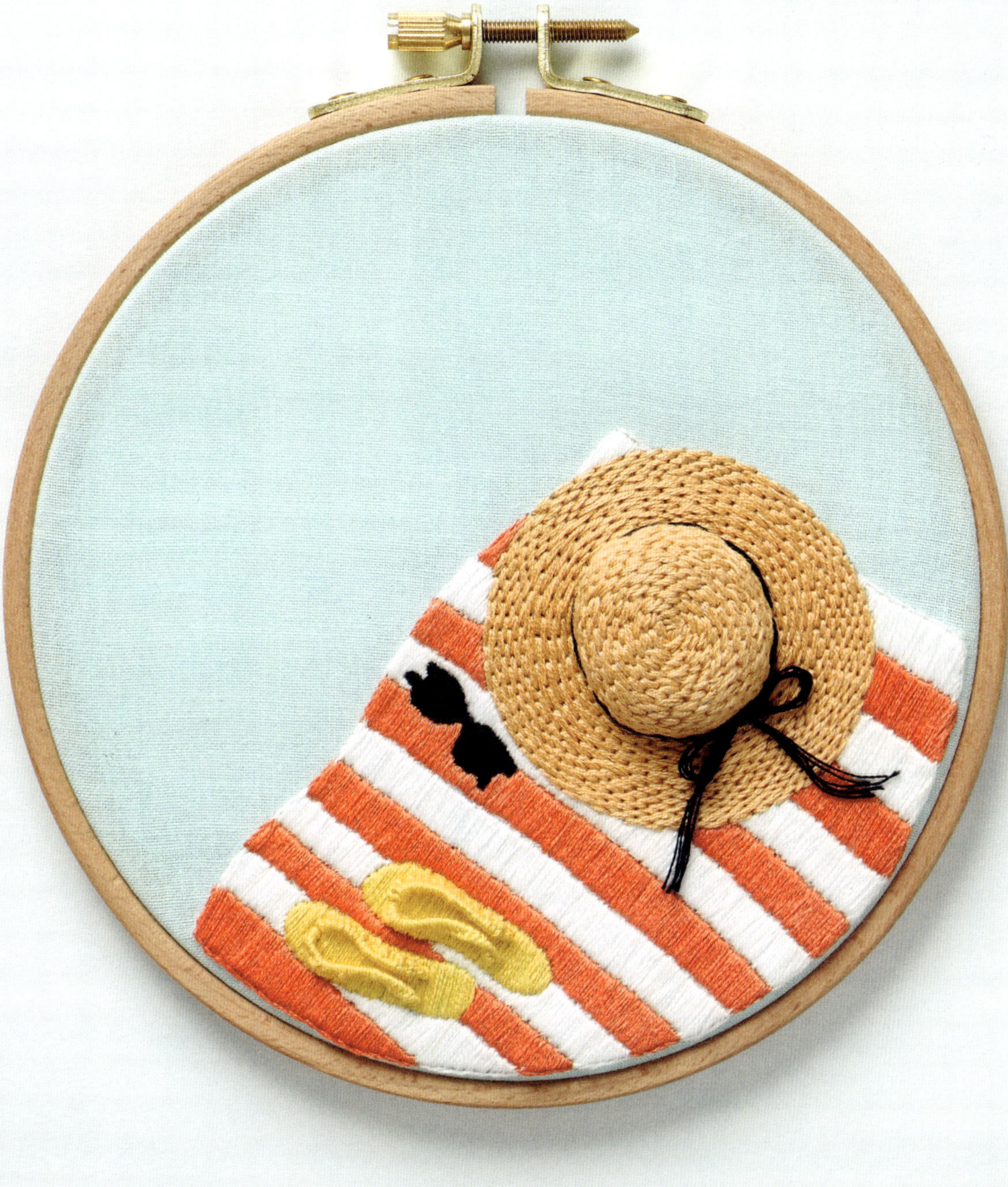

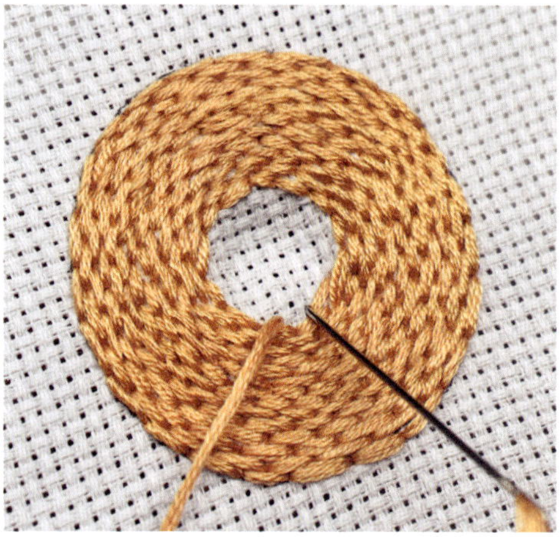

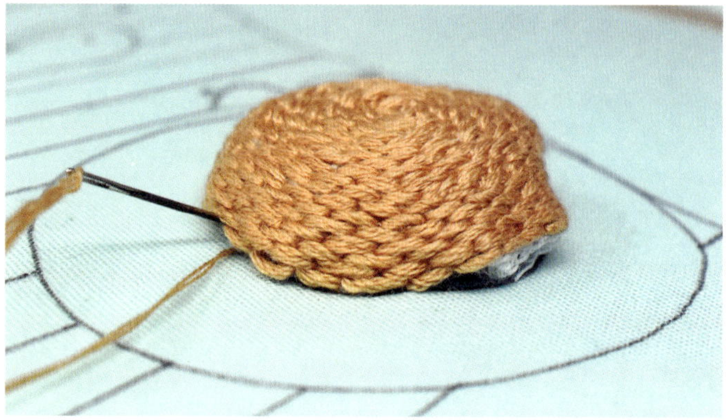

1 Mit dem 10 cm großen Stickrahmen und dem Aida-Stoff einen Patch mit umgenähter Kante (siehe Seite 42) arbeiten. Dazu Kreis A von der Vorlage auf den Aida-Stoff übertragen. Den Kreis mit sechs Fäden in Hellbeige ringförmig im Rückstich (siehe Seite 17) ausfüllen. Dabei die Stiche mit jedem neuen Ring verzahnen, sodass sie wie versetzte Plattstiche (siehe Seite 18) aussehen.

2 Den Patch ausschneiden und als Patch mit umgenähter Kante auf den hellblauen Stoff im 15 cm großen Stickrahmen sticken. Dazu zwei Fäden in Hellbeige verwenden und den Patch auf den inneren Kreis aufnähen, der ebenfalls mit A beschriftet ist.

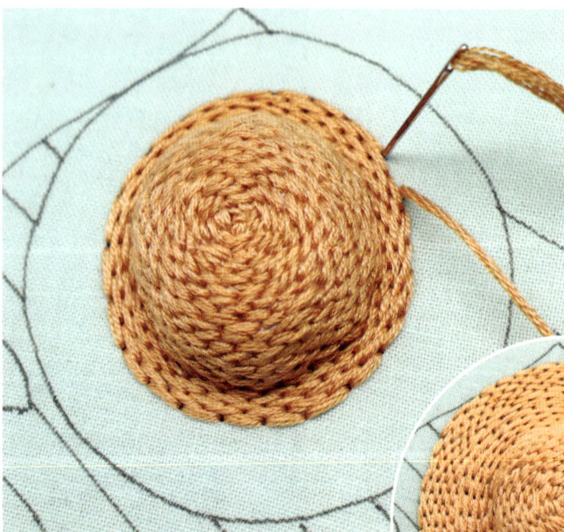

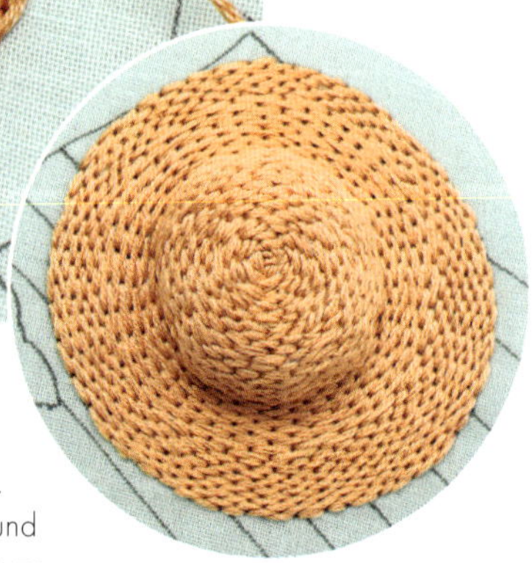

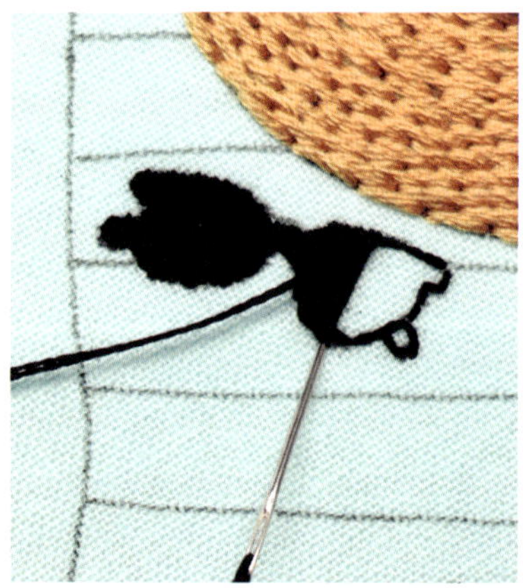

3 Nachdem der Patch aufgenäht ist, die Hutkrempe mit sechs Fäden in Hellbeige im Rückstich ringförmig arbeiten. Dabei an der Kante des Patchs beginnen und nach außen sticken. Auch hier ein Muster erzeugen, indem die Stiche mit jedem neuen Ring verzahnt werden.

4 Dann die kleine schwarze Sonnenbrille sticken: Mit zwei Fäden in Schwarz im Plattstich (siehe Seite 20) arbeiten.

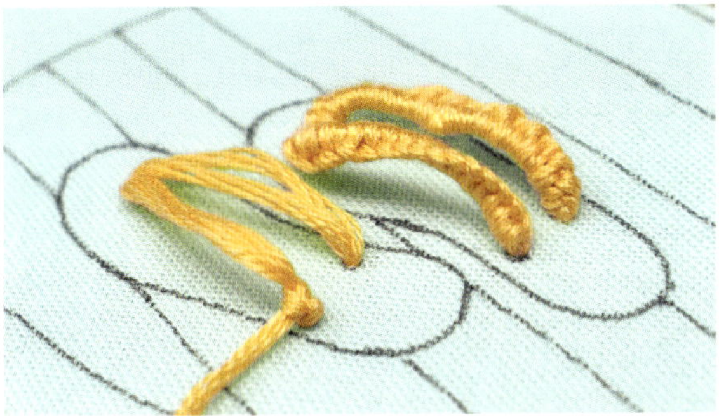

5 Die Riemen der Flipflops als umwickelter Steg (siehe Seite 31) mit sechs Fäden in hellem Pflaumengelb arbeiten. Die drei Punkt auf jedem Flipflop zeigen an, wo die Stege befestigt werden.

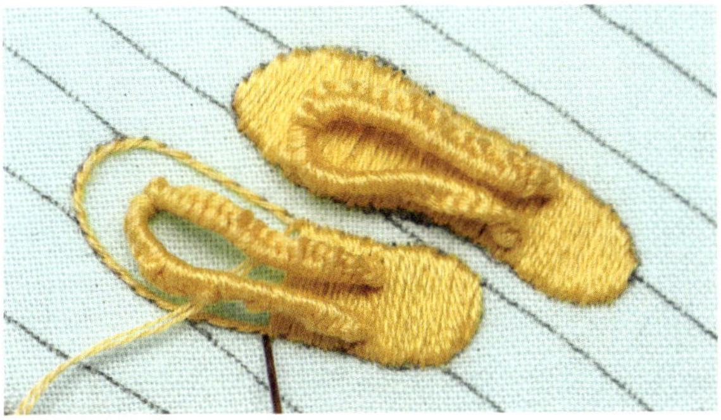

6 Die Sohle der Flipflops mit zwei Fäden in hellem Pflaumengelb im Plattstich sticken. Dabei die Nadel vorsichtig unter den umwickelten Stegen hindurchführen, wenn du in der Mitte der Sohle arbeitest.

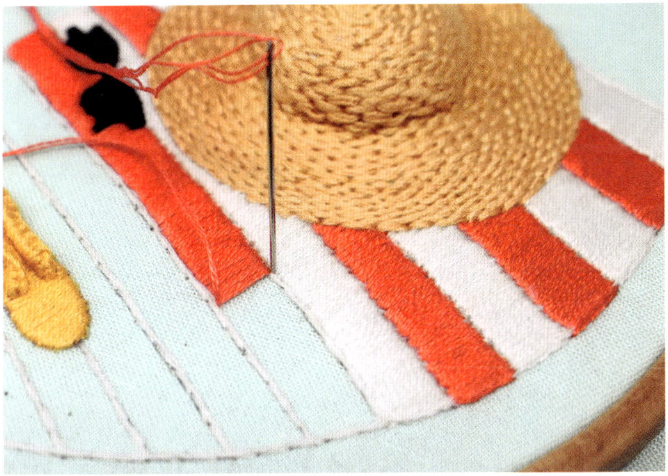

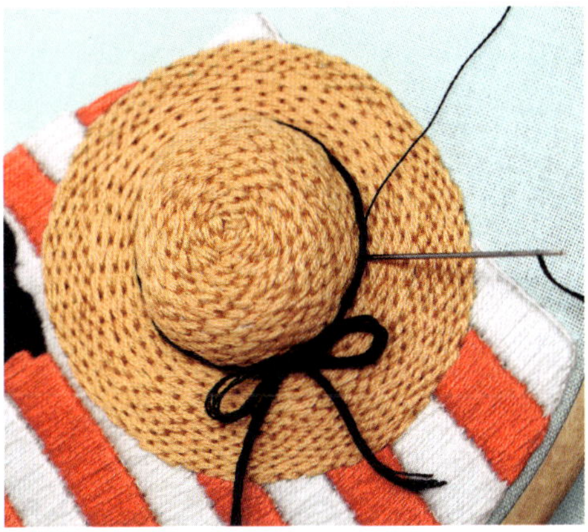

7 Die Streifen des Handtuchs werden im Plattstich gestickt. Zunächst mit zwei Fäden in Weiß den Umriss sticken. Anschließend das Streifenmuster mit vier Fäden in Weiß und vier Fäden in Koralle arbeiten.

8 Zum Abschluss eine Schleife aus sechs Fäden in Schwarz um den Hut binden. Die Enden der Schleife auf die gewünschte Länge abschneiden. Damit die Schleife an der richtigen Stelle bleibt, mit einem Faden in Schwarz fünf Geradstiche (siehe Seite 16) im gleichen Abstand rund um das Hutband sticken.

FLIEGEN-PILZE

15 cm

Schwierigkeitsgrad

Diese Fliegenpilze wirken durch die Filzeinlagen und mit der gestickten Spitze ausgesprochen realistisch. Das Motiv sieht im Stickrahmen wunderschön aus, könnte aber auch eine perfekte Verzierung für eine Leinentasche oder ein Sofakissen sein.

DMC-Farben

355
Dunkles Terrakotta

3866
Helles Kaffeebeige

730
Dunkles Olivgrün

Material

- Stickrahmen, ø 15 cm
- Bastelfilz, 20 cm x 20 cm
- Baumwollstoff in Dunkelblau, 20 cm x 20 cm
- Wasser- oder hitzelöslicher Markierstift
- Sticknadel
- Schere

Verwendete Techniken

- Filzeinlage (siehe Seite 41)
- Unterfütterter Plattstich (siehe Seite 40)
- Knötchenstich (siehe Seite 24)
- Gestickte Spitze (siehe Seite 45)
- Webstich-Steg (siehe Seite 34)
- Stielstich (siehe Seite 19)

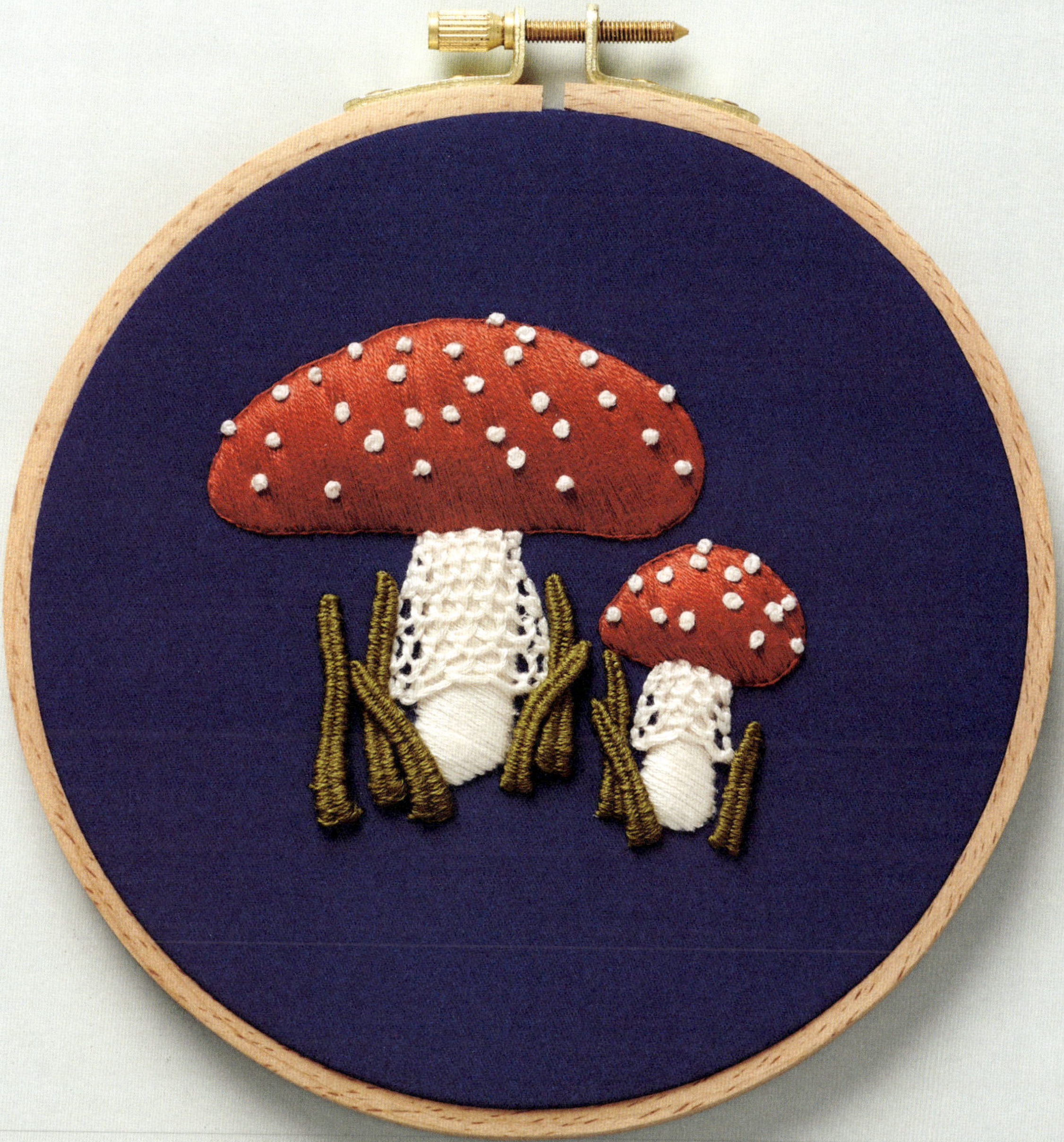

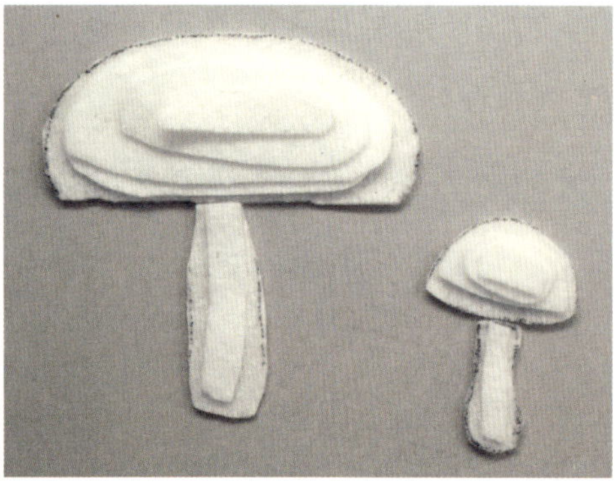

1 Die Filzeinlagen für beide Pilze ausschneiden, die Technik ist auf Seite 41 beschrieben. Die Filzeinlagen für Hüte und Stiele getrennt ausschneiden. Für den größeren Pilz fünf, sich verjüngende Lagen für den Hut und ebenso zwei Lagen für den Stiel vorbereiten. Für den kleineren Pilz vier Lagen für den Hut und zwei Lagen für den Stiel vorbereiten.

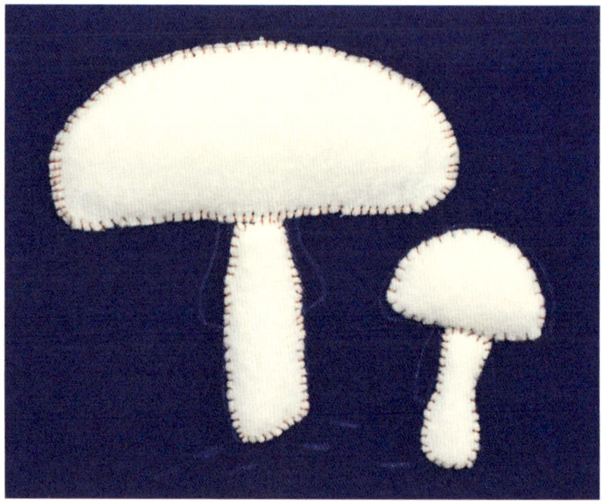

2 Nach der Filzeinlagen-Technik (siehe Seite 41) die einzelnen Lagen nacheinander auf dem Stoff fixieren, dabei mit den kleinsten Einlagen beginnen und die größte Einlage ganz nach oben legen.

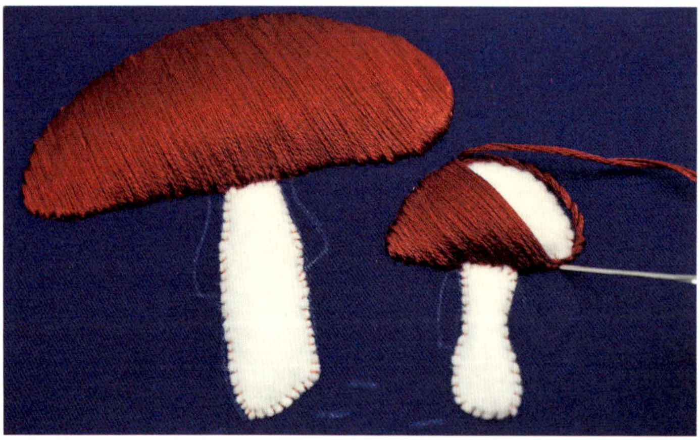

3 Die Hüte der Pilze im unterfütterten Plattstich (siehe Seite 40) besticken. Dazu sechs Fäden in dunklem Terrakotta verwenden.

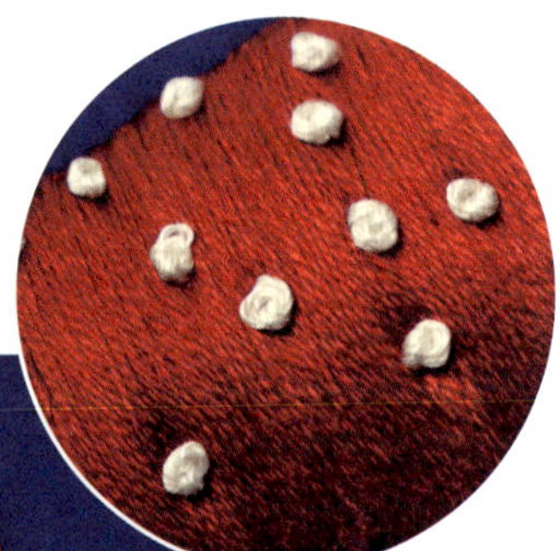

4 Auf dem größeren Pilzhut mit sechs Fäden in hellem Kaffeebeige etwa dreißig feste Knötchenstiche (siehe Seite 24) arbeiten. Auf dem kleineren Pilzhut etwa fünfzehn Knötchenstiche verteilen.

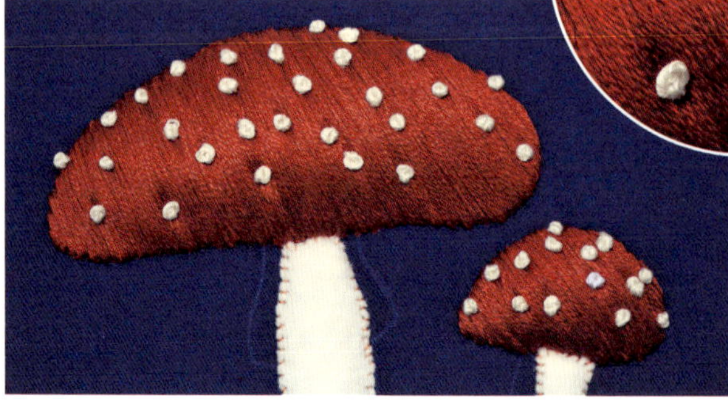

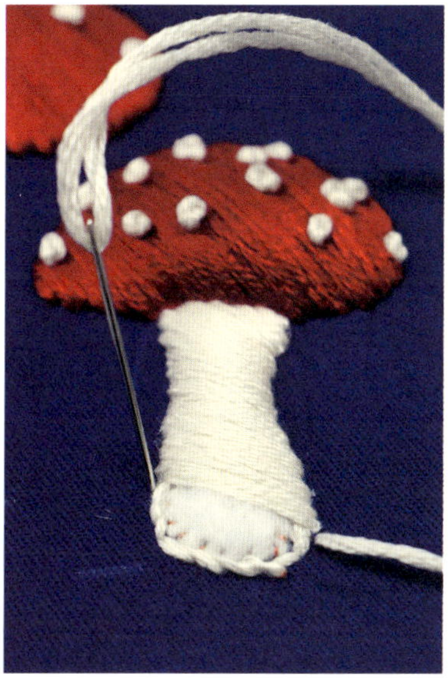

5 Die Stiele der Pilze im unterfütterten Plattstich besticken. Dazu sechs Fäden in hellem Kaffeebeige verwenden.

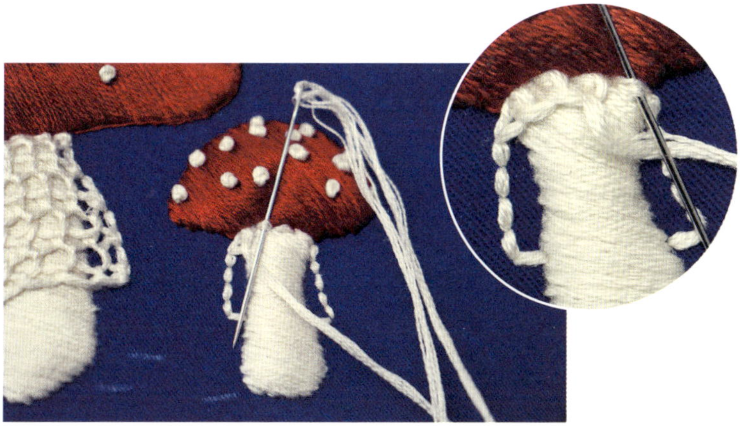

6 Die beiden Manschetten der Pilze mit sechs Fäden in Kaffeebeige als gestickte Spitze (siehe Seite 45) sticken. Beim Sticken des Umrisses im Rückstich die Stiche auf der Vorderseite recht locker arbeiten. Die Nadel sorgfältig unter die Rückstiche führen, um die Fäden nicht zu durchstechen.

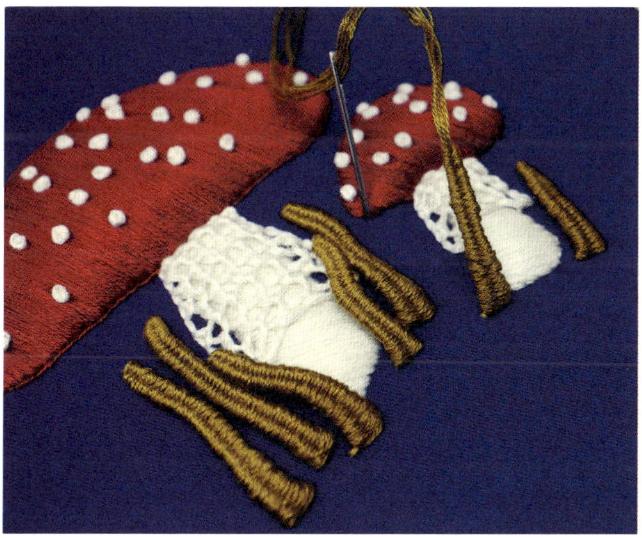

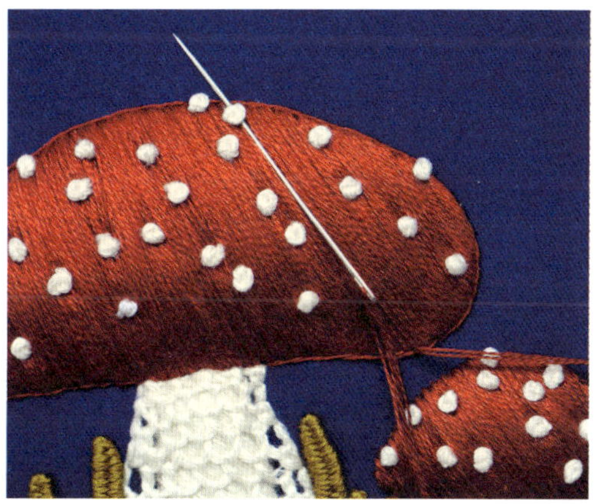

7 Die Grashalme mit sechs Fäden in dunklem Olivgrün als Webstich-Stege (siehe Seite 34) arbeiten. Die fünf Halme beim großen Pilz sind etwa 2,5 bis 4 cm lang. Die drei Halme beim kleinen Pilz sind etwa 2,5 cm lang.

8 Anschließend die Hüte der Pilze verschönern. Dabei eventuelle Lücken zwischen den Knötchenstichen mit ein bis zwei Fäden in dunklem Terrakotta im Plattstich schließen. Falls nötig, auch durch die Knötchenstiche hindurchstechen. Anschließend die Umrisse der Pilzhüte mit einem Faden in dunklem Terrakotta im Stielstich (siehe Seite 19) umsticken.

BLÜTEN-KRONE

15 cm

Schwierigkeitsgrad

Gestickte Blüten sind ein klassisches Motiv in der Stickerei und zieren jedes Projekt. Die zarten Blüten dieses Motivs sind eine perfekte Gelegenheit, um zu testen, wie sich verschiedene Patches mit Draht damit kombinieren lassen.

DMC-Farben

433
Mittelbraun

967
Helles Apricot

3773
Dunkler Wüstensand

561
Dunkles Jadegrün

368
Helles Pistaziengrün

3820
Dunkles Strohgelb

310
Schwarz

Material

- Stickrahmen, ø 15 cm
- Baumwollstoff in kräftigem Blau, 20 cm x 20 cm
- Wasser- oder hitzelöslicher Markierstift
- Sticknadel
- Schere
- Kartonstreifen, 1,3 cm breit
- Aida-Stoff, 20 cm x 20 cm
- Draht, 0,5 mm ø, 76 cm lang

Verwendete Techniken

- Stielstich (siehe Seite 19)
- Geradstich (siehe Seite 16)
- Web-Rose (siehe Seite 37)
- Umwickelter Rückstich (siehe Seite 22)
- Erhöhter Blattstich (siehe Seite 23)
- Patch mit Draht (siehe Seite 43)
- Plattstich (siehe Seite 20)
- Knötchenstich (siehe Seite 24)

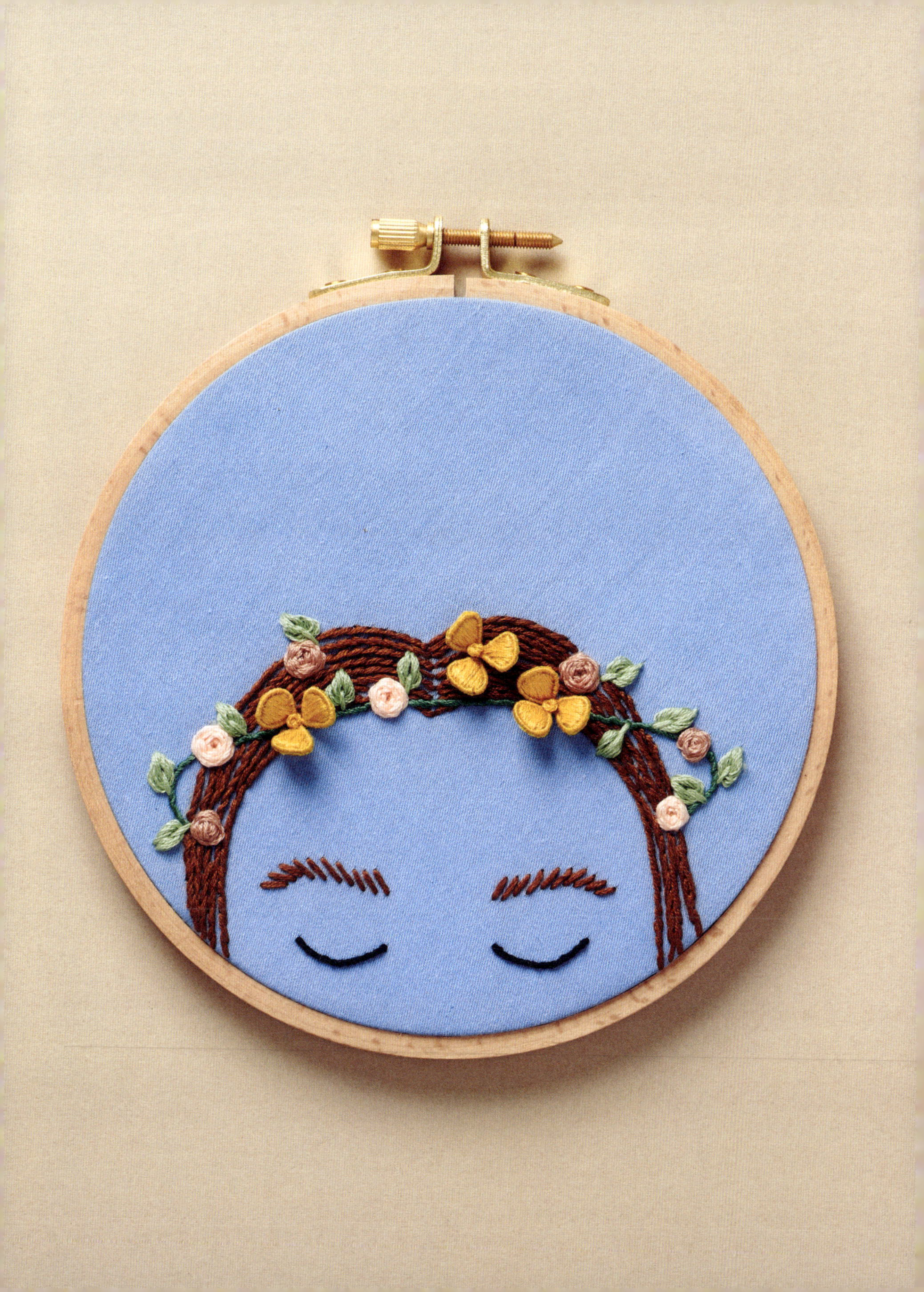

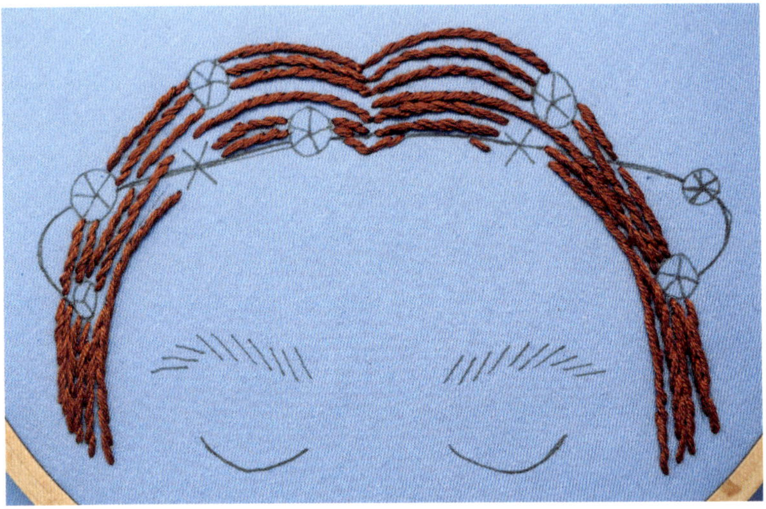

1 Die Haare mit sechs Fäden in Mittelbraun sticken. Jede Haarsträhne einzeln im Stielstich (siehe Seite 19) arbeiten, dabei die markierten Stellen für die Blüten und Blätter der Krone frei lassen.

2 Beide Augenbrauen mit jeweils sechs Fäden in Mittelbraun im Geradstich (siehe Seite 16) sticken.

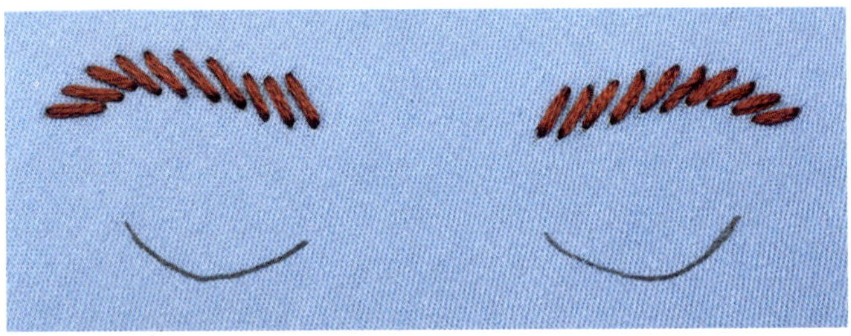

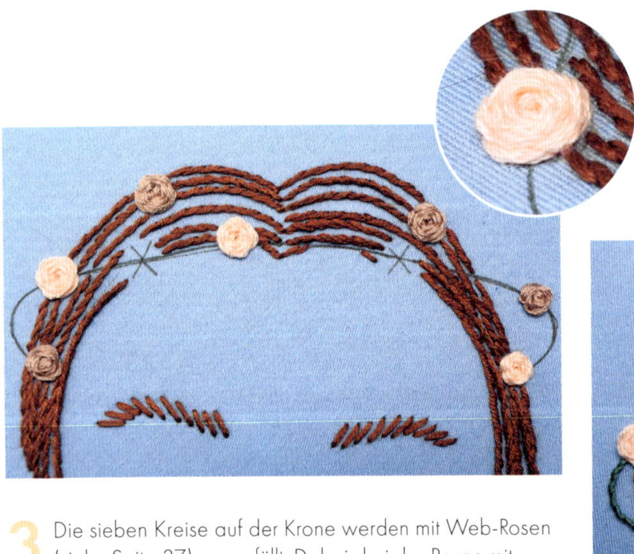

3 Die sieben Kreise auf der Krone werden mit Web-Rosen (siehe Seite 37) ausgefüllt. Dabei drei der Rosen mit sechs Fäden in hellem Apricot sticken, die vier anderen Rosen mit sechs Fäden in dunklem Wüstensand.

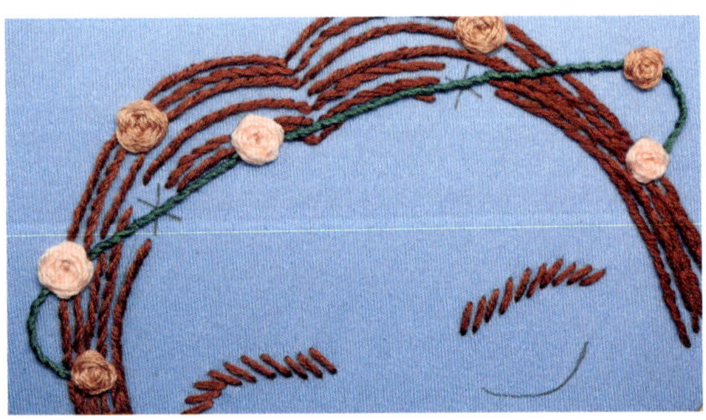

4 Den Haarreif der Blütenkrone mit sechs Fäden in dunklem Jadegrün im umwickelten Rückstich (siehe Seite 22) sticken.

5 Die Blätter an der Krone sind in der Vorlage mit kurzen Strichen markiert und werden mit sechs Fäden in hellem Pistaziengrün im erhöhten Blattstich (siehe Seite 23) gestickt. Den Kartonstreifen längs falten, sodass er 6 mm hoch ist. Den Faden für jedes Blatt drei bis vier Mal um den gefalteten Kartonstreifen wickeln.

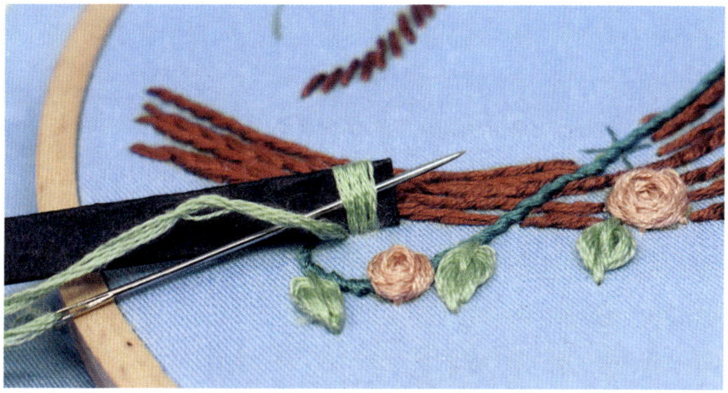

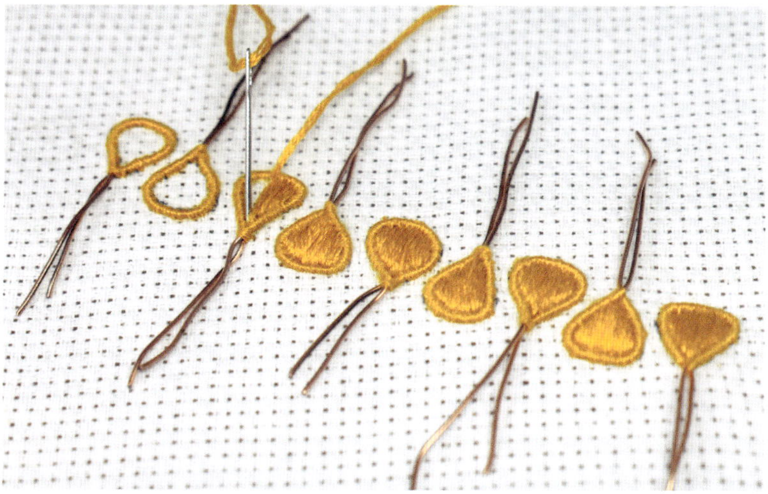

6 Die Blütenblätter von der Vorlage auf den Aida-Stoff übertragen, der in den zweiten Stickrahmen (15 cm) eingespannt ist. Für jedes Blütenblatt 7,5 cm Draht abschneiden und Patches mit Draht (siehe Seite 43) erstellen. Alle Blütenblätter mit drei Fäden in dunklem Strohgelb im Plattstich (siehe Seite 20) ausfüllen.

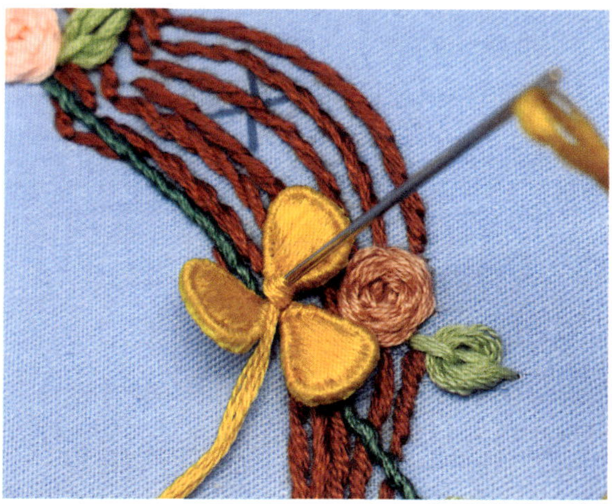

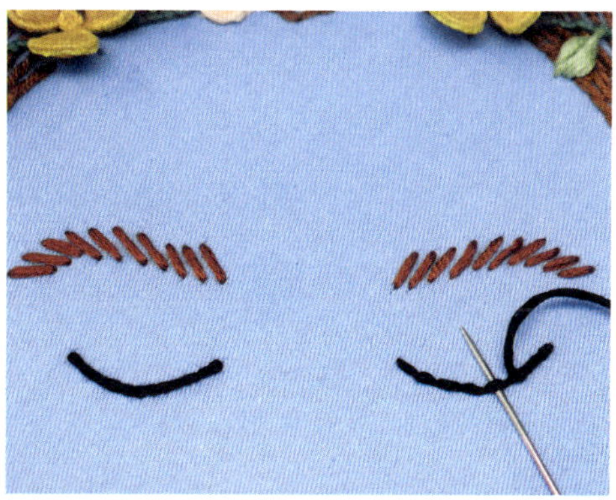

8 Zum Abschluss die Augen mit sechs Fäden in Schwarz im umwickelten Rückstich (siehe Seite 22) sticken.

7 Jeweils drei der Patches mit Draht an einem mit X markierten Punkt befestigen, sodass Blüten entstehen. Die Drähte mit zwei Fäden in Mittelbraun aufnähen, dabei an den Haarsträhnen entlang sticken. In die Mitte jeder Blüte einen Knötchenstich (siehe Seite 24) aus sechs Fäden in dunklem Strohgelb arbeiten.

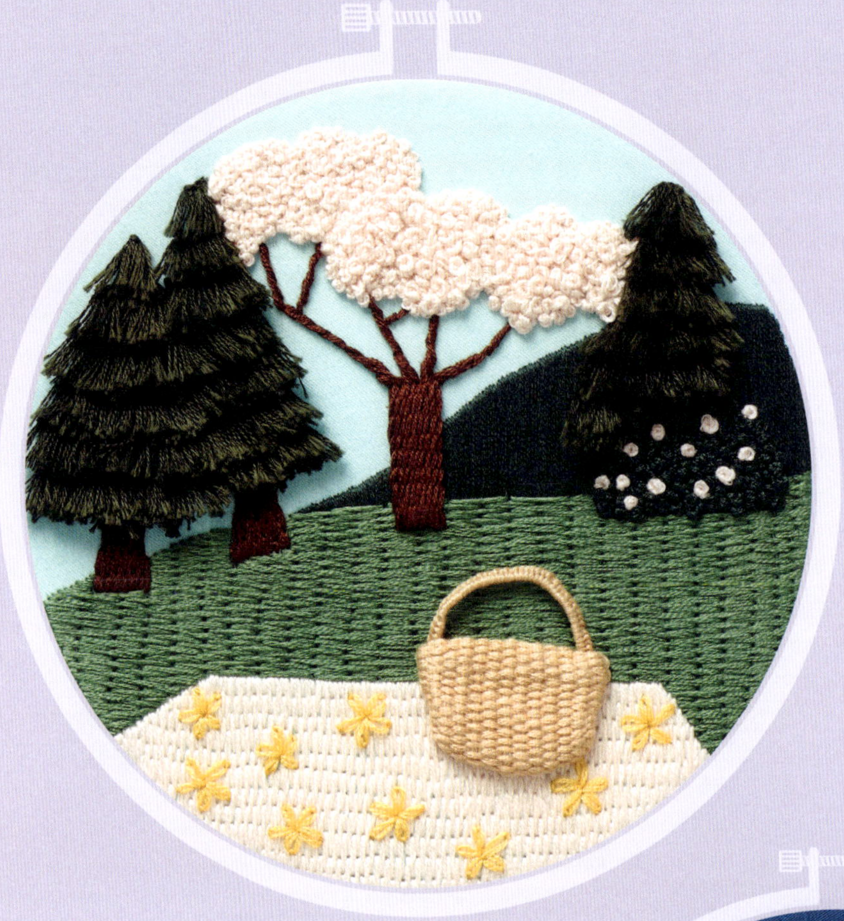

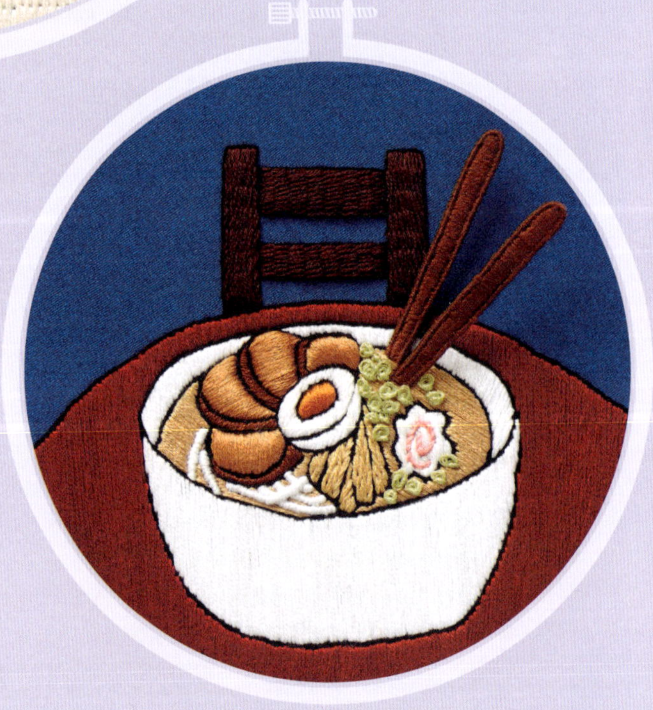

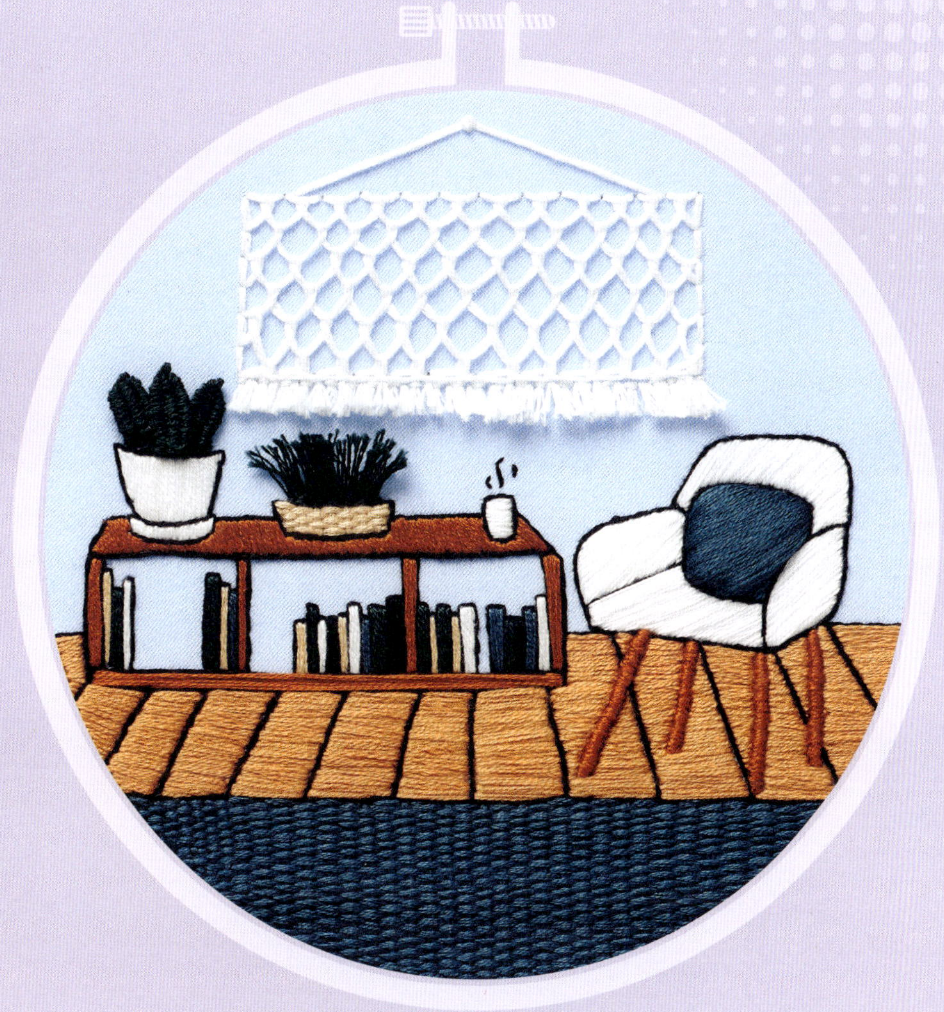

DIE PROJEKTE:

UND JETZT ALLES KOMBINIERT

EIN TAG IM PARK

15 cm

Schwierigkeitsgrad

Diese romantische Szene zeigt die Schönheit des Frühlings: Der Korb lädt zu einem Picknick in einer wundervollen Landschaft ein. Eine Kombination aus unterschiedlichen erhöhten und flachen Stichen lässt das Bild lebendig werden.

DMC-Farben

- 738 Sehr helles Beige
- 367 Dunkles Pistaziengrün
- 819 Helles Babyrosa
- 898 Dunkles Espressobraun
- 17 Helles Pflaumengelb
- 935 Dunkles Avocadogrün
- 500 Dunkles Blaugrün

Material

- Stickrahmen, ø 10 cm
- Aida-Stoff, 15 cm x 15 cm
- Stickrahmen, ø 15 cm
- Baumwollstoff in Hellblau, 20 cm x 20 cm
- Wasser- oder hitzelöslicher Markierstift
- Sticknadel
- Schere

Verwendete Techniken

- Patch mit umgenähter Kante (siehe Seite 42)
- Webstich (siehe Seite 33)
- Versetzter Plattstich(siehe Seite 18)
- Margeritenstich (siehe Seite 28)
- Umwickelter Steg (siehe Seite 31)
- Fransenstich (siehe Seite 29)
- Knötchenstich (siehe Seite 24)
- Erhöhtes Fadenband (siehe Seite 32)
- Stielstich (siehe Seite 19)
- Plattstich (siehe Seite 20)

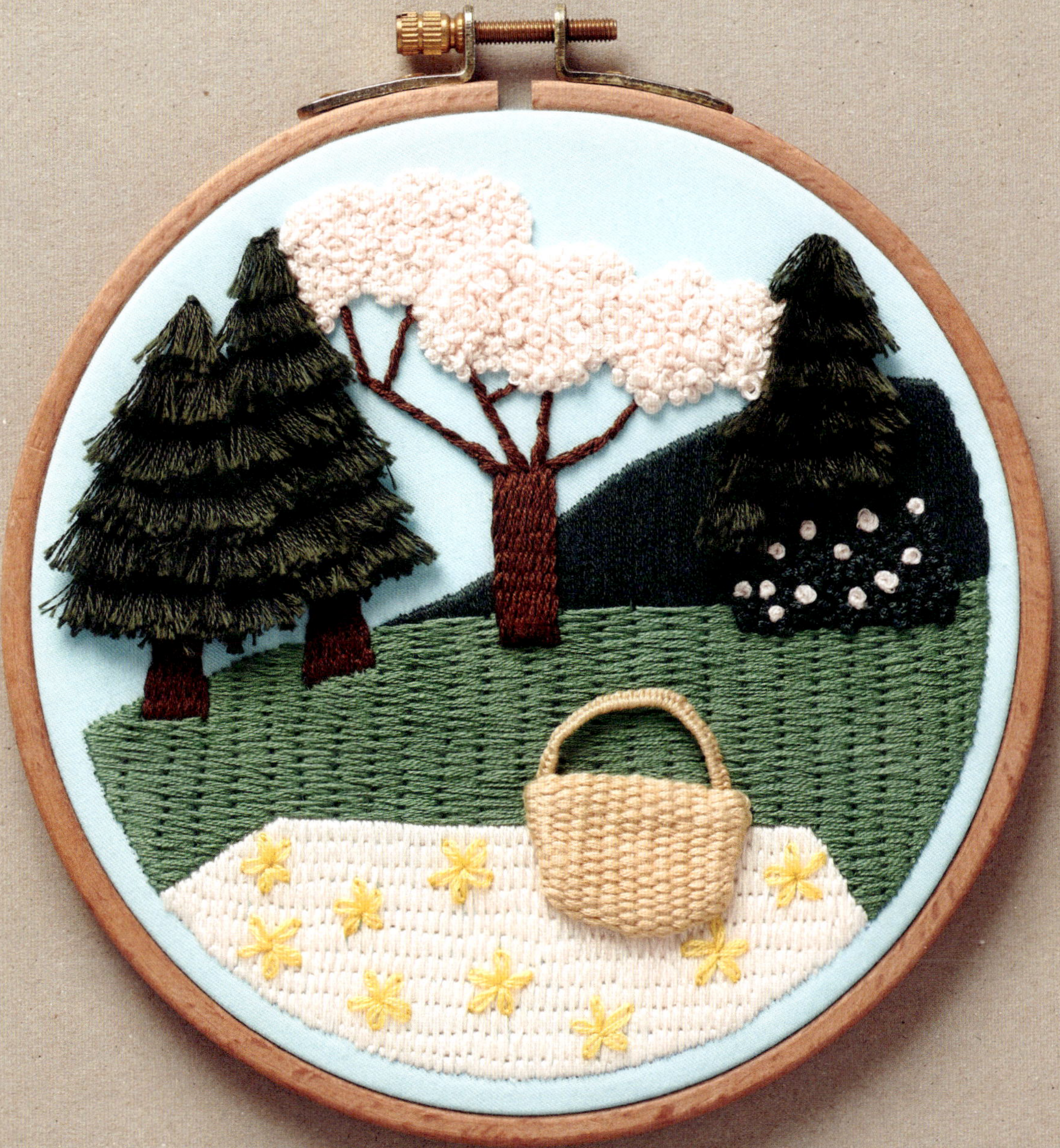

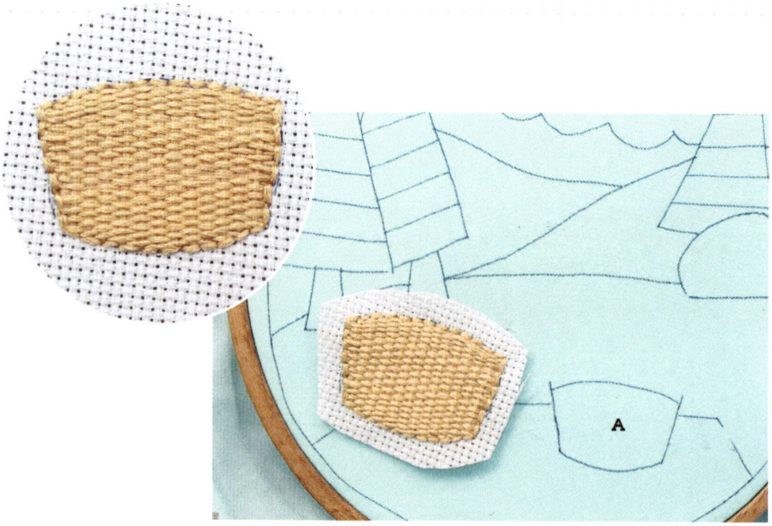

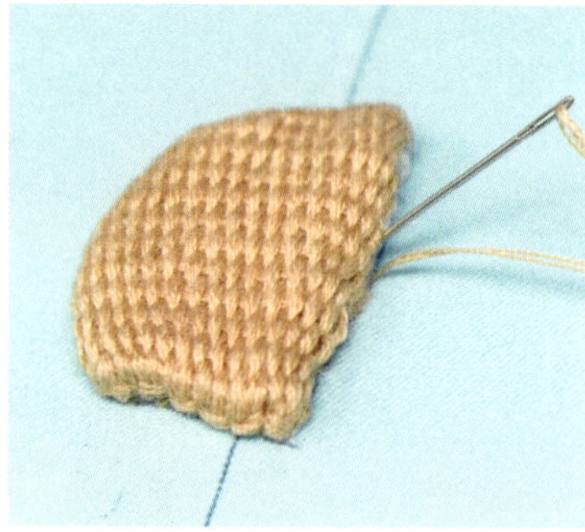

1 Mit dem 10 cm großen Stickrahmen und dem Aida-Stoff einen Patch mit umgenähter Kante (siehe Seite 42) arbeiten. Dazu die mit A markierte Form von der Vorlage auf den Aida-Stoff übertragen. Den Patch mit sechs Fäden in sehr hellem Beige im Webstich (siehe Seite 33) arbeiten und ausschneiden.

2 Den Patch mit umgenähter Kante als Picknickkorb auf das Stickbild über die Form A nähen. Dazu zwei Fäden in sehr hellem Beige verwenden.

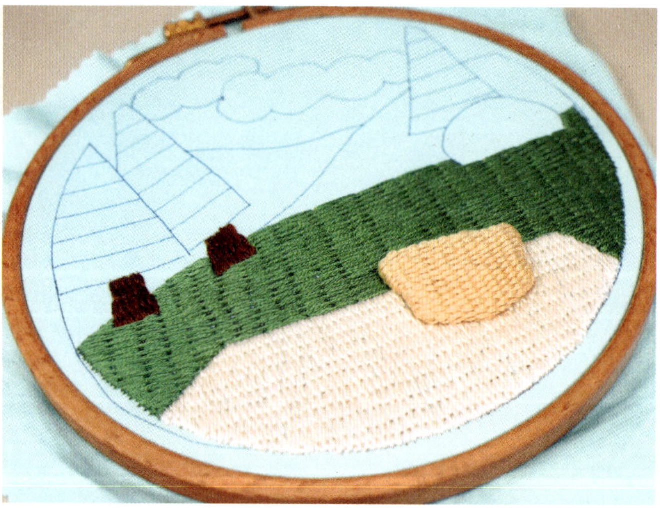

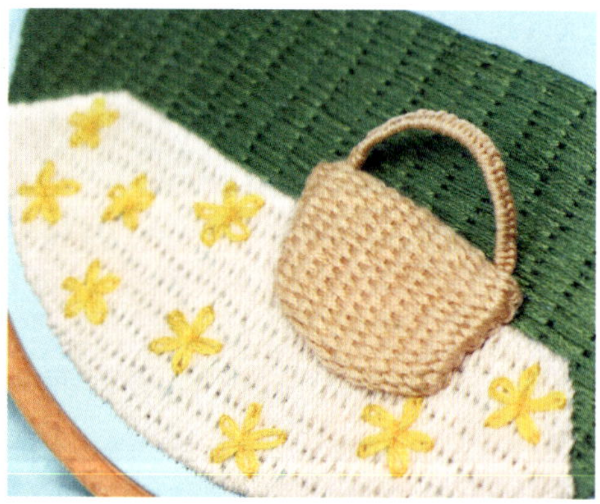

3 Die folgenden Elemente werden im versetzten Plattstich (siehe Seite 18) gearbeitet: Das Gras wird mit sechs Fäden in dunklem Pistaziengrün und mit waagrechten Stichen gestickt. Die Decke mit sechs Fäden in hellem Babyrosa und die Baumstämme werden beide senkrecht mit sechs Fäden in dunklem Espressobraun gestickt.

4 Ein Blütenmuster im Margeritenstich (siehe Seite 28) auf die Decke sticken. Dazu mit drei Fäden in hellem Pflaumengelb neun Blüten auf der Decke verteilen. Dann den Griff des Picknickkorbs als umwickelten Steg (siehe Seite 31) aus sechs Fäden in sehr hellem Beige arbeiten.

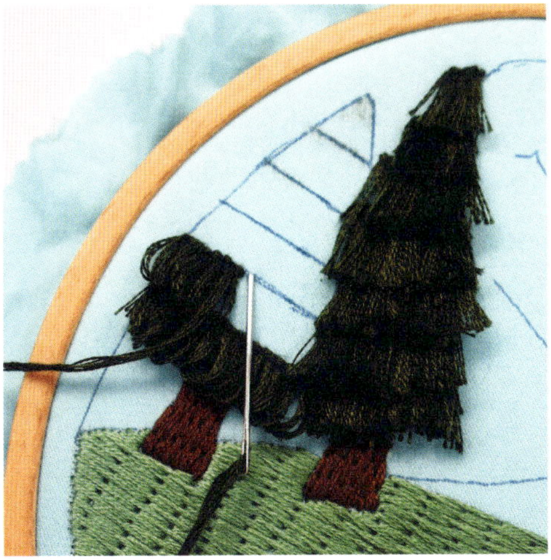

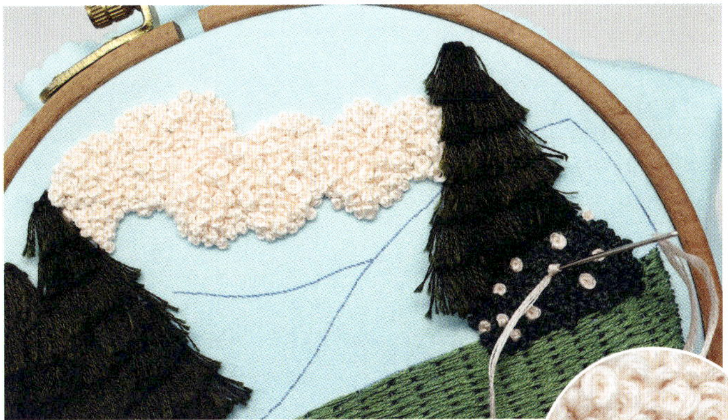

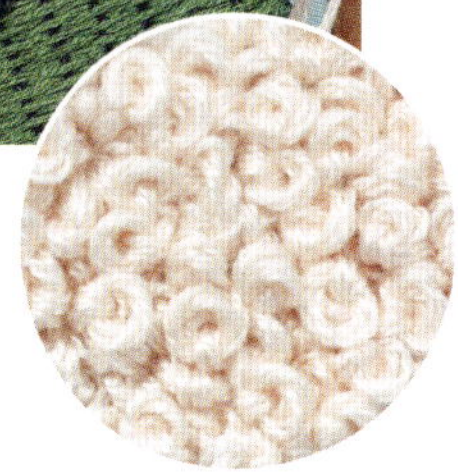

6 Den Busch rechts und die Krone des blühenden Baums in der Mitte im Knötchenstich (siehe Seite 24) sticken. Die Baumkrone mit sechs Fäden in hellem Babyrosa arbeiten. Den Busch mit sechs Fäden in dunklem Blaugrün arbeiten und anschließend zehn Knötchenstiche in hellem Babyrosa im Busch verteilen.

5 Die drei Nadelbäume im Fransenstich (siehe Seite 29) arbeiten. Dazu jede Reihe mit sechs Fäden in dunklem Avocadogrün arbeiten. Die Schlingen müssen so lang sein, dass sie die Reihe darunter erreichen. Die Schlingen in jeder Reihe gleich lang abschneiden.

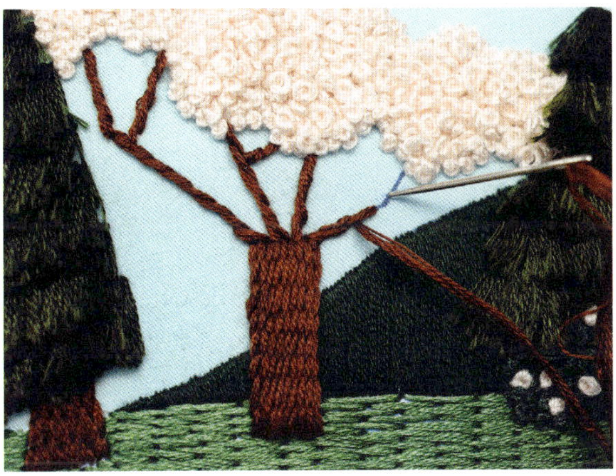

7 Der Stamm und die Zweige des blühenden Baums werden mit sechs Fäden in dunklem Espressobraun gestickt. Den Stamm als erhöhtes Fadenband (siehe Seite 32) und die Zweige im Stielstich (siehe Seite 19) arbeiten.

8 Den Hügel im Hintergrund mit drei Fäden in dunklem Blaugrün im Plattstich (siehe Seite 20) sticken.

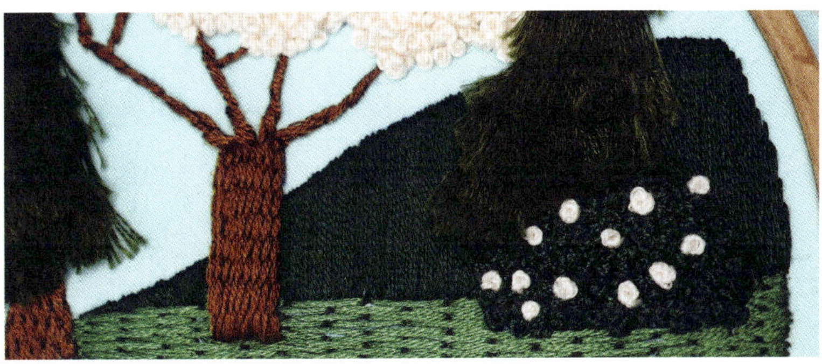

EIN NACH-MITTAG ZU HAUSE

15 cm

Schwierigkeitsgrad

Im Mittelpunkt dieser heimelige Wohnszene steht ein gestickter Spitzen-Wandbehang. Kombiniere Plattstiche mit erhöhten Elementen, wie einem gewebten Teppich und strukturierten Pflanzen – hier kannst du es dir gemütlich machen.

DMC-Farben

- 310 Schwarz
- 924 Dunkles Graugrün
- 780 Dunkler Topas
- BLANC Weiß
- 436 Beige
- 738 Sehr helles Beige
- 500 Dunkles Blaugrün

Material

- Stickrahmen, ø 15 cm
- Baumwollstoff in Blassblau, 20 cm x 20 cm
- Wasser- oder hitzelöslicher Markierstift
- Zwei Sticknadeln
- Schere
- Bastelfilz, 10 cm x 10 cm

Verwendete Techniken

- Stielstich (siehe Seite 19)
- Unterfütterter Plattstich (siehe Seite 40)
- Unterlegter Schnurstich (siehe Seite 21)
- Plattstich (siehe Seite 20)
- Webstich (siehe Seite 33)
- Gestickte Spitze (siehe Seite 45)
- Fransenstich (siehe Seite 29)
- Geradstich (siehe Seite 16)
- Web-Pikot(siehe Seite 35)

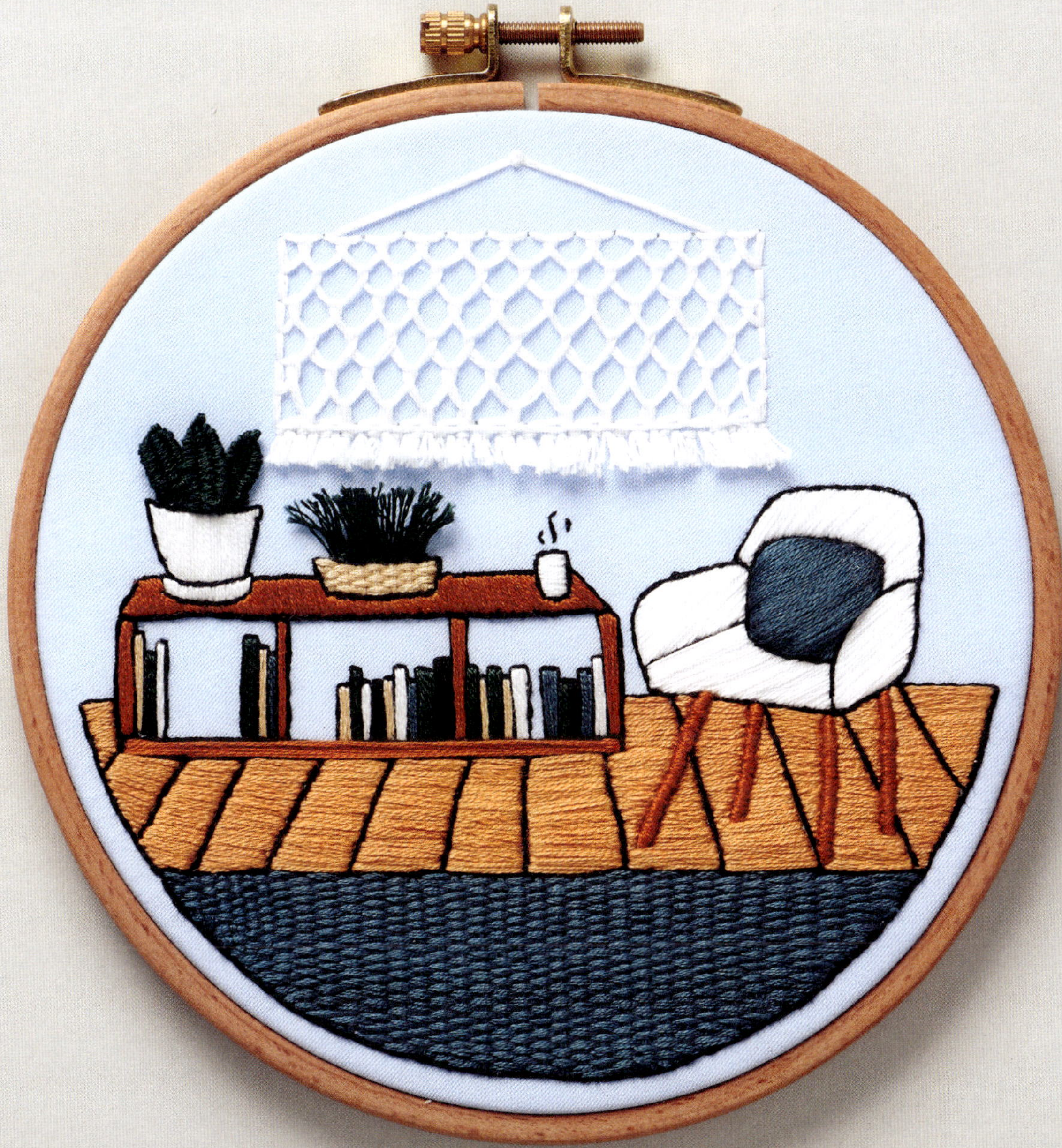

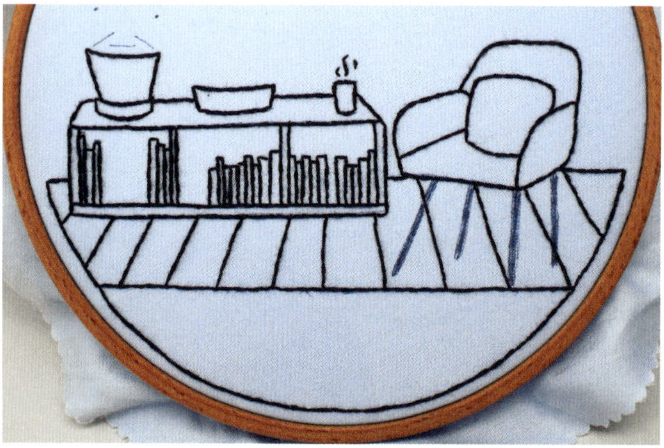

1 Alle Umrisse mit zwei Fäden in Schwarz im Stielstich (siehe Seite 19) vorsticken – jedoch die Stuhlbeine und den rechteckigen Wandbehang auslassen.

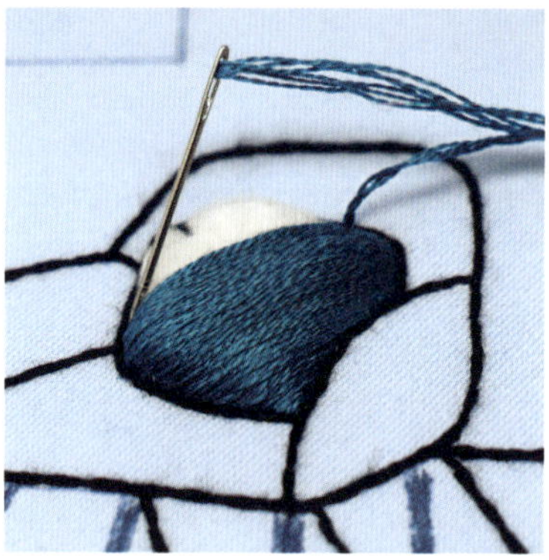

2 Das Stuhlkissen im unterfütterten Plattstich (siehe Seite 40) arbeiten. Dazu mit drei Fäden in dunklem Graugrün diagonal über das Kissen sticken. Die Stiche bleiben innerhalb der schwarzen Umrisslinie.

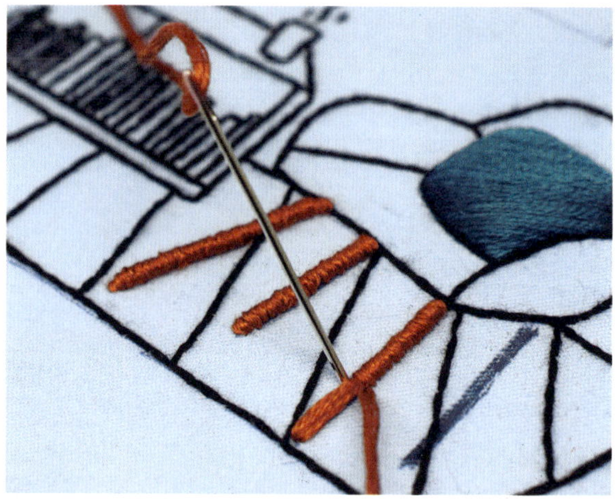

3 Die Stuhlbeine im unterlegten Schnurstich (siehe Seite 21) mit sechs Fäden in dunklem Topas arbeiten. Als Füllfäden nimmst du drei Fäden einer beliebigen Farbe.

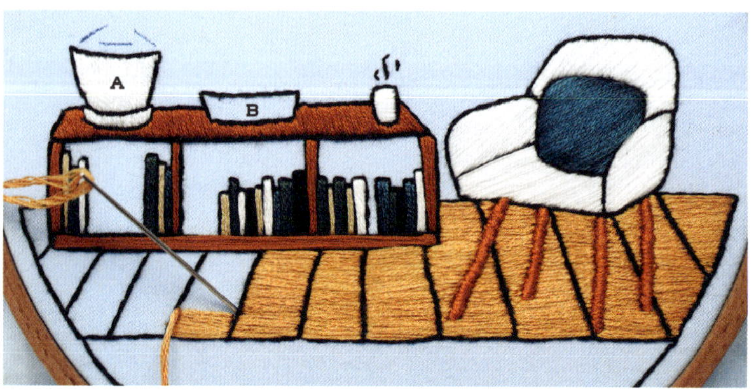

4 Die folgenden Elemente werden im Plattstich (siehe Seite 20) gearbeitet: der Stuhl mit sechs Fäden in Weiß, der Boden mit sechs Fäden in Beige, das Bücherregal mit drei Fäden in dunklem Topas, die Teetasse und der Pflanztopf A mit drei Fäden in Weiß, die Bücher im Regal jeweils mit drei Fäden einer Farbe deiner Wahl. Die Stiche bleiben jeweils innerhalb der schwarzen Umrisslinien.

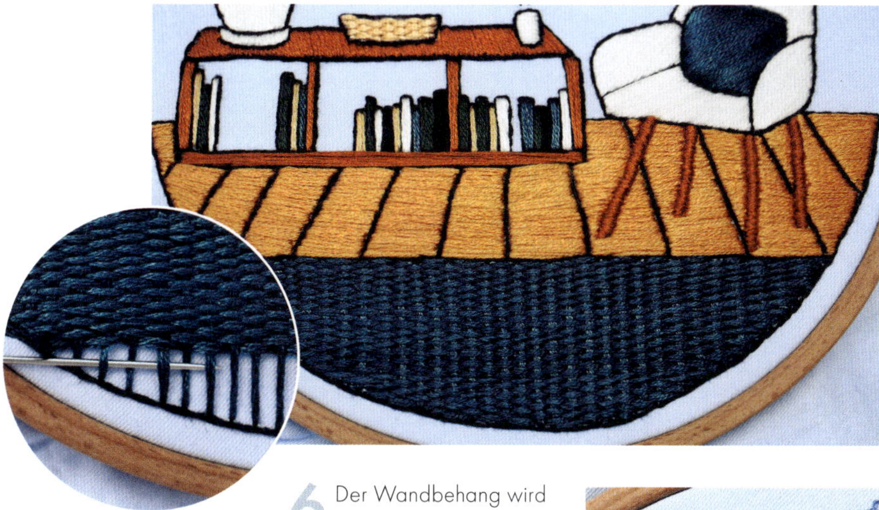

5 Den Teppich mit sechs Fäden in dunklem Graugrün sticken. Pflanztopf B mit sechs Fäden in sehr hellem Beige sticken. Beide Partien im Webstich (siehe Seite 33) arbeiten, dabei bleiben die Flächen innerhalb der schwarzen Umrisslinien.

6 Der Wandbehang wird mit sechs Fäden in Weiß als gestickte Spitze (siehe Seite 45) gearbeitet. Entlang der Ober- und Unterkante zwölf Rückstiche arbeiten, an den Seitenkanten jeweils sechs Rückstiche. Wenn der Wandbehang engere Maschen bekommen soll, stickst du mehr Rückstiche.

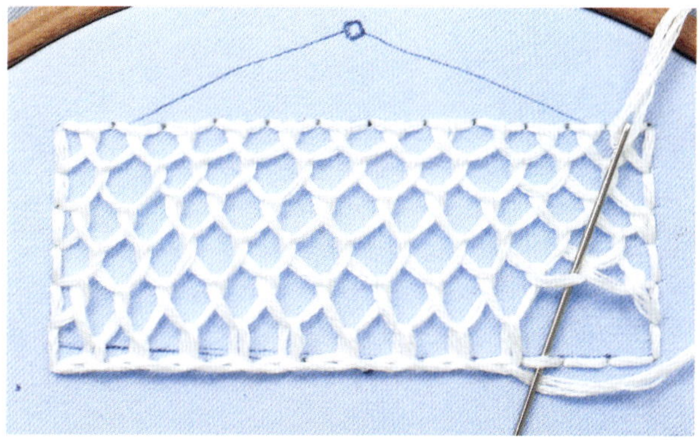

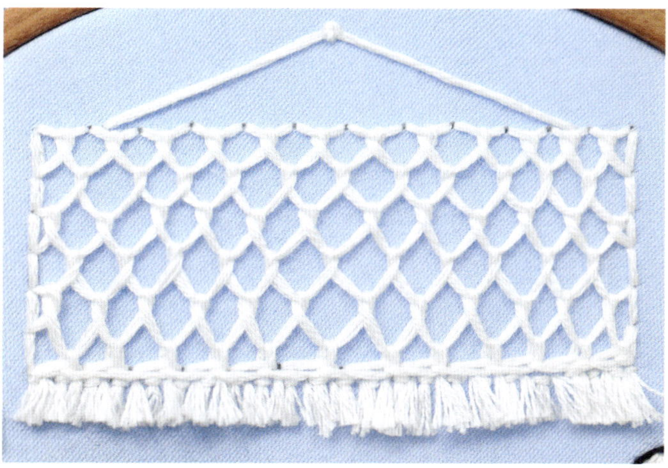

7 Die Unterkante des Wandbehangs wird mit sechs Fäden in Weiß im Fransenstich (siehe Seite 29) gearbeitet. Die Schlingen aufschneiden, damit Fransen entstehen. Anschließend mit zwei Geradstichen (siehe Seite 16) und einem Knötchenstich (siehe Seite 24) die Aufhängung des Wandbehangs arbeiten.

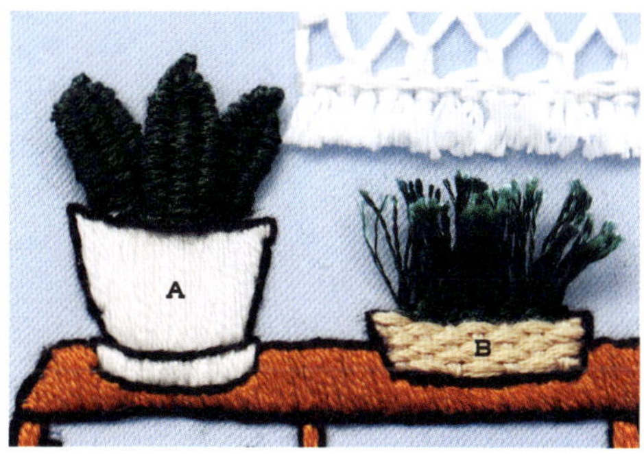

8 In Pflanztopf A die drei Blätter der Pflanze als Web-Pikot (siehe Seite 35) arbeiten. In Pflanztopf B die Gräser als eine Fransenstich-Reihe arbeiten und anschließend die Schlingen aufschneiden. Beide Pflanzen werden in dunklem Blaugrün gestickt.

ASIA-BOWL

15 cm

Die Essstäbchen zu dieser gestickten Nudelsuppe wurden als Patches mit Draht gearbeitet. Die Kombination aus erhöhten und flachen Stichen lässt die Köstlichkeit richtig lecker aussehen.

Schwierigkeitsgrad

DMC-Farben

310
Schwarz

938
Dunkles Kaffeebraun

976
Mittleres Goldbraun

BLANC
Weiß

3046
Gelbbeige

894
Hellpink

433
Mittelbraun

436
Beige

422
Helles Haselnussbraun

3348
Gelbgrün

3777
Sehr dunkles Terrakotta

Material

- Stickrahmen, ø 15 cm
- Baumwollstoff in Royalblau, 20 cm x 20 cm
- Wasser- oder hitzelöslicher Markierstift
- Sticknadel
- Schere
- Bastelfilz, 15 cm x 15 cm
- Stickrahmen, ø 10 cm
- Aida-Stoff, 15 cm x 15 cm
- Draht, 0,5 mm ø, 30 cm lang

Verwendete Techniken

- Stielstich (siehe Seite 19)
- Rückstich (siehe Seite 17)
- Erhöhtes Fadenband (siehe Seite 32)
- Erhöhter Plattstich (siehe Seite 39)
- Plattstich (siehe Seite 20)
- Unterlegter Schnurstich (siehe Seite 21)
- Unterfütterter Plattstich (siehe Seite 40)
- Knötchenstich (siehe Seite 24)
- Patch mit Draht (siehe Seite 43)

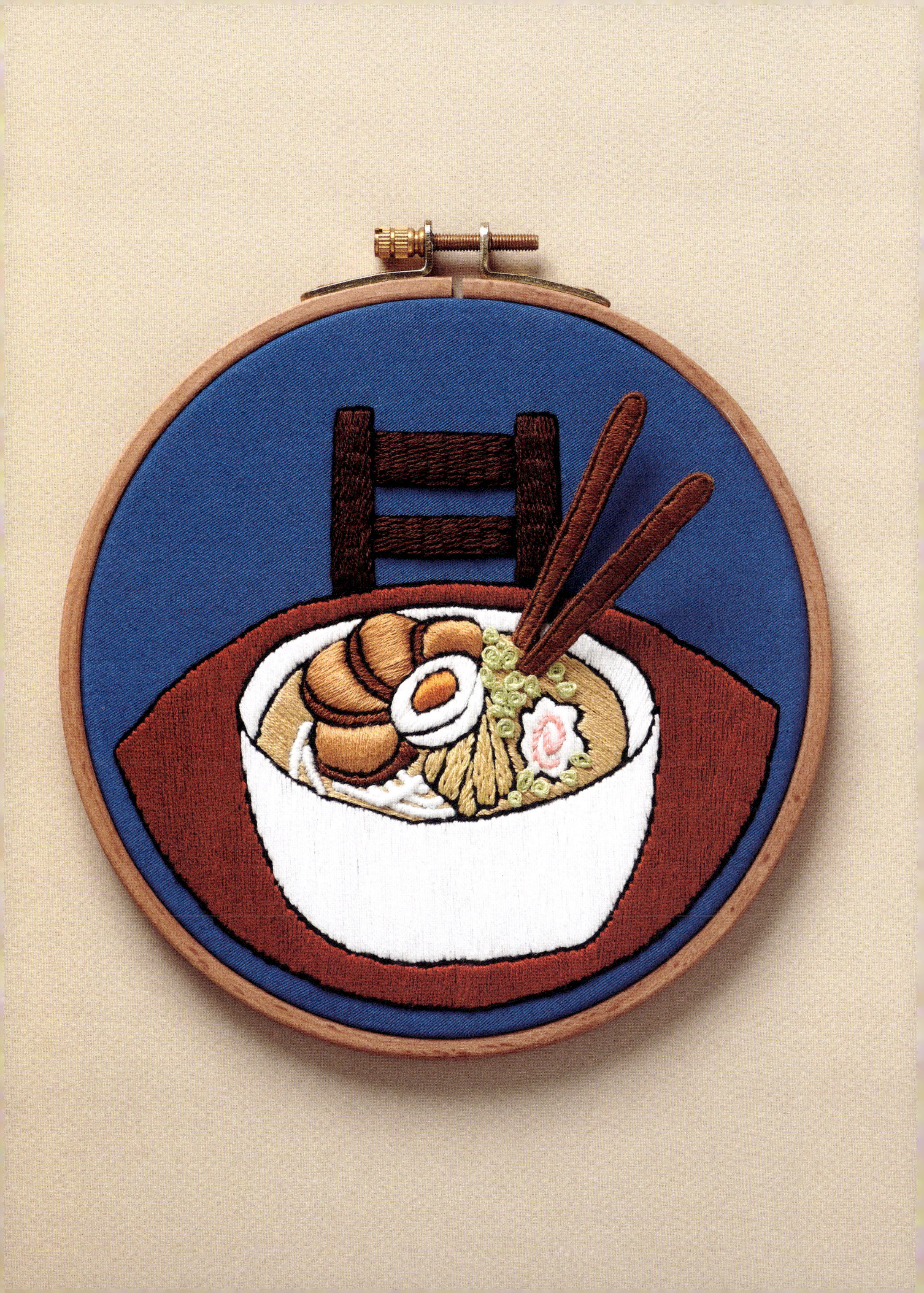

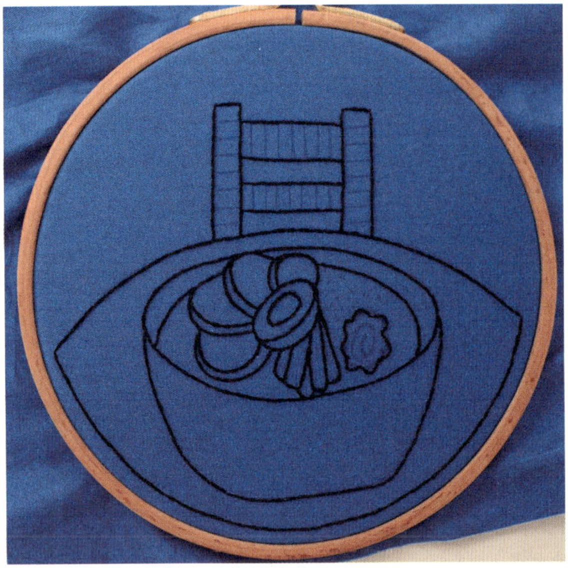

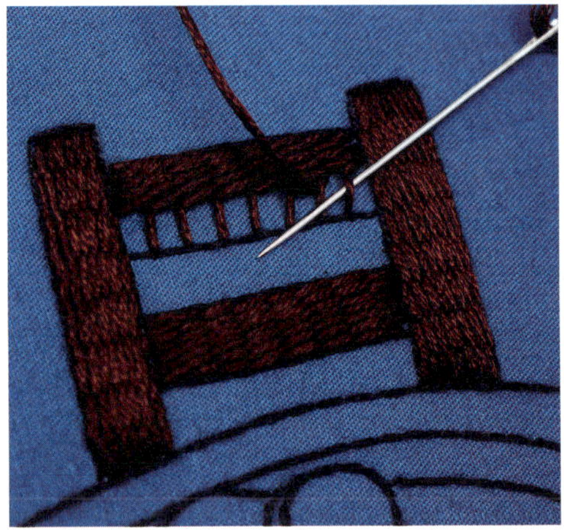

1 Die Umrisse des Stuhls, der Schüssel, des Tischs und der Zutaten mit zwei Fäden in Schwarz im Stielstich (siehe Seite 19) oder Rückstich (siehe Seite 17) vorsticken. Bei der Scheibe Fischrolle die innenliegende Spirale nicht sticken.

2 Die verschiedenen Abschnitte des Stuhls mit jeweils sechs Fäden in dunklem Kaffeebraun als erhöhtes Fadenband (siehe Seite 32) sticken. Die Stiche bleiben innerhalb der schwarzen Umrisslinien.

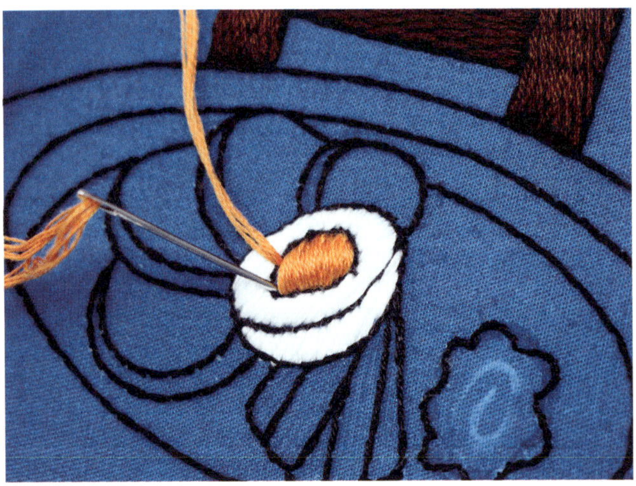

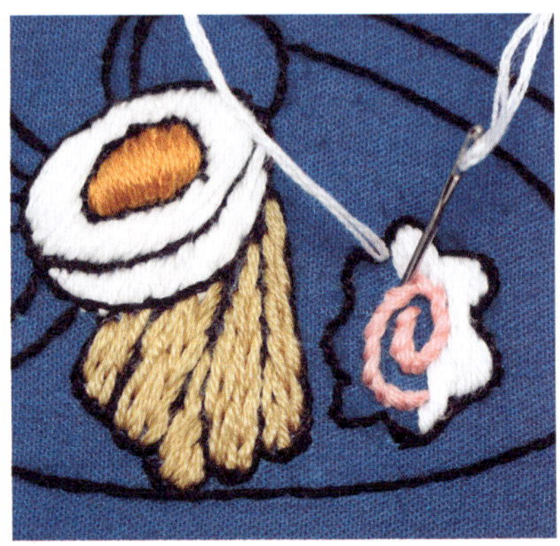

3 Weiter mit dem hart gekochten Ei: Das Eigelb mit sechs Fäden in mittlerem Goldbraun im erhöhten Plattstich (siehe Seite 39) sticken. Das Eiweiß mit vier Fäden in Weiß im Plattstich (siehe Seite 20) sticken. Die Stiche bleiben innerhalb der schwarzen Umrisslinien.

4 Jetzt kommen die Bambussprossen und die Fischrolle an die Reihe: Die Bambussprossen mit sechs Fäden in Gelbbeige im Stielstich in Reihen arbeiten. Die Spirale in der Fischrolle mit sechs Fäden in Hellpink im Stielstich sticken. Den Rest der Fischrolle mit sechs Fäden in Weiß im Plattstich sticken.

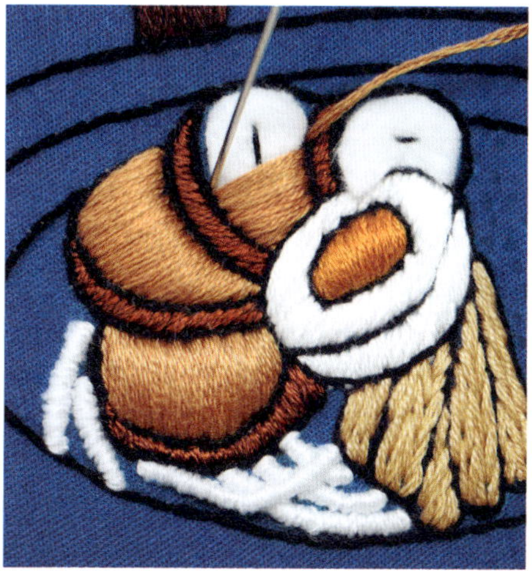

5 Die sechs oben schwimmenden Nudeln mit sechs Fäden in Weiß im unterlegten Schnurstich (siehe Seite 21) arbeiten. Weiter mit dem Schweinefleisch: Die Kruste mit drei Fäden in Mittelbraun im Plattstich sticken. Die einzelnen Schweinefleischstücke mit drei Fäden in Beige und im unterfütterten Plattstich (siehe Seite 40) ausfüllen.

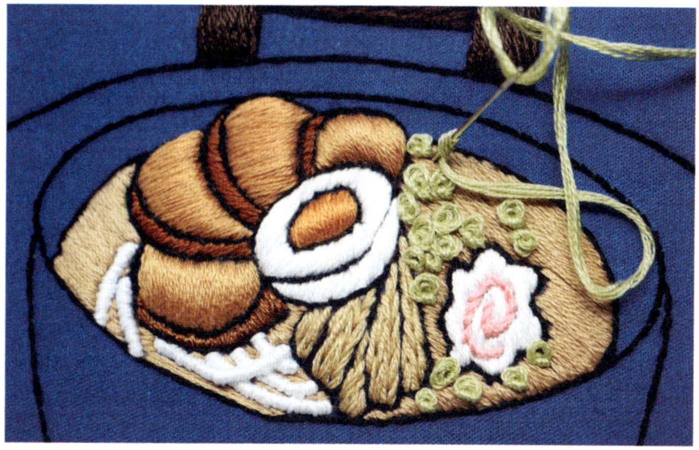

6 Die Bowl wird jetzt mit Brühe gefüllt: Mit vier Fäden in hellem Haselnussbraun im Plattstich arbeiten. Dann mit sechs Fäden in Gelbgrün die Frühlingszwiebeln sticken. Dazu zwanzig lockere Knötchenstiche (siehe Seite 24) ungefähr passend zu den schwarzen Punkten der Vorlage arbeiten.

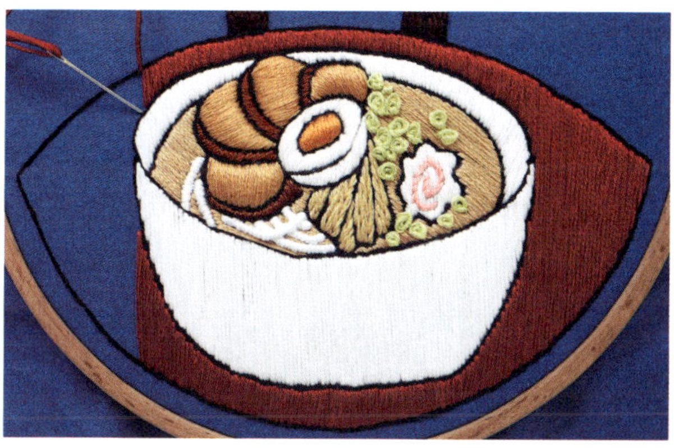

7 Die Schüssel und die Tischdecke im Plattstich sticken. Die Schüssel wird mit sechs Fäden in Weiß gestickt, die Tischplatte mit sechs Fäden in sehr dunklem Terrakotta.

8 Die Essstäbchen von der Vorlage auf den Aida-Stoff übertragen, der in den zweiten Stickrahmen (10 cm) eingespannt ist. Mit zwei Fäden in Mittelbraun einen Patch mit Draht (siehe Seite 43) arbeiten. Die Essstäbchen im Plattstich mit drei Fäden in Mittelbraun ausfüllen. Für jedes Essstäbchen brauchst du 15 cm Draht. Die Essstäbchen an den Punkten befestigen, die mit T markiert sind.

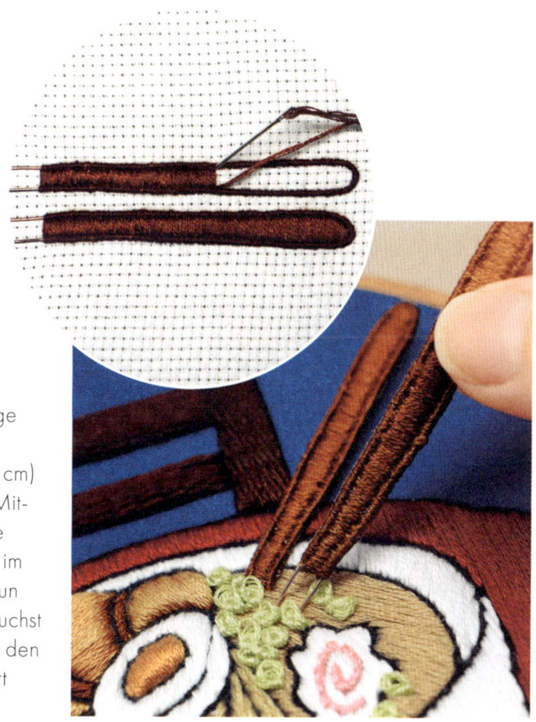

VORLAGEN

Auf diesen Seiten findest du die Vorlagen für alle Stickmotive im Buch. Zunächst vergrößerst du die gewünschte Vorlage mit einem Kopiergerät auf 150 Prozent und überträgst das Bild nach der Anleitung auf Seite 13 auf deinen Stoff. Die Vorlagen findest du jedoch auch in Originalgröße auf den Transferbögen zum Aufbügeln im Umschlag in der Buchrückseite.

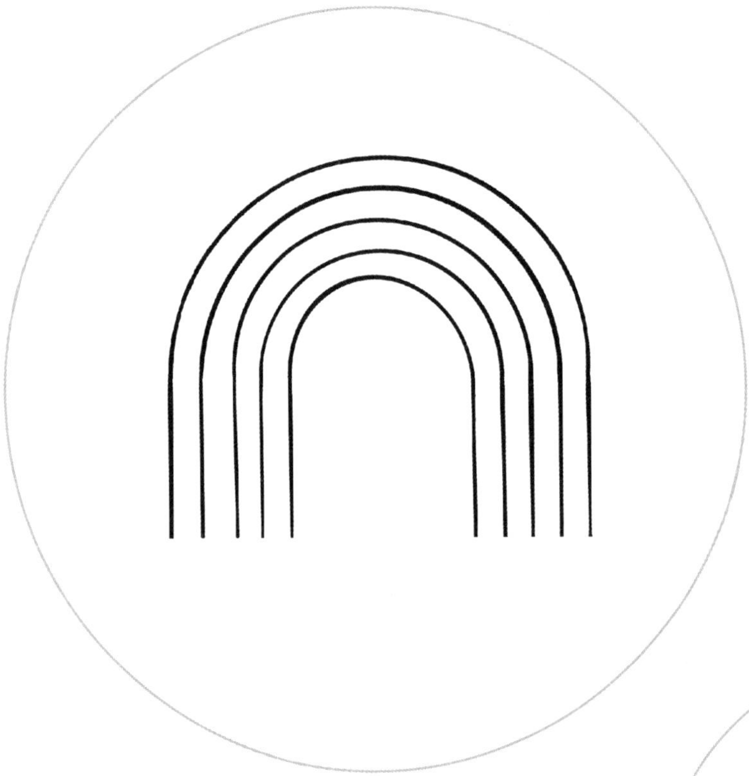

Regenbogen

48

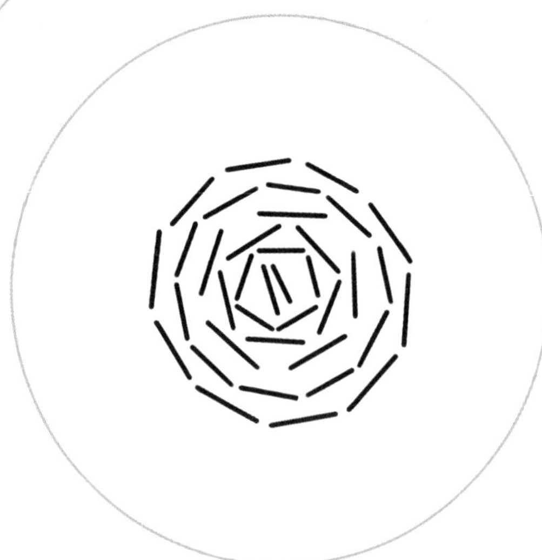

Sukkulente im Topf

52

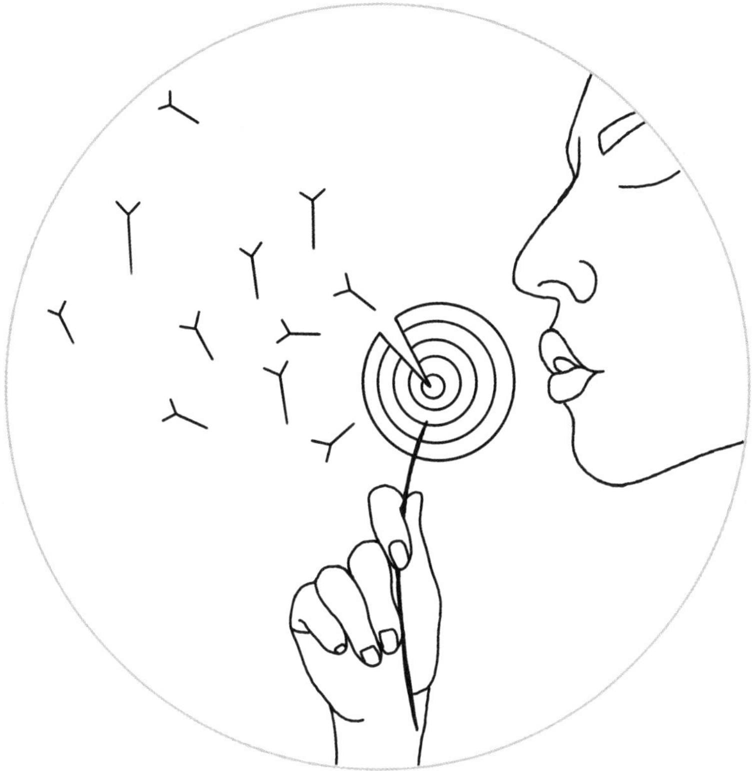

Pusteblume

56

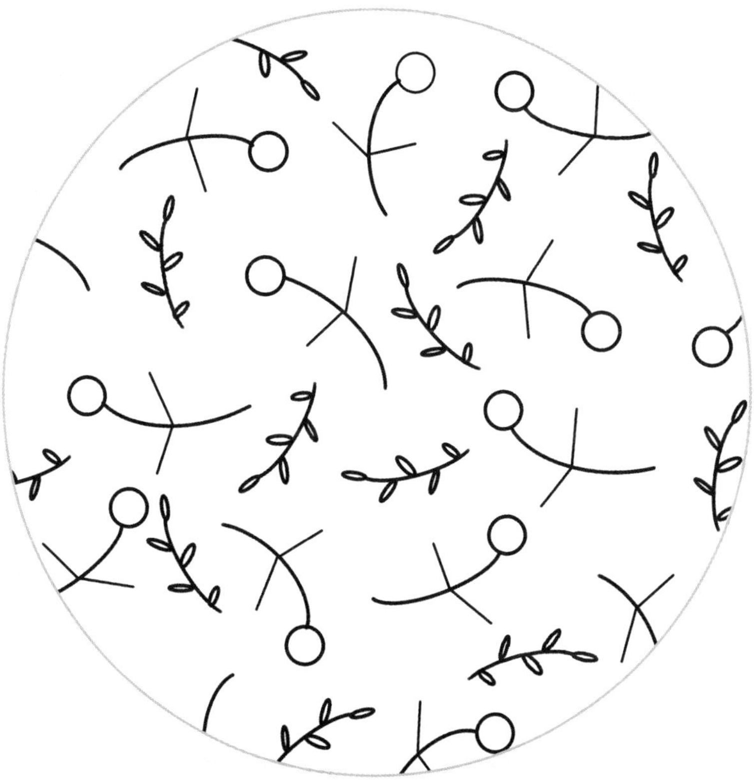

Blumenmuster

60

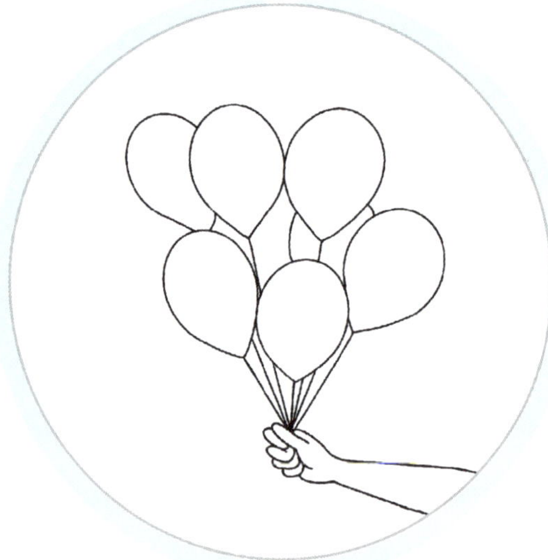

Luftballonbündel

64

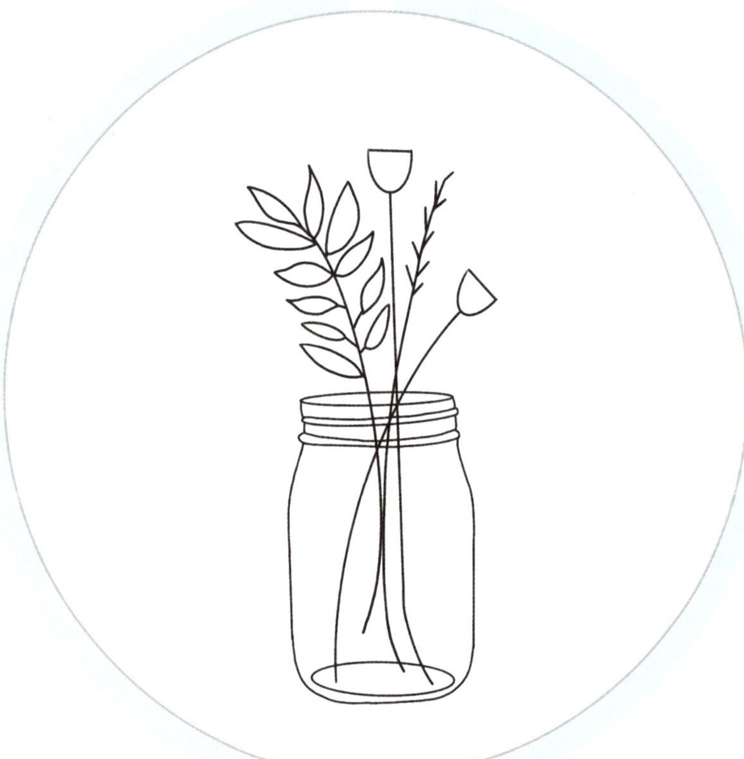

Strauß im Glas

68

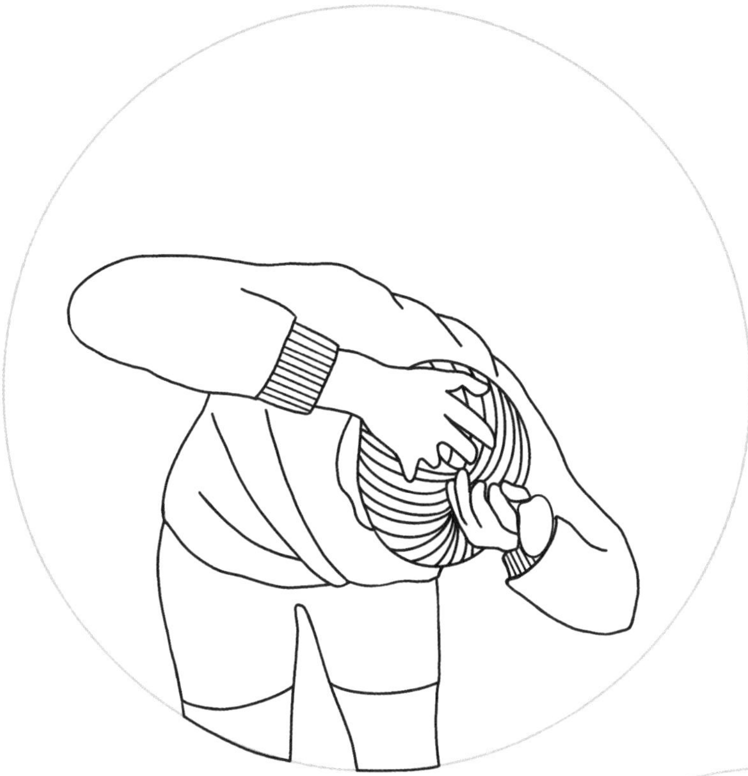

Pferdeschwanz

72

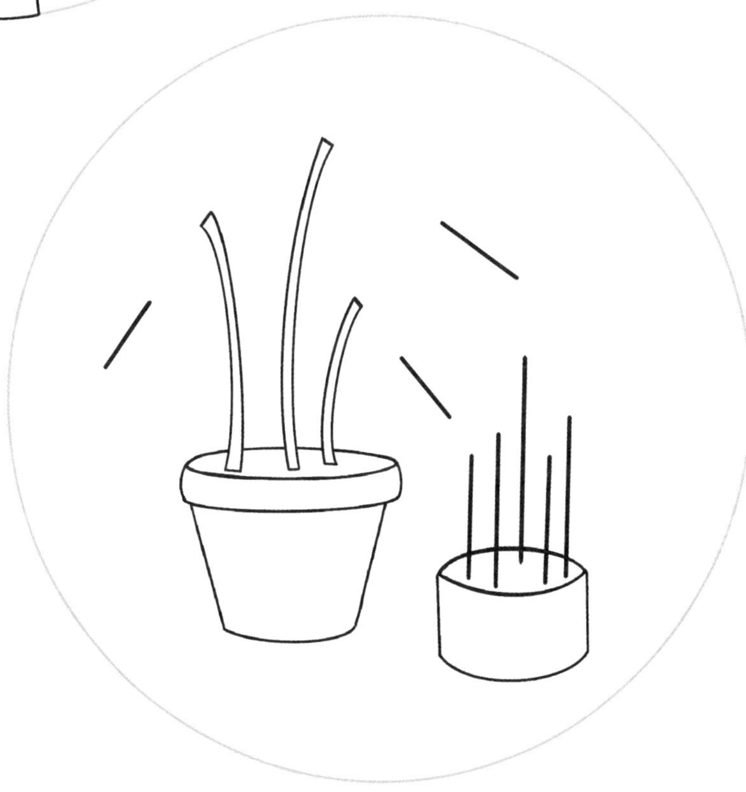

Topfpflanzen

76

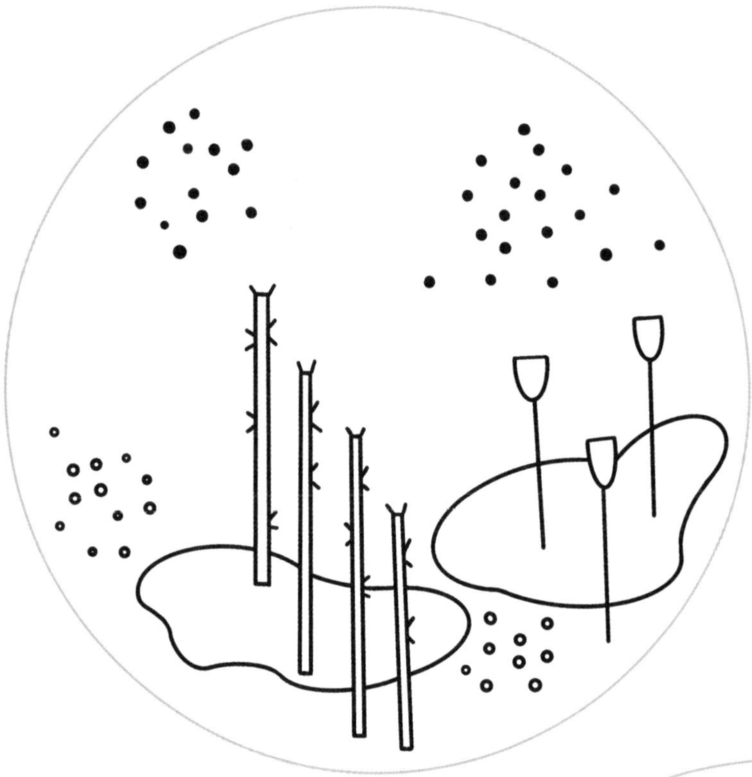

Abstrakte Wüste

80

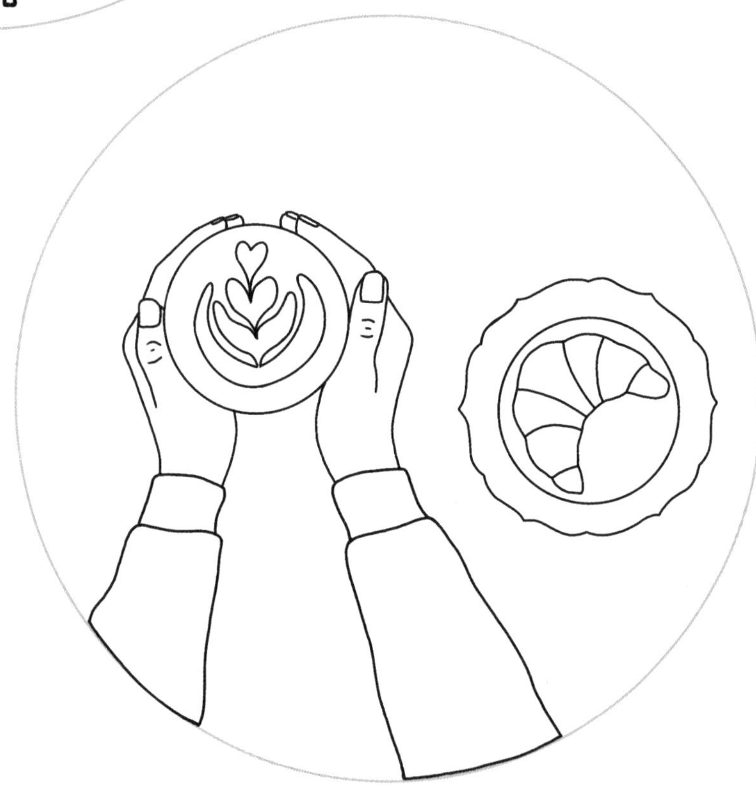

Guten-Morgen-Kaffee

84

Gerne etwas Süßes

90

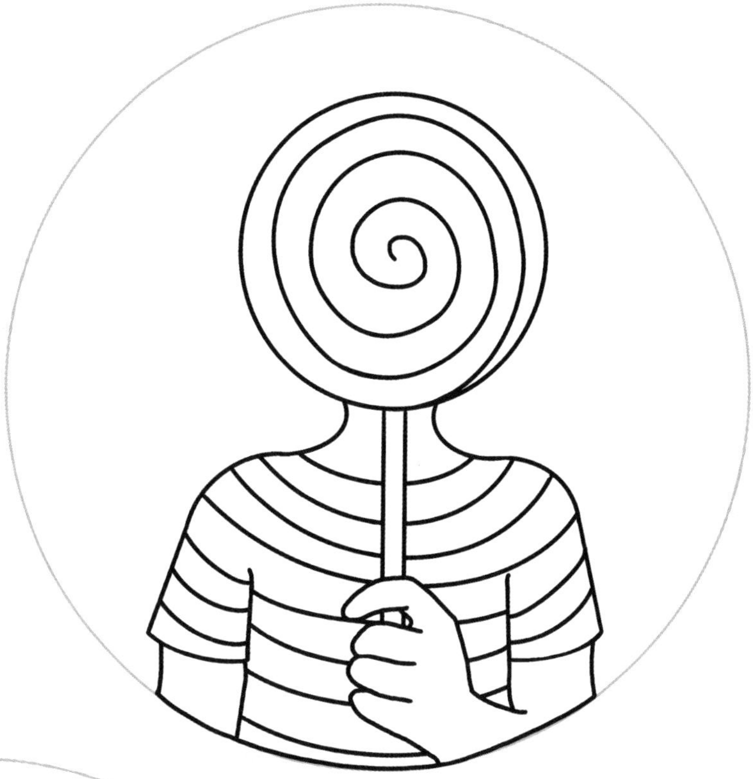

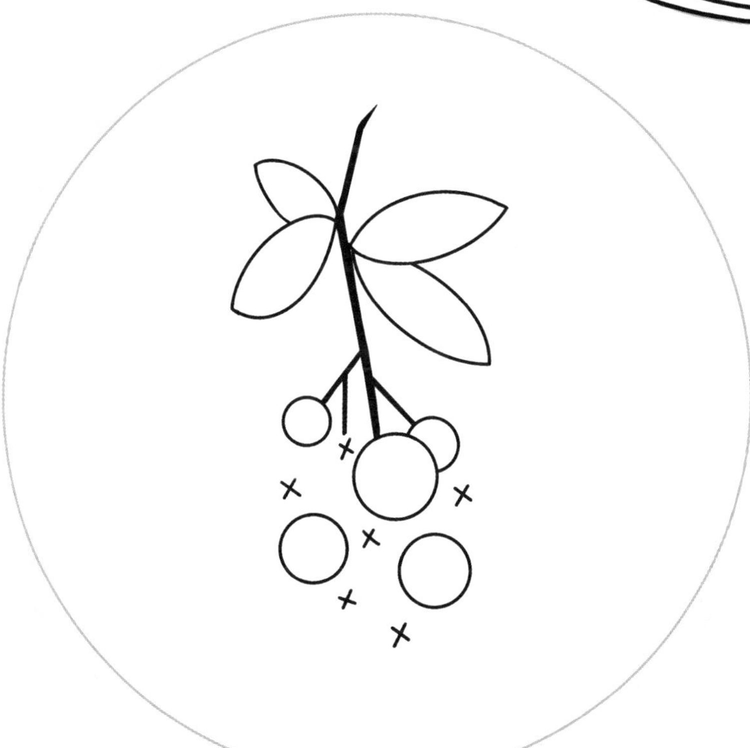

Blaubeerzweig

94

Qualle

98

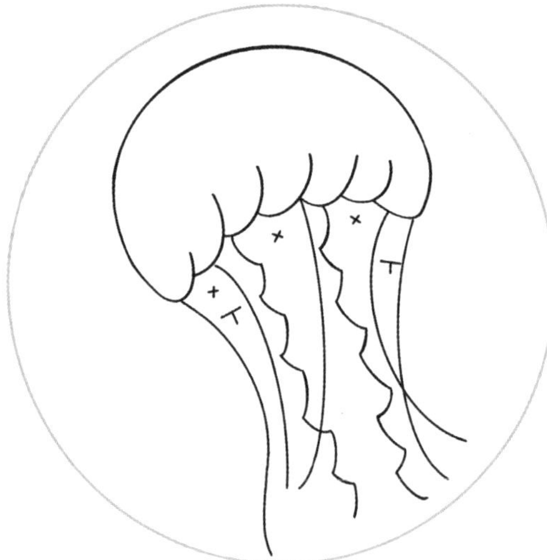

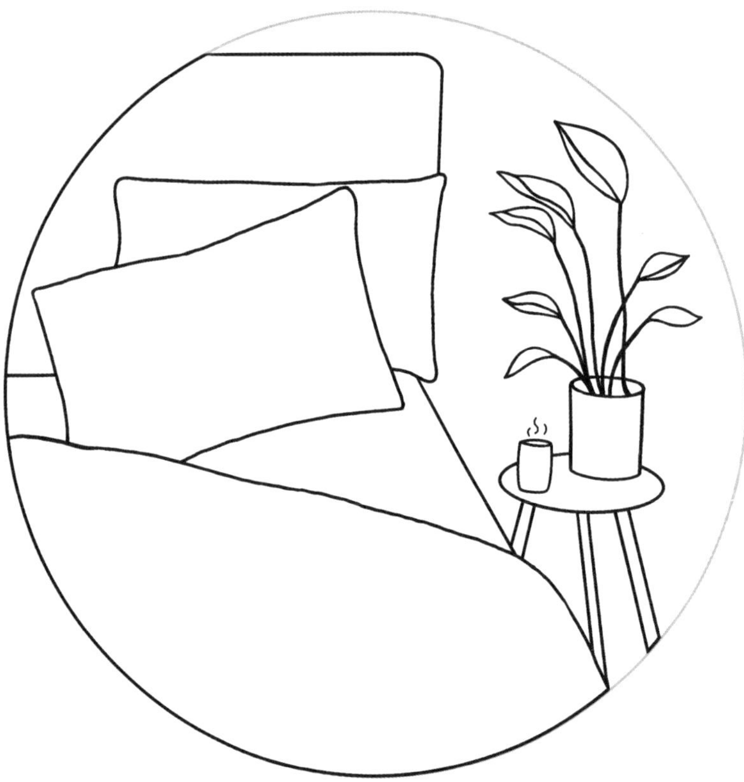

Gemütliches Bett

102

Am Strand

106

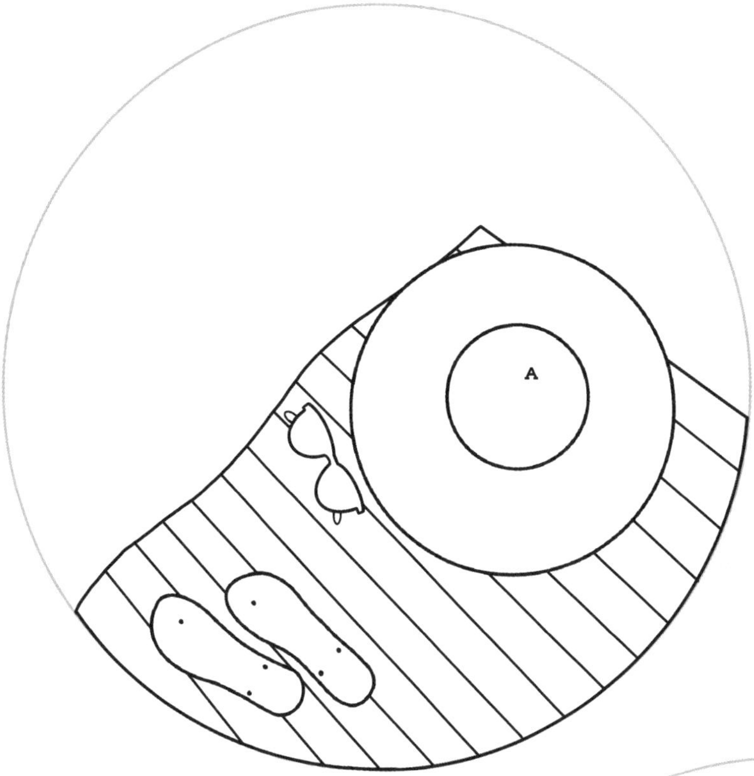

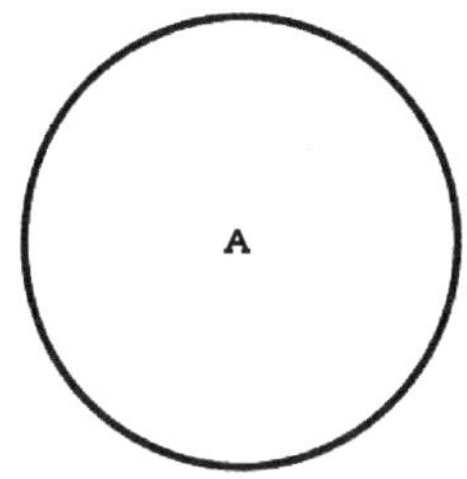

Patch mit umgenähter Kante

Fliegenpilze

110

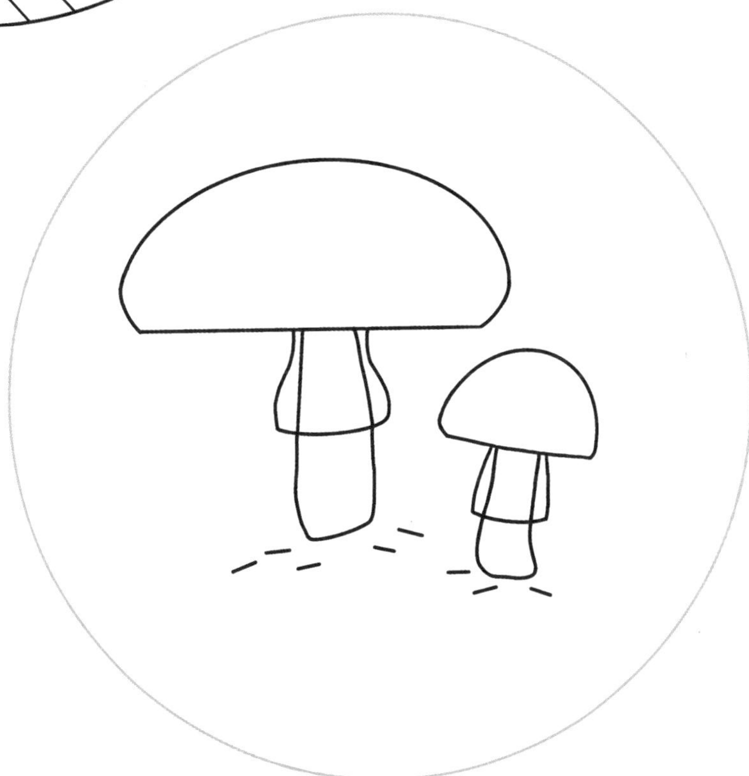

Blütenkrone

114

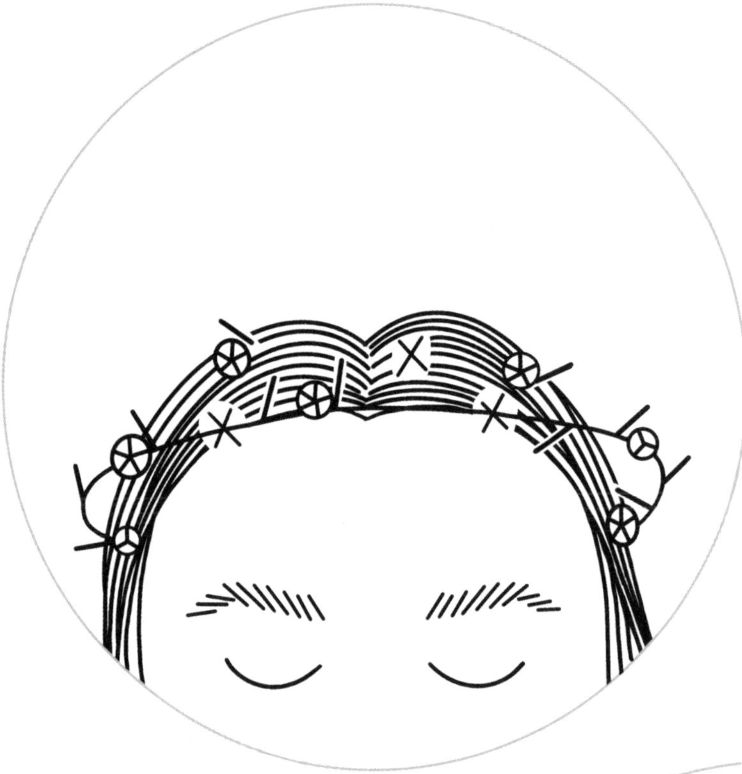

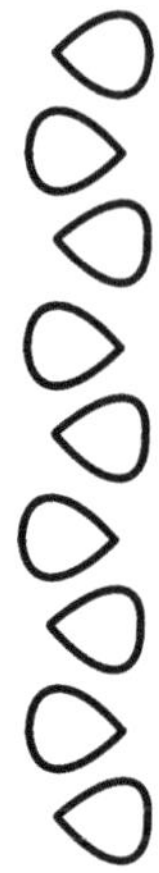

Patch mit Draht

Ein Tag im Park

120

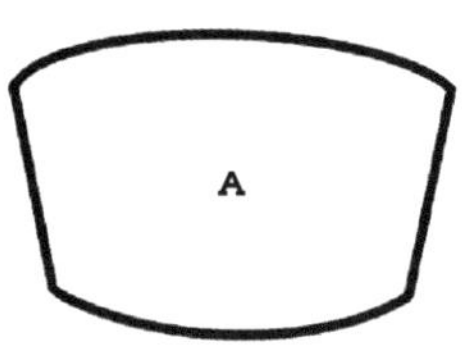

Patch mit umgenähter Kante

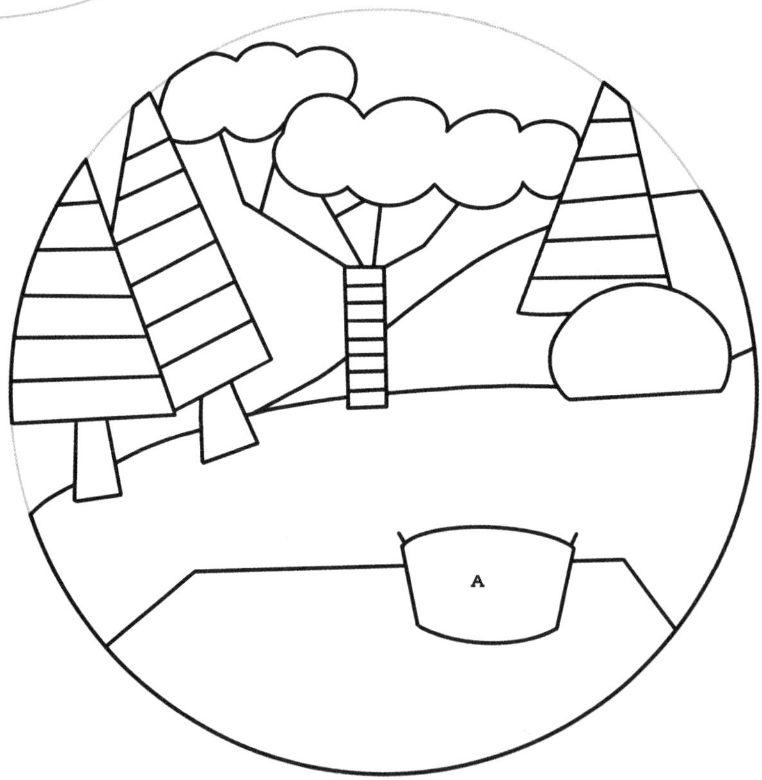

Ein Nachmittag zu Hause

124

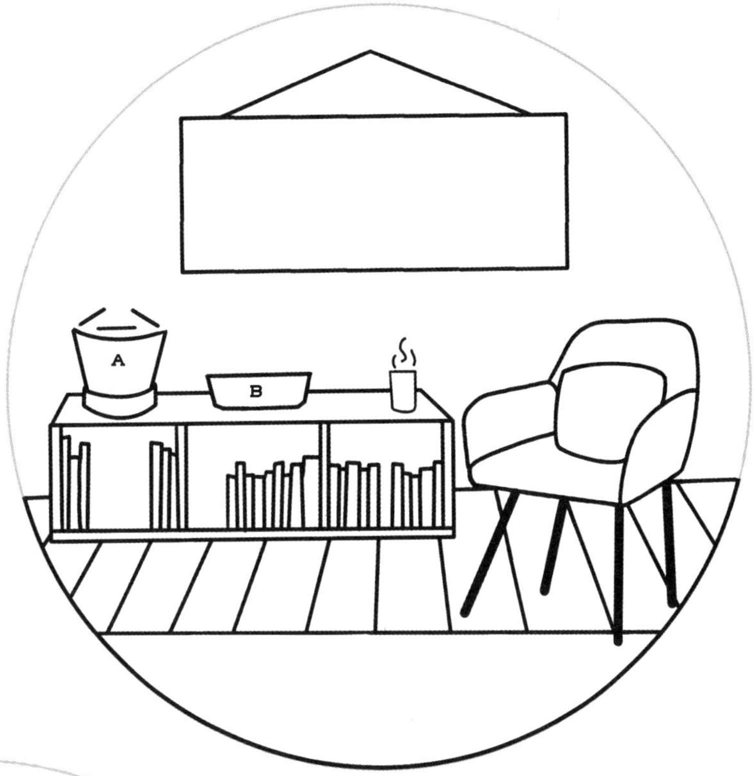

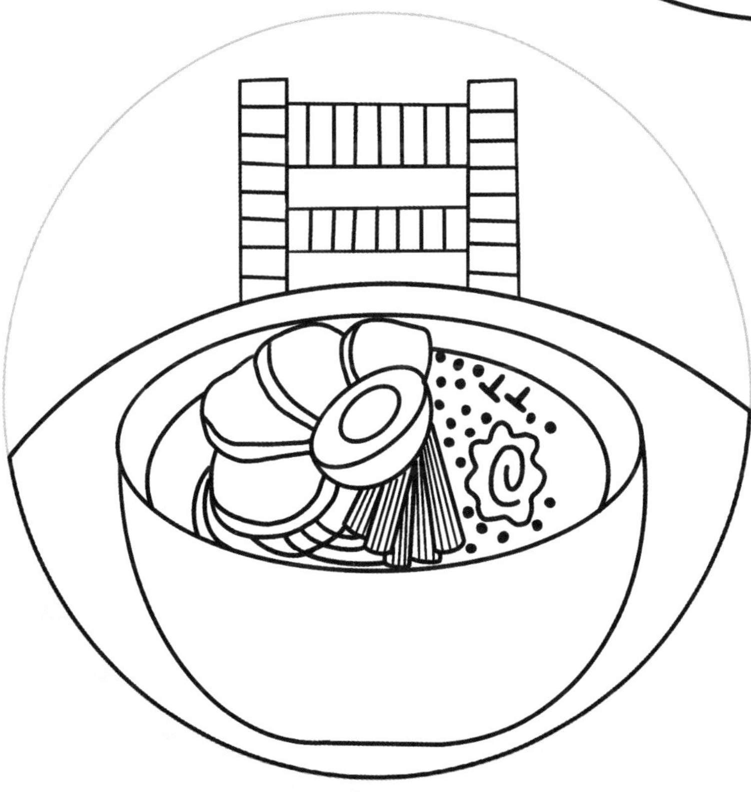

Asia-Bowl

128

Patch mit Draht

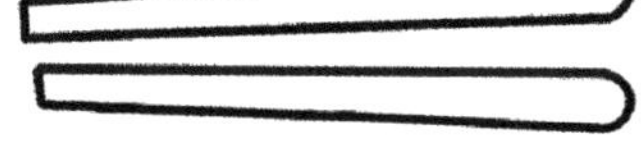

STICHWORT-VERZEICHNIS

Fettgedruckte Seitenzahlen verweisen auf Vorlagen.

VERWENDETE GARNE

DMC-Farben

- BLANC Weiß
- ECRU gebrochenes Weiß
- 02 Silber
- 17 Helles Pflaumengelb
- 20 Garnelenrosa
- 23 Apfelblüte
- 25 Heller Lavendel
- 29 Aubergine
- 32 Dunkle Blaubeere
- 35 Dunkles Fuchsia
- 167 Sehr dunkles Gelbbeige
- 168 Hellgrau
- 310 Schwarz
- 351 Koralle
- 355 Dunkles Terrakotta
- 356 Terrakotta
- 367 Dunkles Pistaziengrün
- 368 Helles Pistaziengrün
- 371 Senf
- 400 Mahagonibraun
- 420 Dunkles Haselnussbraun
- 422 Helles Haselnussbraun
- 433 Mittelbraun
- 436 Beige
- 437 Hellbeige
- 500 Dunkles Blaugrün
- 502 Blaugrün
- 504 Helles Blaugrün
- 522 Farngrün
- 524 Helles Farngrün
- 543 Sehr helles Beige
- 550 Dunkelviolett
- 561 Dunkles Jadegrün
- 730 Dunkles Olivgrün
- 738 Sehr helles Beige
- 758 Sehr helles Terrakotta
- 772 Helles Gelbgrün
- 780 Dunkler Topas
- 819 Helles Babyrosa
- 823 Dunkles Navy-Blau
- 828 Blasses Hellblau
- 830 Dunkles Goldoliv
- 890 Sehr dunkles Pistaziengrün
- 894 Hellpink
- 898 Dunkles Espressobraun
- 915 Dunkles Pflaumenrot
- 924 Dunkles Graugrün
- 926 Mittleres Graugrün
- 935 Dunkles Avocadogrün
- 936 Avocadogrün
- 938 Dunkles Kaffeebraun
- 948 Heller Pfirsich
- 951 Helles Fellbraun
- 967 Helles Apricot
- 976 Mittleres Goldbraun
- 3013 Helles Khakigrün
- 3022 Braungrau
- 3031 Dunkles Mokkabraun
- 3045 Dunkles Gelbbeige
- 3046 Gelbbeige
- 3052 Mittleres Grüngrau
- 3064 Wüstensand
- 3348 Gelbgrün
- 3371 Schwarzbraun
- 3771 Blasses Terrakotta
- 3773 Dunkler Wüstensand
- 3777 Sehr dunkles Terrakotta
- 3778 Helles Terrakotta
- 3810 Dunkles Türkis
- 3811 Helles Türkis
- 3820 Dunkles Strohgelb
- 3866 Helles Kaffee-beige
- 4501 Wildblumen-Bunt